valerio
berruti

valerio berruti

PRIMARY

CHARTA

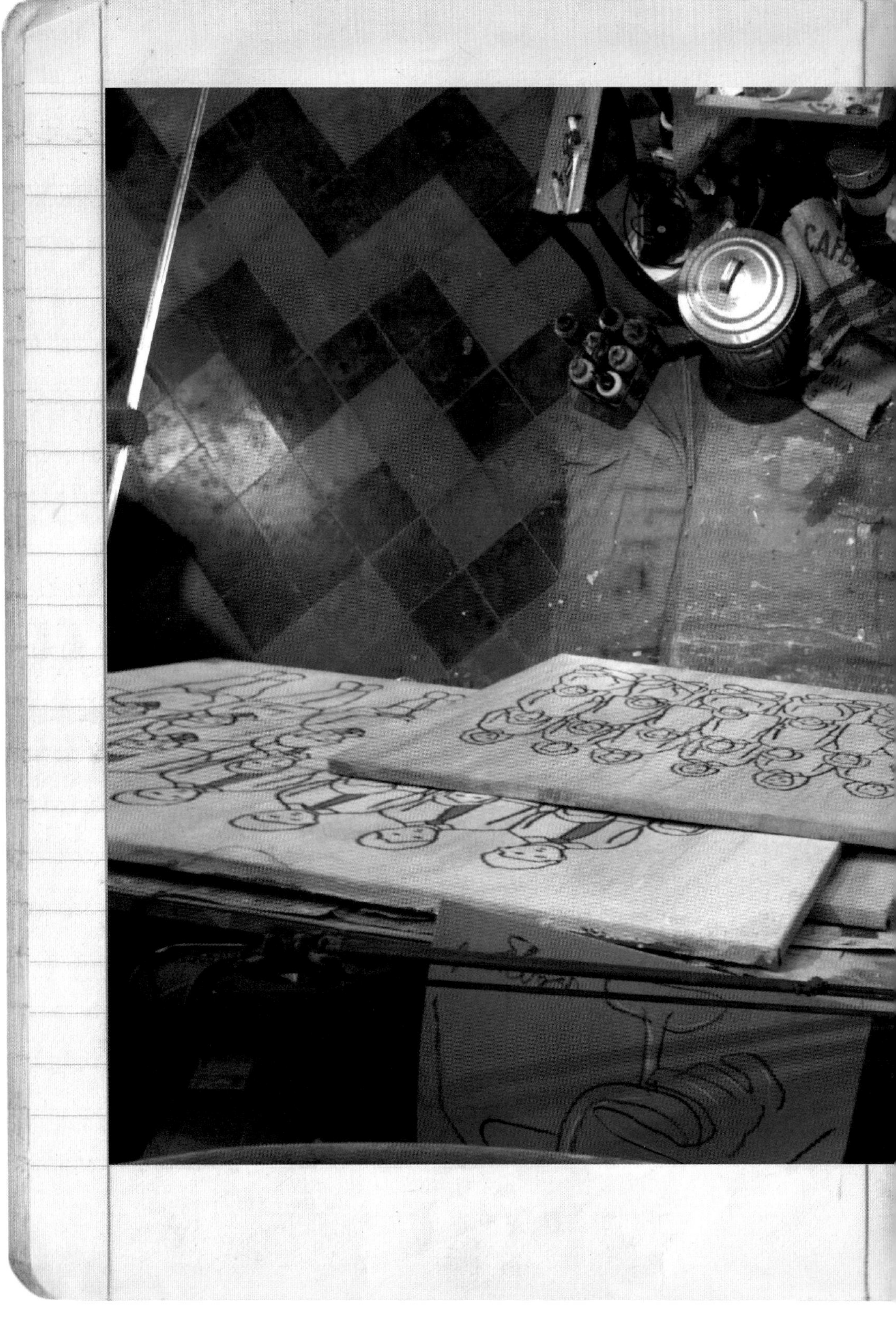

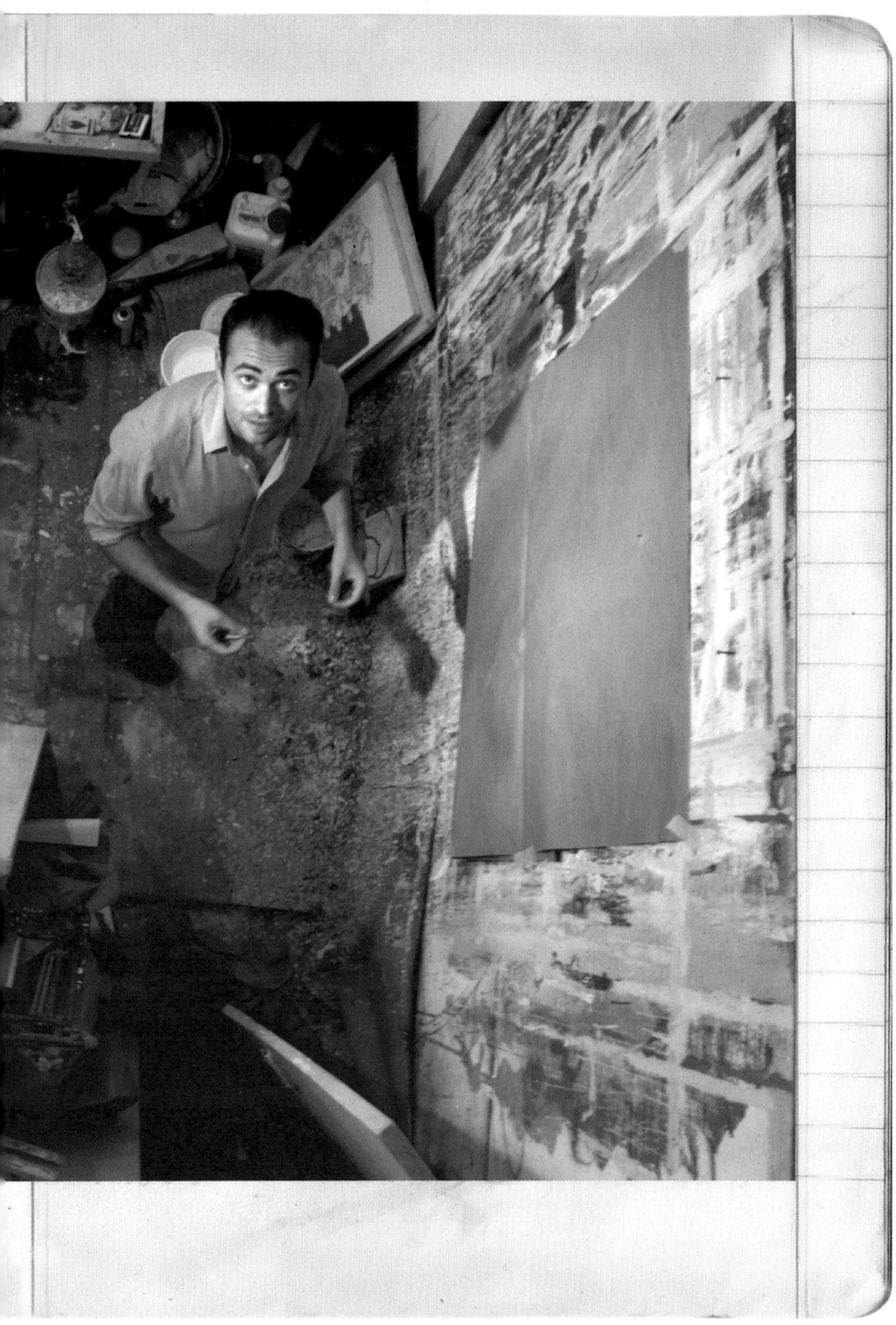

All the things that are . . . are musical
(Richard Crashaw)

Decisamente avverso al tema della violenza e della depravazione disperata, che tanto spazio occupa nei toni correnti di molte espressioni dell'arte contemporanea, l'arte di Valerio Berruti sceglie i "bambini". Non c'è, però, in questa scelta, il roseo profumo di vecchie cartoline augurali, non c'è l'opprimente ridondanza decorativa, non ci sono gli sguardi compiaciuti e le premonizioni di grandi destini di un futuro da campioni.
I bambini di Berruti sono naturalmente reali, dolcemente quasi disarmati, da soli o accompagnati da una presenza adulta, perché la famiglia c'è.
Sono un'ipotesi di un passato che potrebbe essere anche il nostro passato, momenti di un'infanzia dimenticata per forza di cose, che qualche volta riaffiora da una vecchia fotografia e ci dà un po' di stupore: eravamo proprio così? E dov'è finita quella maglietta che amavamo tanto?
Non c'è niente di banalmente convenzionale nelle forme semplicissime, anonime, non ci sono protagonismi. Così vere e semplici, le figurette si direbbero lineari prototipi di un'umanità che dovrà crescere, che farà cose, che ha in sé potenziali segreti di armonia, che è dentro le cose, anche in quelle che non si vedono. Nella serie dei santi bambini c'era un'intenzione laicamente affettuosa. Radicare nell'infanzia le storie era,

accanto alla scherzosa pseudo-identificazione, un modo efficace di avvicinare immagini della memoria e della tradizione a un umano costantemente presente. Era un modo di umanizzare l'iconografia sacra e la leggenda avvicinandole al tessuto di cui è fatto da sempre il nostro vivere. Non c'era, non c'è mai stata, io credo, nelle intenzioni di Berruti, nessuna ideologizzazione dell'infanzia, alla quale qualche artista ha voluto dare un'impronta, una veste primitiva, immaginando che un popolare arcaico esprima meglio il mistero.

Strutture elementari, identificazione negata anche quando il titolo è chiaramente allusivo: ogni referente è immanente nel soggetto fisico, l'immagine è autosufficiente, non ha bisogno di rimandi e di traslazioni per comunicare ciò che l'artista vuole esprimere; oggi per Berruti, decenni fa per Andy Warhol. E allora qual è il senso di un'operazione che ha allineato figurette sorelle, tanto simili fra loro da essere quasi indistinguibili, tipi piuttosto che individui? Quanto più ridotto è il principio d'individuazione tanto maggiore è la possibilità di riconoscersi nel bambino, nel ragazzo, nella madre, nel "figlio prediletto" (tutti i figli sono prediletti?).

Il tratto così deliberatamente schematico allude a una diversa concezione della categoria dell'essere, e la tecnica dell'affresco risulta funzionale, insieme con i colori delicati, alla trasmissione di una particolare situazione di sospensione.

Anche se si assomigliano, i cuccioli di Berruti sono realtà in movimento, sono forniti di un prima e di un dopo. Sono fissate, queste realtà, nell'opera dell'artista, perché ci si ricordi che nella loro cosiddetta normalità ci sono universi possibili, come era già dalla nascita, nel nostro compagno di banco malgrado l'uniformità dell'abbigliamento, dal fiocco, dalla pettinatura, da quell'indefinibile non so che, segnale insostituibile che ci consegna tutti alle nostre storie. Come sottolinea l'artista, queste immagini richiamano al frammento, al fotogramma singolo, che in un attimo congela un gesto, un sorriso, "risa bloccate". Berruti parla di "composizione musicale", di "pentagrammi" sui quali i piedini dei bambini si appoggiano metaforicamente.

E non c'è alcun formalismo in queste forme, ma una promettente implicazione di armonia.

Ora Berruti ci confida la sua volontà di far rivivere "le atmosfere innovative" create dal *Gruppo Fluxus* in anni di grande fervore artistico. Dare forza all'antica aspirazione della sintesi delle arti, coltivata sin dal Rinascimento e cercata e proclamata con vigore dalle avanguardie del Novecento, è stata infatti proprio l'aspirazione degli artisti che negli anni Sessanta hanno dato vita al movimento opportunamente chiamato, appunto, *Fluxus*. Fluire e confluire, scorrere e incontrarsi in sintesi mobili e provvisorie, era piaciuto anche ai futuristi, ai dadaisti. Erano spinte rivoluzionarie, alternative, spavaldamente provocatorie.

Muoversi su tanti piani, nella sintesi delle arti; non c'erano globalizzazione né omologazione, ma incontri di una creatività che poteva rinnovare continuamente strumenti e produrre novità aggiungendo un rilievo nuovo al gesto e all'acquisizione della quotidianità nel suo farsi, senza preclusioni, senza pregiudizi.

È dunque un atteggiamento concettuale quello che restituisce all'oggetto artistico un valore autonomo, indipendente dai materiali e dalle tecniche. Qui, nelle tele di Berruti, l'oggetto artistico è leggibile, tangibile, commentabile. Ma non è un documento immobile.

La sintesi di suono e segno non è la cancellazione delle componenti, ma il dipanarsi di un potenziale ordine formale interno alle cose, una ricerca attenta e amorosa d'armonia.

Mantenendo fermamente al suo posto il soggetto, i bambini, proponendolo nella sua forma consueta e ben nota, lo si libera dagli eccessi di concretezza che nell'insistenza dei dettagli appesantirebbe e, proprio per questo motivo, creerebbe una non certo desiderata assenza di significato.

Il presente quotidiano della divisa scolastica dei bambini di Berruti, così prosaica in sé, sconfigge ogni tentazione di lettura asettica, paradossalmente. Propone invece un ritmo vitale, una melodia che si inventa nei possibili movimenti di queste sagome infantili. Una melodia latente che non verrà mai scritta sulla carta, ma che si ascolta con la memoria dei suoni che ognuno di noi potrebbe aver conservato dal suo passato.

Primary offre una presenza non ostentata, non esorbitante. Quel tanto di fisicità che vi si legge si smaterializza, scivola via verso toni immaginati che si muovono in una libertà senza confini, e tutto è evento. Le forme suggeriscono movimento e suoni, sviluppando delicatamente i segni del loro dinamismo interno su inedite e private lunghezze d'onda.

Così, mentre noi guardiamo i bambini, guardiamo dentro noi stessi e torniamo indietro nel tempo.

PRIMARY

Vittoria Coen

All the things that are . . . are musical
(Richard Crashaw)

Decidedly adverse to themes of violence and desperate depravation—which take up so much space in current contemporary art—Valerio Berruti chooses "children" for his art. However, there isn't in this choice the rosiness of old greeting cards. There isn't the oppressive super-abundance of decoration. There aren't the smug looks or the intuition of great futures that lie ahead.
Berruti's children are naturally real, almost sweetly disarmed, alone or with adults—because families do indeed exist.
They are a hypothesis of a past that could also be our past, moments of a childhood that has been forgotten by force of circumstance, that sometimes resurfaces when we see an old photo and are surprised: Were we really like that? Where did that shirt we loved so much go?
There is nothing banally conventional in elementary forms; there is no seeking the center of attention. So true and simple, one could say these small figures are linear prototypes of a humanity that must grow, that will accomplish things, that has in it secret potentials of harmony, which is inside things, even when we cannot see it. In the holy children series, there is a secularly affectionate intention. Rooting stories in childhood is, alongside playful pseudo-identification, an effective way of drawing

together images from our memories and traditions with a constantly present humanness. It is a way of humanizing sacred iconography and legends by having them embrace the very things our lives have always been made of. There isn't and never has been, I believe, any intention by Berruti to idolize childhood, which some artists have done in a primitive guise, figuring that popular archaism would express the mystery better.

Elementary structures, denied identification even when the title is clearly allusive: every point of reference is immanent in the physical subject, the image is self-sufficient, it has no need for translation in order to communicate what the artist wants to express—today for Berruti, decades ago for Warhol. So then what is the meaning of an operation that has lined up small sister figures, so similar to each other one cannot tell the difference—types rather than individuals? The less the principle of individualization, the greater the possibility of identifying with the child, the adolescent, the mother, the "favorite child" (are all children favorites?).

This deliberately schematic feature alludes to a different notion of the category of being, and the fresco technique proves itself useful, together with the soft colors, in transmitting a particular situation of suspension. Even though they resemble one another, Berruti's children are realities in motion, possessing a before and an after. These realities are fixed in the artist's oeuvre so that we may remember that in their so-called normalcy, there are potential universes (as there were from birth) in our schoolmates, despite the ordinary clothes, the bow, the haircut, that *something*, that irreplaceable sign that leads us to our own personal stories. As the artist emphasizes, these images refer to fragments, to single frames, which instantly freezes a gesture, a smile, "frozen laughter." Berruti speaks of "musical composition," of "pentagrams" upon which the tiny feet of children metaphorically rest.

And there isn't any sort of formalism in these forms, but a promising implication of harmony.

Now Berruti confides in us his willingness to revive "the innovative moods" created by the Fluxus movement during years of great artistic frenzy. The age-old aspiration of mingling several art forms, nurtured since the Renaissance and vigorously sought and proclaimed by twentieth-century avant-gardes, was, in fact, the aspiration of artists who in the sixties gave life to the aptly named Fluxus movement. Even Futurists and Dadaists liked this flowing and merging, streaming and mingling in mobile and temporary syntheses. It was revolutionary, alternative, cheekily provocative.

Moving about on various levels, this synthesis of the arts wasn't about globalization or leveling, but about creative encounters that could continuously be renewed by adding something new to the act of making and to daily life—without exceptions, without prejudice.

It is therefore a conceptual attitude that gives back to the subject an autonomous value, independent from materials and techniques. Here, in Berruti's canvases, the subject can be interpreted, touched, commented on. But it isn't an immobile document.

The synthesis of sound and sign is not the cancellation of components, but instead the unfolding of a potential formal order that lies within things, an attentive and loving search for harmony.

By keeping his subjects, children, firmly fixed in place, and by proposing them in their usual and well-known form, he frees them from the excesses of concreteness that the insisting upon of details would weigh down and, precisely for this reason, create an undesirable absence of meaning.

The present everydayness of school uniforms that Berruti's children wear, and which are so prosaic in themselves, defeats all temptation for sanitized interpretation—paradoxically. Instead, it proposes a vital rhythm, a melody that invents itself in the possible movements of these child figures. A latent melody that will never be transcribed on paper, but which is listened to with the memory of the sounds that each of us may have kept from our past.

Primary offers a presence neither flaunted nor excessive. What little physicality there is dematerializes, slips away towards imagined tones that move about in limitless freedom, and everything is an event. The forms suggest movement and sound, delicately developing the signs of their internal dynamism on never-before-seen, personal wavelengths. And so, as we look at the children we look inside ourselves and go back in time.

ASSENZA DI PATHOS - LA CONDIZIONE DI FUGACITÁ
Appunti sull'opera di Valerio Berruti

Lóránd Hegyi

Il silenzio, la semplicità, la banalità, l'anonimia, l'immobilità, l'atemporalità, l'assenza totale di qualsivoglia evento e un'*obiettività materiale*, apparentemente neutrale, sono gli elementi che caratterizzano i disegni e i dipinti di Valerio Berruti. Figure umane, bambini e adulti, talvolta accompagnati da un cane, talvolta in uno spazio identificabile, in un ambiente naturale o architettonico, in una situazione che appare familiare, ma perlopiù in uno spazio vuoto, senza riferimenti concreti e senza indicazioni esplicative o didattiche. L'osservatore deve concentrarsi sulle figure, poiché non esiste nessun altro elemento narrativo evidente e rivelatore. Le figure contengono tutto ciò che in questo sobrio mondo dei piccoli *personaggi* viene presentato e offerto. La loro posizione, i loro gesti, il loro sguardo, la loro presenza silenziosa manifestano un'*offerta* modesta e *per nulla spettacolare*: un'offerta di se stessi, in quanto creature uniche, ma di fatto completamente insignificanti, neutrali, irrilevanti, lì solo per comunicare qualcosa o provocare cambiamenti o effetti senza obiettivi e senza pretese, senza il minimo scopo. La loro totale indifferenza evoca una *permanenza* delle cose *senza avvenimenti di rilievo*, per cui anche l'essere umano esiste in questa neutralità e stabilità immobile.

Fanno presa su di noi, senza volerlo. Ci colpiscono, senza toccarci o senza volerci percepire. La loro *modestia* e la loro immobile disponibilità senza meta e senza tempo trasmettono un'oggettività impersonale, concreta e indifferente che inaspettatamente suscita comunque risonanze emozionali. Questa *emo-*

zionalità secondaria nascosta e non voluta è il risultato del contesto socioculturale di colui che percepisce, il quale è stato incluso in una situazione emozionale piuttosto velocemente e direttamente, vale a dire nel contesto dei ricordi dell'infanzia, degli antichi e familiari *souvenir delle microcomunità* della cerchia familiare, degli amici, dei compagni di scuola e dei piccoli gruppi caratterizzati da legami emotivi forti, stabili, quasi assimilabili a una condizione.

E qui ritorniamo ancora una volta al concetto di *stato*, che contiene sempre qualcosa di permanente, duraturo, immutabile, sostanziale e quindi oggettivo, concreto, neutrale, non voluto e casuale. Le opere di Valerio Berruti trasmettono *contingenti dell'immagine* semplici, facilmente percepibili, emblematici e diretti della condizione dei *piccoli personaggi*, i quali non solo riempiono il nostro mondo, ma sono identici al nostro mondo interno, costituito da esperienze ed emozioni, da ricordi ed eventi.

Forse qui si può cogliere il paradosso leggermente irritante del lavoro di Valerio Berruti.

Da una parte egli opera con un metodo della rappresentazione il più possibile neutrale delle figure tratte dalla vita quotidiana di tutti coloro che vivono nel nostro contesto socioculturale occidentale. Le immagini sono sì conosciute e familiari, ma contemporaneamente estranee e interiorizzate. La distanza rispetto all'oggetto della rappresentazione non deriva da un intento estetico, bensì dalla *banalità della conoscenza del rappresentato*.

I *piccoli personaggi* ci risultano così tanto conosciuti e familiari da non essere percepiti come dettagli peculiari, come una specie particolare e per nulla come *personalità pure* con le loro caratteristiche specifiche, bensì come cose delle nostre realtà di vita naturali, mai singolari e personificate, da percepire concretamente e soggettivamente, completamente neutrali e di conseguenza forse indifferenti. Si tratta di cose o, per meglio dire, di fatti o addirittura, più precisamente, di *parti integranti* del nostro mondo costituite da reali esperienze personali, vicende emozionali, modelli attitudinali imparati e vissuti, conseguiti e interiorizzati, forme di comportamento sociali, regole di gioco socioculturali apprese e personificate.

Il paradosso sta nel fatto che questa *concreta naturalezza* neutrale delle immagini, ben note e mai percepite nei loro dettagli particolari e nelle loro peculiarità specifiche, dei *piccoli personaggi* della nostra realtà quotidiana provoca al tempo stesso *indifferenza* ed *empatia*. Siamo nel contempo completamente disinteressati e neutrali nei confronti delle immagini, che non mostrano *nulla di diverso*, di *nuovo* e men che meno di personale, di *specificatamente interessante*, che non sia ciò che abbiamo sempre visto e continuamente avuto e, nonostante ciò, ci troviamo inevitabilmente e irresistibilmente coinvolti da un punto di vista emotivo, perché le immagini sono le nostre *proprie immagini*. Le nostre *proprie immagini* comprendono la conoscenza delle cose che vediamo e la sensazione di appartenenza al contesto, costituito dalle cose viste. In questo senso Marco Meneguzzo parla del significato della sensazione di appartenenza come chiave dell'interpretazione di un "decoro della classe media: ... ciò che rimane è rappresentato da un formidabile catalogo di atteggiamenti formali legati alla manifestazione di sentimenti forti: di appartenenza (allo stesso gruppo familiare), di gerarchia (genitori e figli, figli grandi e piccoli, persino bambini e bambine), familiarità, amicizia, affetto filiale, insomma tutto ciò che una volta avremmo definito 'decoro della classe media'. Oggigiorno queste convenzioni non esistono più, ed è proprio quel vago senso di nostalgia che le opere di Berruti portano alla luce – ma le forme esistono veramente...". Berruti opera con questa forma, in particolare attraverso l'allusione alla fotografia, alle attitudini stereotipate e all'oggettività neutralizzante che crea una distanza, pur conducendoci esattamente nell'altra direzione: la direzione della localizzazione della nostra antropologica conoscenza di noi stessi.

Osservando molti disegni e dipinti di Valerio Berruti, abbiamo l'impressione che si tratti di qualcosa di *oggettivamente personale*. Personale nel senso dei dettagli delle persone rappresentate, con il loro carattere specifico, inconfondibile ed effimero, ma egualmente o ancor di più nel senso del significato personale dei *piccoli personaggi* che in realtà sono importanti solo per l'artista, perché appartengono al suo mondo. Agli occhi dell'osservatore dovrebbero essere del tutto insignificanti, poco interessanti e indifferenti, appunto perché sono solo personali, perché rappresentano solo una *particolarità privata*. Ma è qui che si crea la trasformazione sostanziale, è qui che si presenta la svolta fondamentale: ciò che è solamente il personale puramente privato e particolare diventa lo *stato sostanziale* oggettivo, compreso dalla collettività. Con il fatto che la rappresentazione di questi *piccoli personaggi* (uomini e donne, adulti e bambini, umani e animali) è mostrata nella sua esclusiva *particolarità privata*, quest'ultima viene percepita come *stato oggettivo* nel contesto comune. La fugacità e la fragilità dei *piccoli personaggi* non sono solo il loro destino, la loro entità, ma è la condizione di ciascuno che noi, sconosciuta e impersonale, conosciamo molto bene. Parimenti, le forme di comportamento, che conosciamo dall'interno, non sono solo cornici esterne della comunicazione sociale e dei rapporti interpersonali, bensì parti integranti della nostra essenza. Valerio Berruti ci mostra che si tratta della nostra essenza, che la fragilità e la fugacità appartengono alla nostra condizione, che non esistono altri mondi, che non ci sono illusioni, nessuna via di fuga: tutti si trovano nell'*attualità permanente* che si trasforma sempre e subito in passato.

Le figure di Berruti esistono nella contemporaneità eterna, permanente, immutabile, senza l'intenzione di realizzare qualcosa, senza la pretesa di un cambiamento teleologico. Tanto più i *piccoli personaggi* sono identici con il loro presente, tanto più non riflessi essi vivono il loro presente, il loro attuale momento dell'esistenza come eternità, come realtà perdurante, quanto più forte l'osservatore avverte la caducità, l'insostenibile fragilità del presente, l'inevitabile potenza del trascorrere del tempo, l'inarrestabile scomparsa del presente.

Con la sua oggettività concreta, precisa, priva di *pathos* e silenziosa, Valerio Berruti ci mostra lo stato della perdita costante, per cui l'unica cosa duratura, che può riempire la realtà della condizione del continuo scomparire del presente con un'altra realtà, è l'amore: egualmente oggettivo, silenzioso, senza *pathos* e sostanziale, come la realtà dello scomparire. L'amore come *condizione permanente* conserva i momenti significativi del presente che inevitabilmente diventa passato; esso costituisce la garanzia della permanenza e dell'empatia, è la base della memoria e della partecipazione che conservano la nostra integrità umana. È questa emozionalità priva di *pathos* e profonda che risplende dalle immagini coraggiosamente semplici, sobrie e discrete di Valerio Berruti.

WITHOUT PATHOS - THE CONDITION OF FLEETINGNESS
Notes on the Work of Valerio Berruti

Lóránd Hegyi

Stillness, easiness, banality, anonymity, immobility, timelessness, total absence of any event, and an apparently neutral, *real objectivity* engrave the drawings and the paintings of Valerio Berruti. Human figures, children and adults, sometimes with a dog, sometimes in an identifiable space, in a natural or architectural setting, in a seemingly familiar situation, but mainly in an empty space, without any concrete references, without any explanatory or didactic hints. The spectator must concentrate on the figures because there are no other evident, clear narrative elements. The figures carry all that is presented and offered in this economical world of little *personages.* Their position, their gestures, their eyes, their quiet presence manifest an economical and *unimpressive offer*: an offer of themselves, as unique, but actually completely uninteresting, neutral, insignificant creatures who are simply there to communicate something or provoke whatsoever modifications or effect aimlessly and without any claims or purposes. Their complete indifference evokes a *permanence without events* of the things, whereby also the human being exists in this neutrality and immobile stability.

They affect us, without wanting to do so. They touch us, without touching us or even wanting to be aware of us. Their *unpretentiousness* and their aimless, timeless, immobile waiting condition give an impersonal, concrete, indifferent objectivity that nonetheless surprisingly arouse emotional resonances. This hidden and unwilling *secondary emotionality* is the result of the socio-cultural context of the perceiver who was drawn into an emotional situation rather quickly and directly, in this case into the context of the memories of childhood, of the old and familiar *souvenirs of the micro-communities* of family circles, circles of friends, schoolmates, and small circles of strong, stable, almost condition-like emotional ties.

Here we are back once again to the concept of *condition* that includes something permanent, lasting, unchangeable, substantial, and therefore objective, concrete, neutral, unwilling, and casual. The works of Valerio Berruti give simple, easily perceivable, emblematic, and direct *image contingents* of the condition of the *little personages* who not only fill our world, but are also identical to our own and internal world, made up of experiences and emotions, of memories and events.

Perhaps here it is possible to grasp the slightly irritating paradox of the work of Valerio Berruti. On the one hand he operates with a method of the most neutral representation of the figures from the daily life of each one of us, living in our Western socio-cultural context. The images are not only well-known and familiar, but also simultaneously estranged and interiorized. The distance to the object of the representation does not derive from an aesthetical purpose, but from the *banality of the acquaintance of the represented one.*

The *little personages* are so well-known and familiar to us that they are never perceived as particular details, as a particular species, and not at all as *pure personalities* with their specific characteristics, but as natural, never unique and personified, concrete and subjective things of our life realities, completely neutral and therefore somewhat indifferent. They are things, or better yet facts, or even more precisely *integral parts* of our world, made up of our real, personal experiences, emotional events, learned and lived, achieved and interiorized attitude models, social behavioral forms, assimilated and personified socio-cultural rules of the game.

Paradoxically, this neutral, *concrete naturalness* of the well-known images of the *little personages* of our everyday reality, never perceived in their particular details and specific characteristics, arouses *indifference* and *empathy* at the same time. We are at once completely uninterested and neutral towards the images, as they show nothing *different*, *new*, and even nothing personal, nothing personally and *specifically interesting*, other than what we have always seen and had, and yet unavoidably and irresistibly emotionally involved, as the images are our *own images*.

Our *own images* include the knowledge of the things that we see and the feeling of belonging to the context formed by the things that are seen. In these terms, Marco Meneguzzo speaks about the meaning of the feeling of belonging as key to the interpretation of a "middle class decorum": ". . . what is left is a remarkable catalogue of formal attitudes linked to the manifestation of strong feelings: of belonging (to the same family group), of hierarchy (parents and children, older and younger children, even boy and girl children), familiarity, friendship, filial devotion, in fact all that we would once have called 'middle class decorum.' Today that decorum no longer exists—and it is that vague sense of nostalgia that Berruti's work induces—but the forms do exist . . ." Berruti works with this form, in particular through the allusion to photography, to the stereotyped attitudes and the neutralizing objectivity, which creates a distance. But he leads us precisely in the other direction: the direction of the localization of our anthropological self-knowledge.

When we look at the drawings and paintings of Valerio Berruti in great quantities, we have the impression that this is a question of something *objectively personal*. Personal in the sense of the details of the represented persons, with their specific, unmistakable—and fleeting—character, but equally or still more in the sense of the personal importance of the *little personages*, who are actually important only for the artist, as they belong to his own world. To the observer they should be completely unimportant, uninteresting, and indifferent just because they are only personal, since they only represent their own *private particularity*. But here the substantial transformation is brought about, here the fundamental change is generated: here the merely private and particular personal element becomes the objective *substantial condition* that is commonly realized. Since the representation of these *little personages* (men and women, adults and children, men and animals) is expressed in its exclusively *private particularity*, this particularity is perceived as *objective condition* in the common context. The fleetingness and the fragility of the *little personages* is not only their destiny, not only their entity, but it is the condition of every one of us, which unknown and impersonal we know very well. Likewise the behavioral forms, which we know from the inside, are not only external frames of social communication and interpersonal relationships, but integral parts of our substance. Valerio Berruti shows us that this is our substance, that fragility and fleetingness belong to our condition, that there are no other worlds, no illusions, no way out: all are in the *permanent present* that constantly and immediately turns into past.

Berruti's figures exist in the eternal, permanent, unchangeable present, without the intention of performing something, without the pretension of a teleological modification. The more the *little personages* are identical with their present, the more unreflected they live their present time, their time being of the existence as eternity, as everlasting reality, the stronger the observer will feel the fleetingness, the unbearable fragility of the time being, the unavoidable power of the passing of time, the inexorable vanishing of the present time.

With his concrete, precise, and quiet objectivity without *pathos*, Valerio Berruti shows us the condition of the constant loss, whereby the only lasting thing that can fill the reality of the condition of the constant loss of the present with another reality is love: equally objective, quiet, without *pathos*, and substantial as the reality of the vanishing. Love as *permanent condition* keeps the important moments of the present that unavoidably becomes past; it is the guarantee of permanence and empathy, it is the base of memory and participation, which preserve our human integrity. This deep emotionality without *pathos* spreads from the bravely simple, unimpressive, and discreet images of Valerio Berruti.

CLASSI
Maria Chiara Valacchi

Nei ritratti silenziosi di scolaresche sbiadite i ricordi urlano.

Nelle foto, leggeri fogli di carta impressionata, si susseguono fisionomie create dalla volontà astratta della luce. Il colore puro steso a pennello continua il processo fotosensibile della carta e riaffiorano da superfici intense i volti e i corpi di bambini completamente estrapolati dallo spazio. L'artista come luce, come selettore naturale di immagini e di piacevoli vissuti. Pezzi di vita incastonati in eterno, in *frame* statici dove le emozioni di quel momento non respirano più: la gioia è ferma, la tristezza è muta. L'importanza della propria immagine, della riconoscibilità dell'uomo, di un proprio io non è altro che la volontà di lasciare tracce di esistenza. Fotografi come genitori di tanti figli eterni, figli privati dalla nascita della forza di un corpo, ma ricchi dell'anima di un solo ricordo.

La paura e la felicità di vedere foto altrui, di entrare intimamente in altre vite, di godere, appropriandosene, di un tempo mai vissuto portano a indagare in stati emozionali estranei. Di un nostro ritratto ricordiamo i colori, le luci, le parole, i profumi, gli stati emozionali di un istante e guardandolo tentiamo invano di recuperare un tempo trascorso o di soffocarlo in un oblio inesistente.

Per Valerio Berruti le foto degli scolaretti sono capolavori strutturali inconsapevoli. I bambini sono una musica di forme e posizioni, note ricorrenti di composizioni sempre uguali.

Nelle grandi tele, rappresentanti scolaresche impettite nelle classiche foto di fine anno, i corpi assumono una valenza iconografica riconoscibile grazie a una semplificazione della figura portata quasi all'eccesso: non esiste più una tonalità, i volti sono incompleti e le vesti non riconoscibili. La rappresentazione umana diventa nei particolari un'astrazione segnica privata di tutto. Si susseguono volti e fisionomie simili accomunate da divise atone, da fiocchi variopinti che nel tempo si tramuteranno in cravatte troppo strette.

Nei percorsi visivi rivivono immagini riconoscibili e mnemoniche, dove l'individuo si ritrova nella posa sempre uguale, nell'espressione che assume ogni qual volta diviene attore di se stesso, per recitare in una quinta teatrale di vita immobile. Le testine degli scolaretti forzatamente seduti, le mani e i piedini descrivono su di un pentagramma immaginario una melodia latente, fissata nella tela affrescata. L'orecchio struscia sulla superficie ruvida, tattile, riempendosi di una melodia che si dipana ed esce dalle grosse tele che fungono da casse di risonanza. Una melodia, composta, colma di un infantilismo, vissuta e affievolita dal ricordo, dove si rincorrono scalpitii infantili, grida e urla di bambini. I tratti di chi non si ricorda non esistono più e la mancanza diventa carattere distintivo, peculiarità dominante. Non c'è più l'interesse di disegnare occhi e bocche, i visi divengono lo spazio vuoto di un'esistenza nulla. Valerio Berruti recupera la storia comune e la rielabora privandola di ogni motivo di distrazione, di ogni carattere distintivo. Nell'uguaglianza avviene il riconoscimento e nella ripetizione la visione rassicurante di qualcosa già vissuto, elaborato, superato.

Maria Chiara Valacchi

In the silent portraits of fading classrooms, memories scream.
In the pictures, pieces of paper lightly imprinted, one image follows another, each created by the abstract will of light. The pure color put down by the brush extends the photosensitive process of the paper so that bodies and faces of children—now extrapolated from the space—rise up from dense surfaces. Like light, the artist works as a natural selector of images and pleasant pasts. Pieces of a life embedded forever in static frames, where the emotions of that particular moment no longer breathe: the joy is immobile, the sadness mute. The importance of our own image, and of recognizing ourselves there, is nothing but the desire to leave a trace of our existence. Photographers become parents of many eternal children—deprived of the body's power from birth, but rich from the soul of a single memory.
The fear and excitement of looking at other people's pictures—entering someone else's life, enjoying a time never lived—brings you to investigate the emotions of others. Of our own portrait we remember the colors, the lights, the words, the smells, the feelings of an instant, and by looking at it we try in vain to recover a moment or suffocate it in dark oblivion.
For Valerio Berruti the kids' pictures are intuitive structural masterpieces. The kids are music of forms and colors, recurrent notes of always-identical compositions.

On the big canvas, portraying stiff classes in typical end-of-the-year pictures, the bodies assume an iconographic value recognizable due to the simplification of the figure to the extreme: there is no tonality anymore, the faces are incomplete and the clothes are not recognizable. The human representation becomes an abstraction without any meaning left. One face after another, all similar with their monotone uniform, colorful bow ties that will soon become constricting neckties.

In the course of looking, the images come back to life; in them the individual is always the same, the expression identical in each still-life portrait. The small heads of the kids forced to be seated, the hands and the small feet that together describe an imaginary pentagram, a melody imprinted on a fresco. The ear traverses the rough surface of the canvas, enveloped with an expanding melody as if the big canvas were a pair of speakers.

It is a melody full of childhood, lived and then softened by memory, where you can hear youthful footsteps and the shouts of children. The features of those that are not remembered vanish and their absence becomes a distinctive character, a dominant peculiarity. It's not important to draw eyes and mouths anymore; the faces become empty spaces of a vain existence. Valerio Berruti resuscitates a common past and records it, simplifying it of any reason for distraction, of any singular message. In the sameness occurs recognition, and in the repetition occurs the reassuring vision of something already lived, transformed, and left behind.

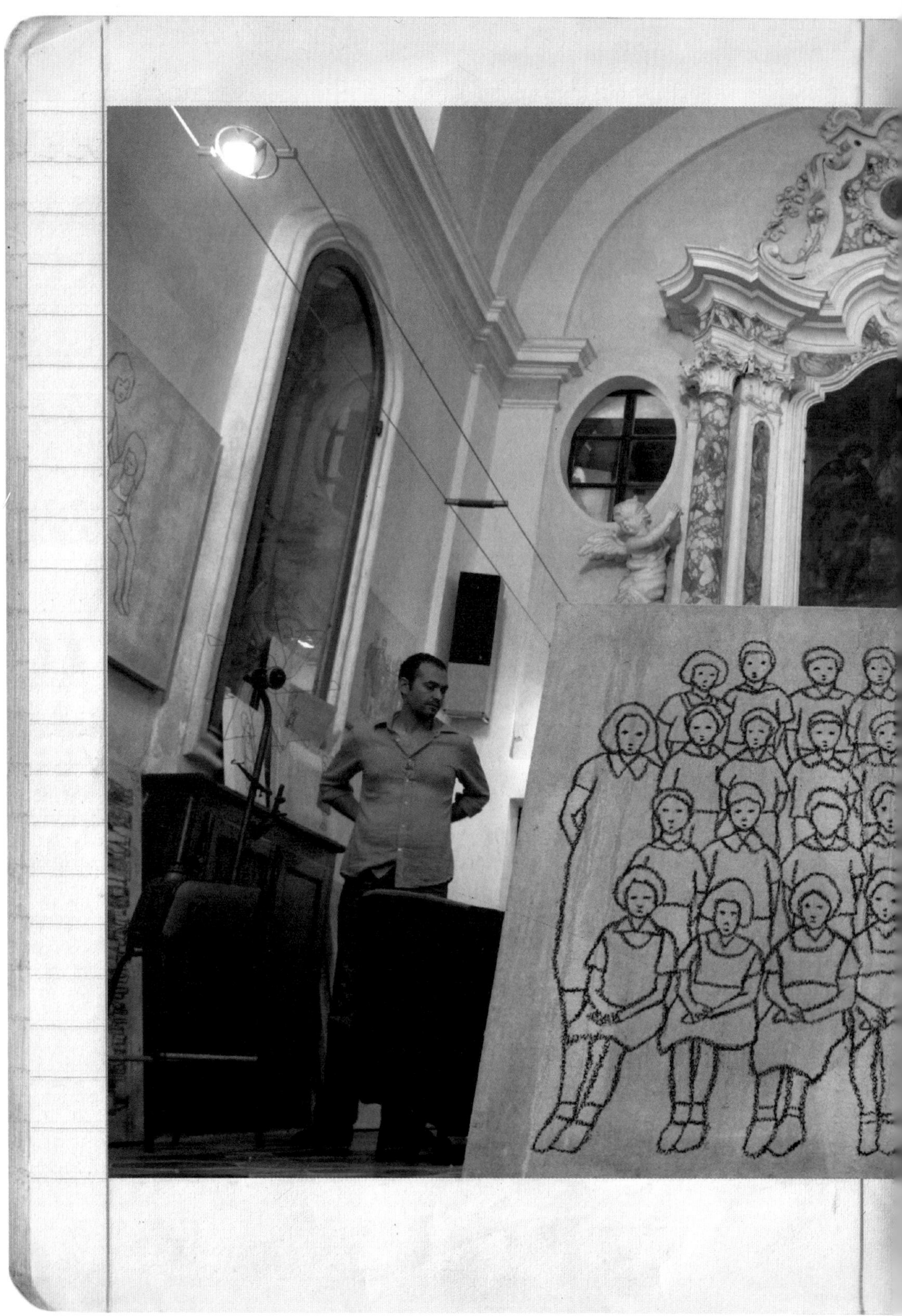

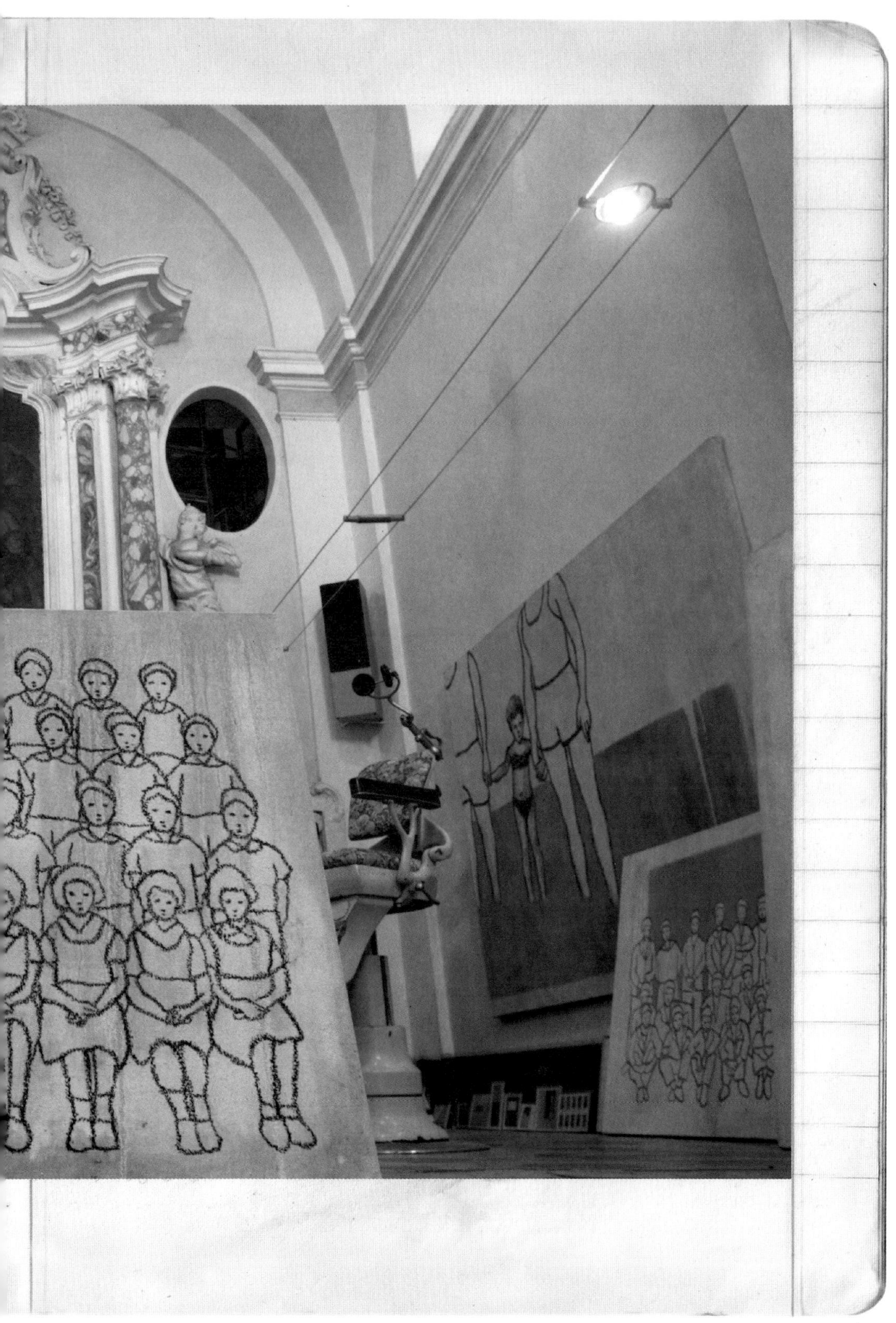

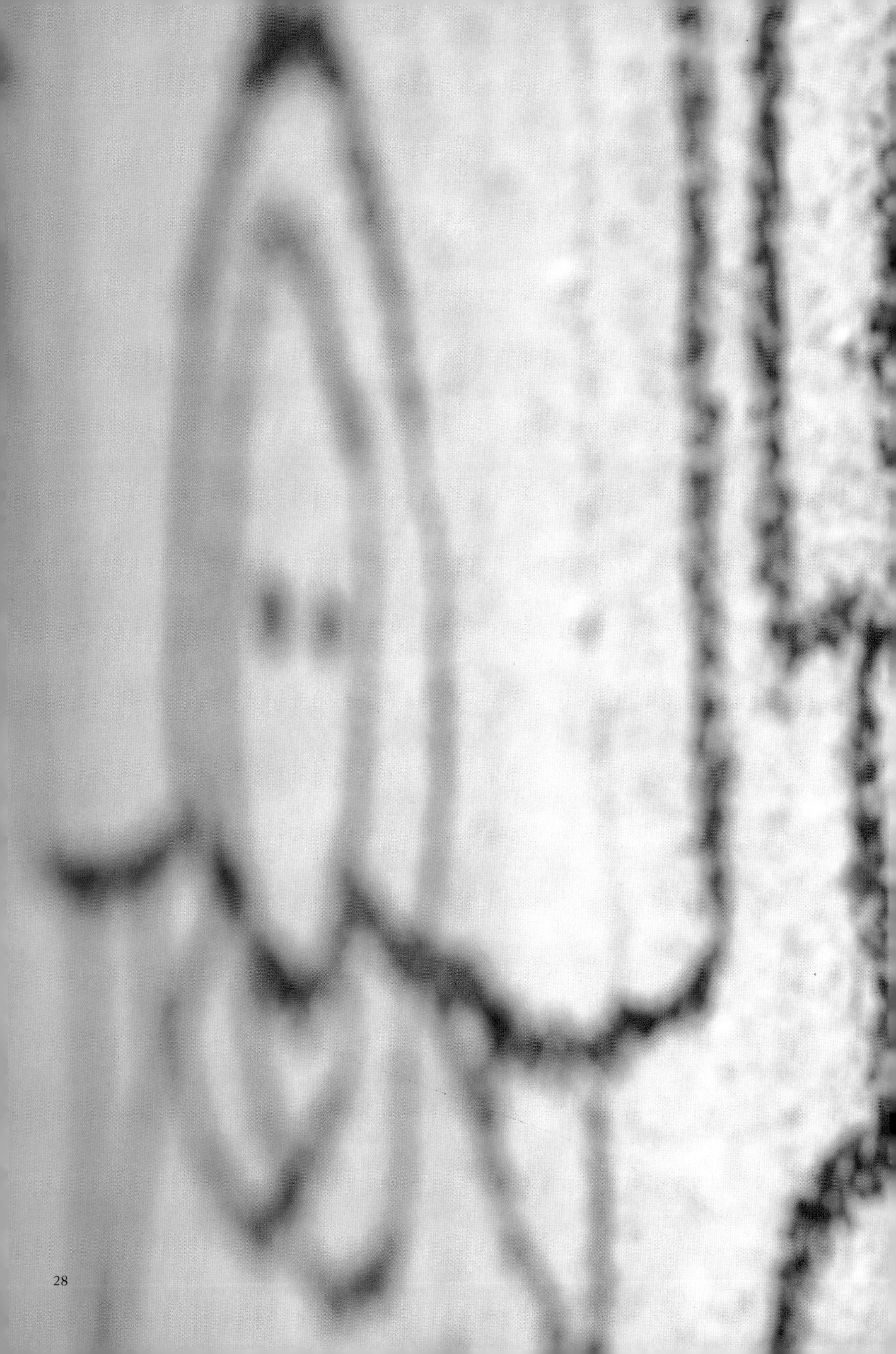

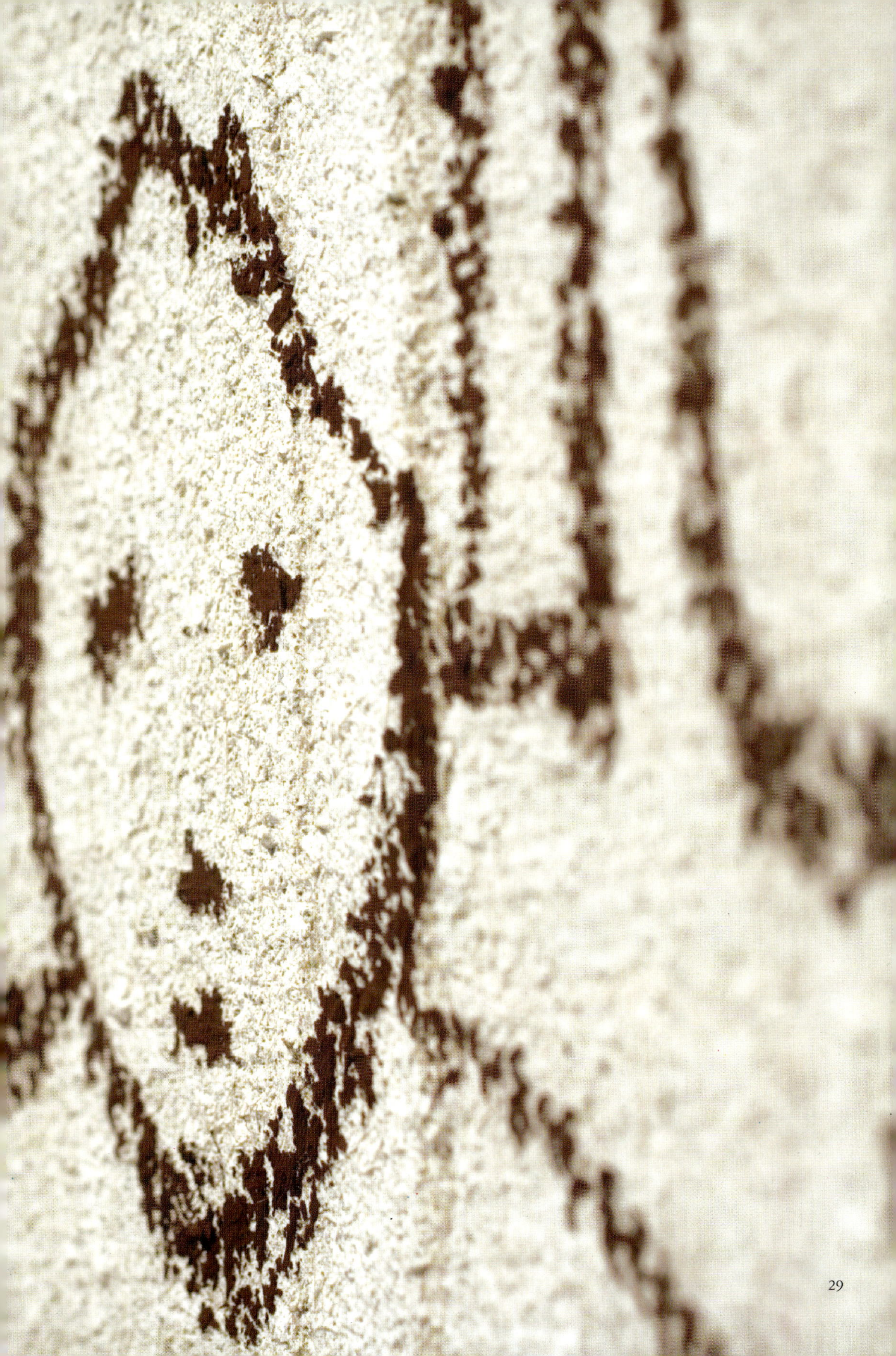

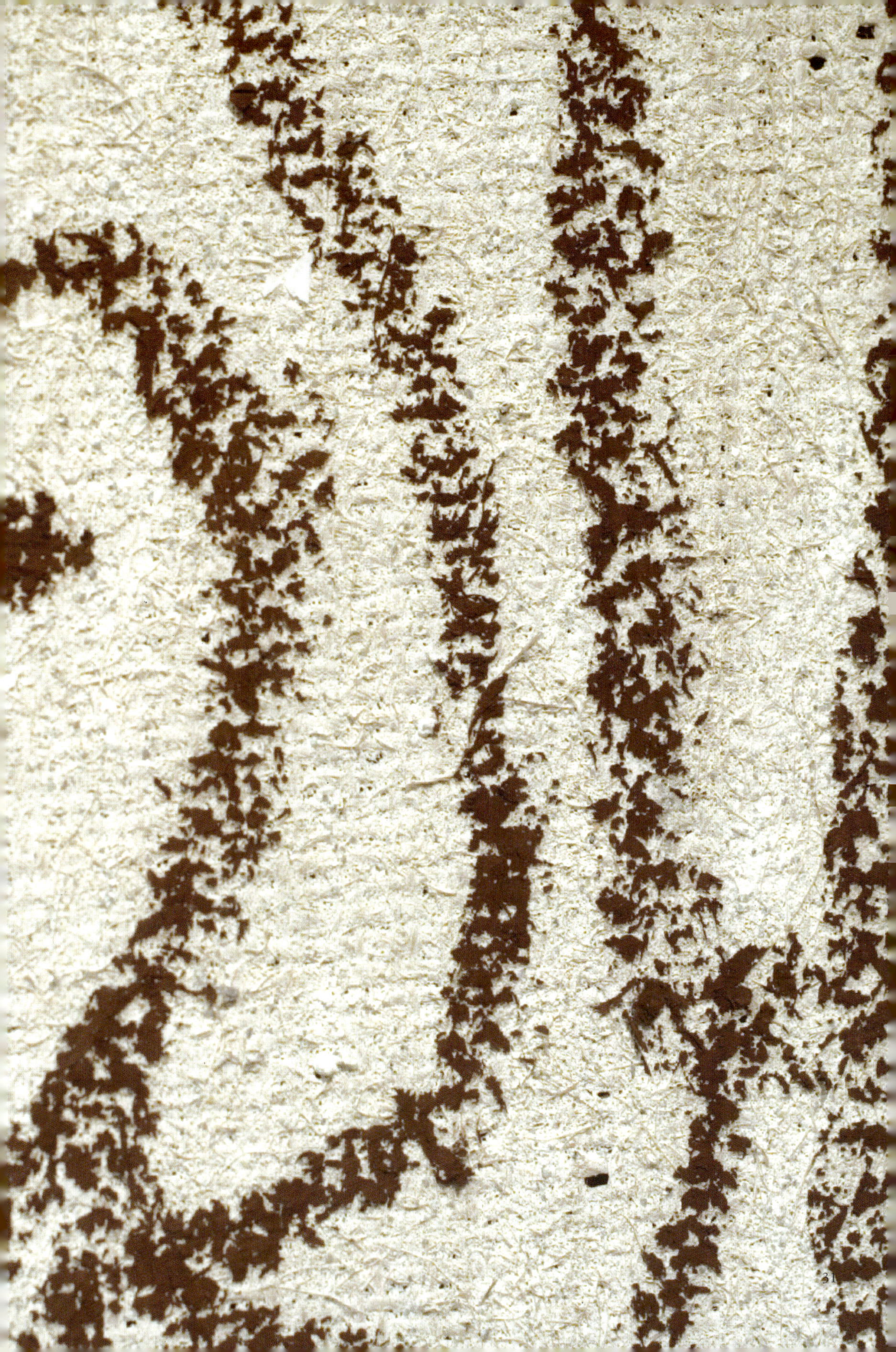

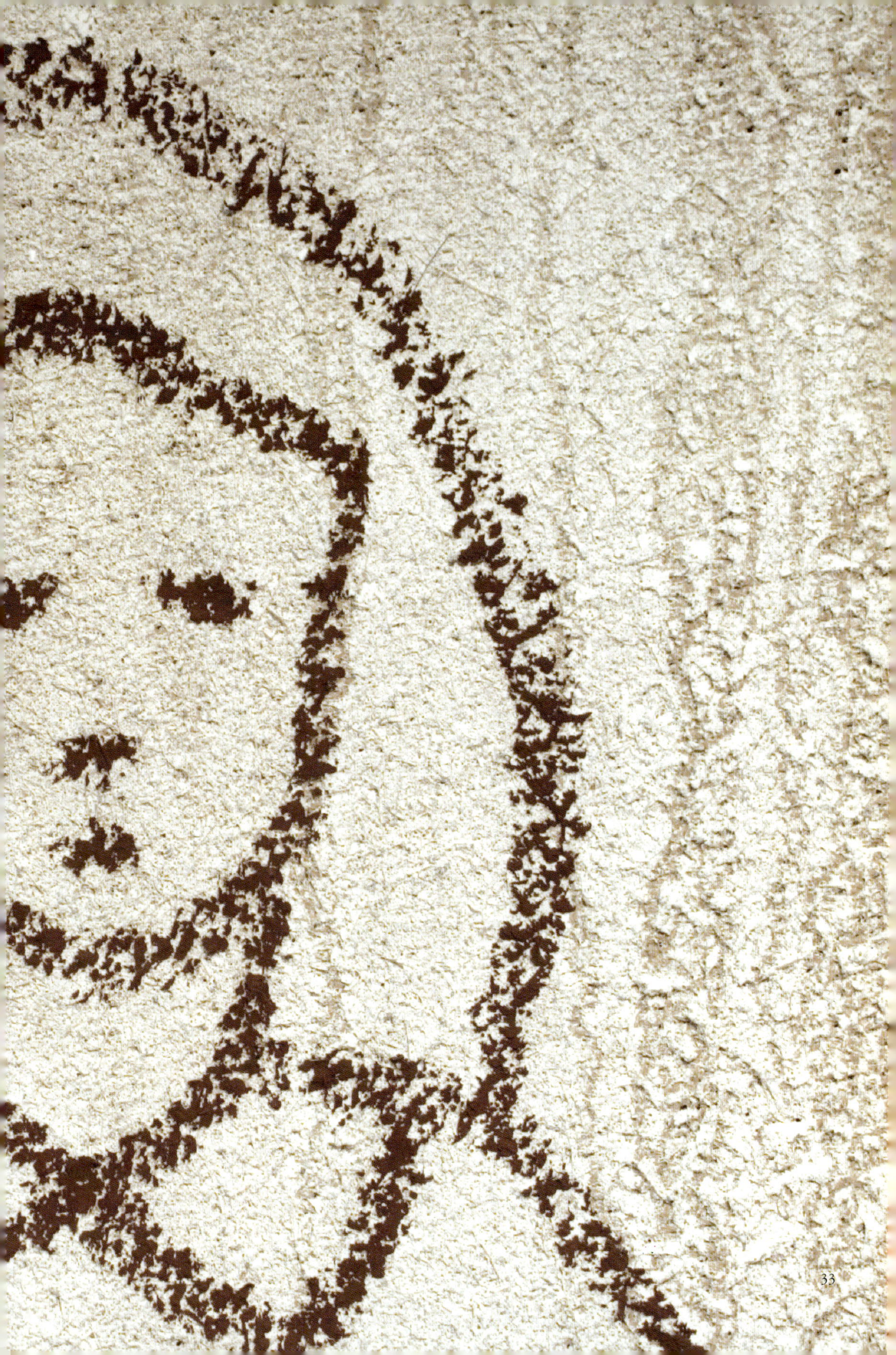

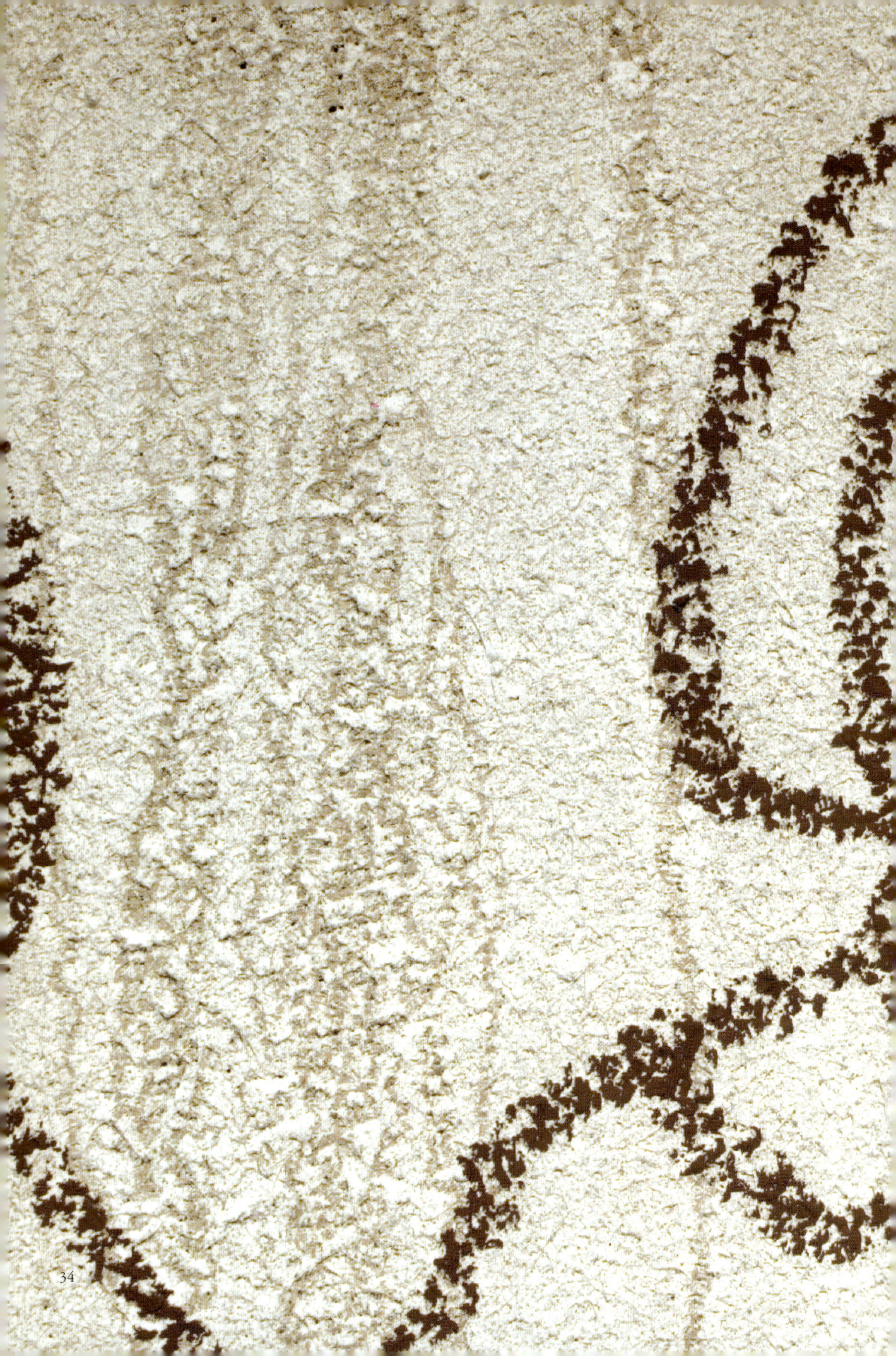

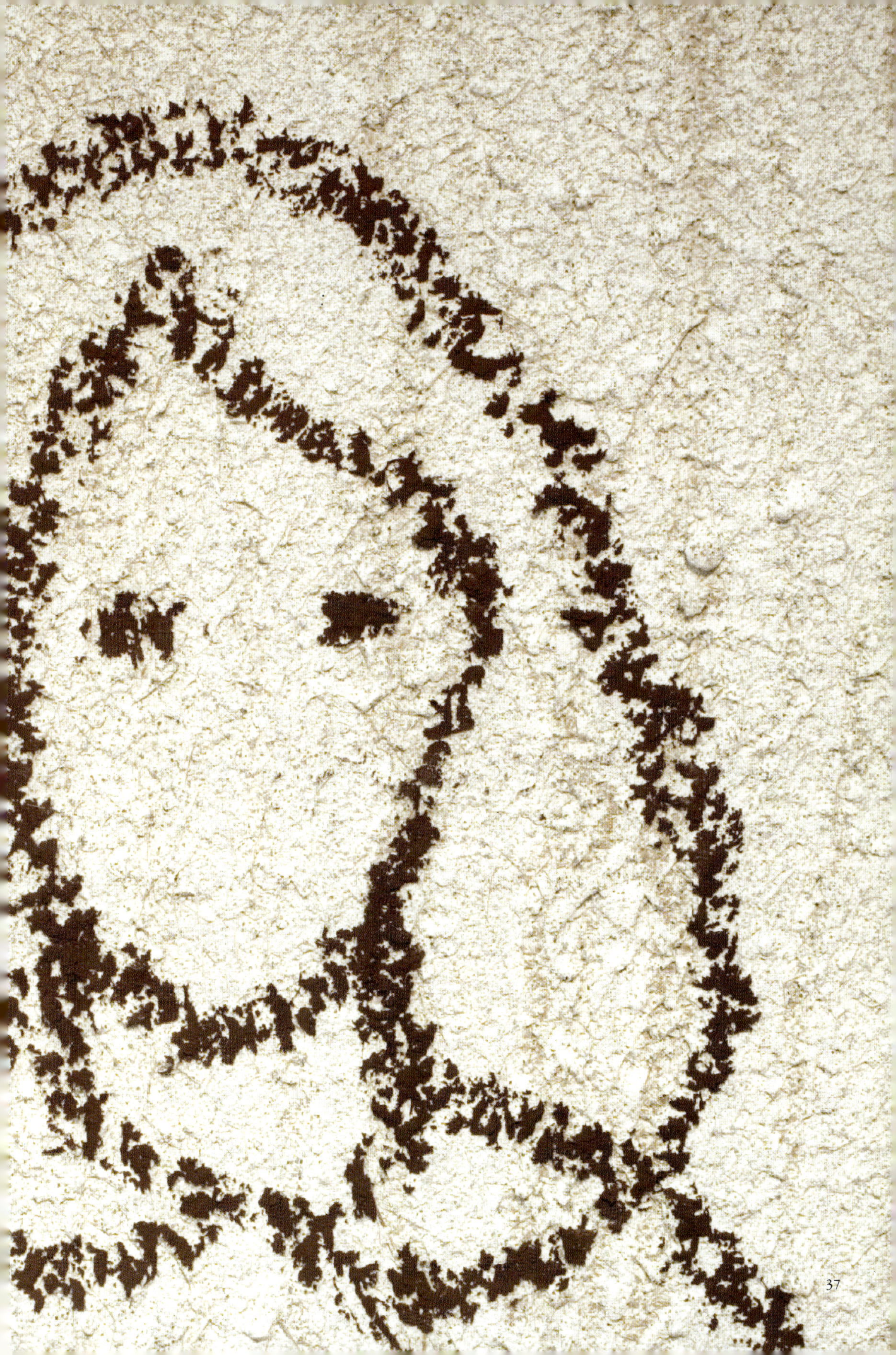

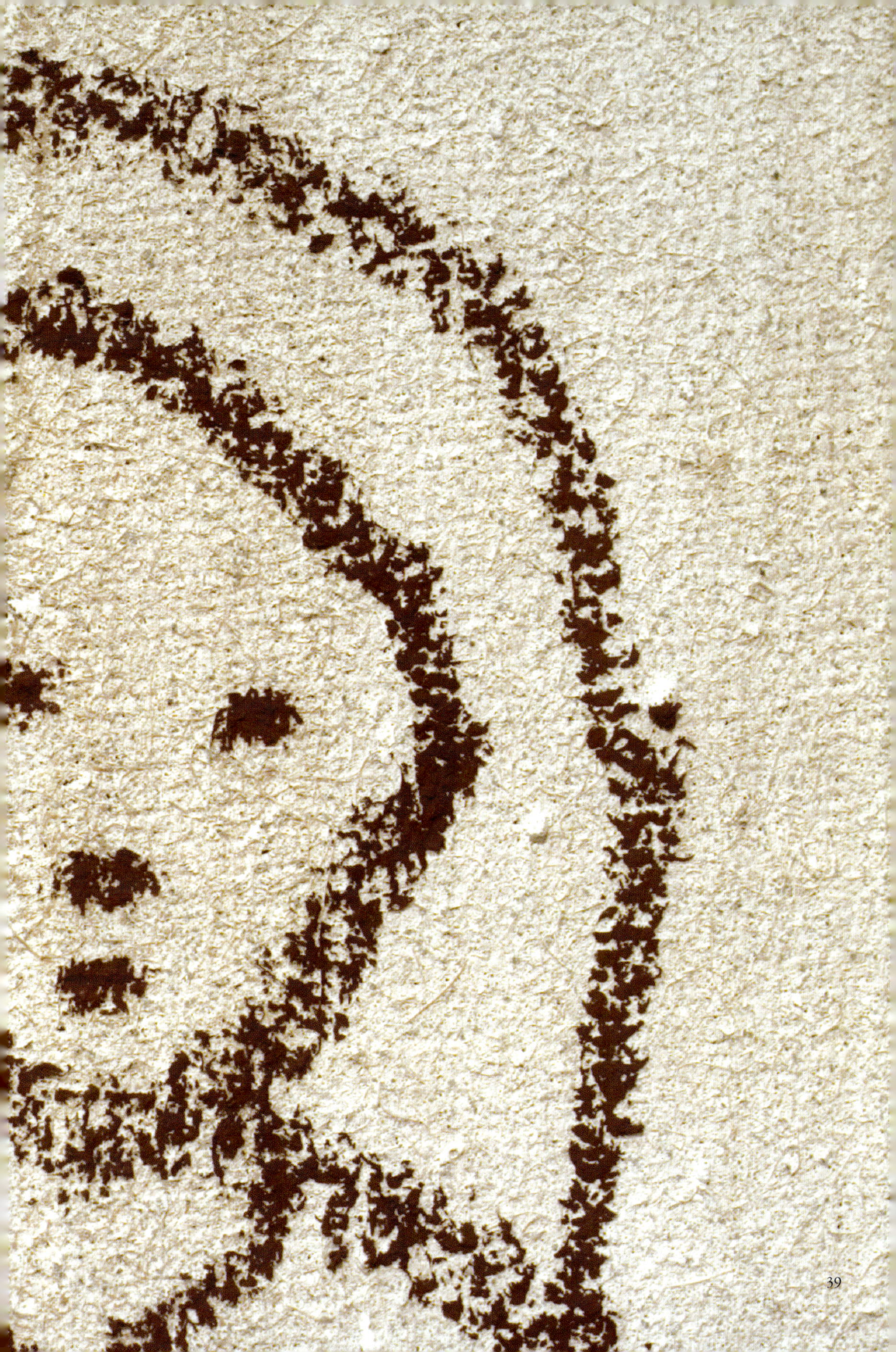

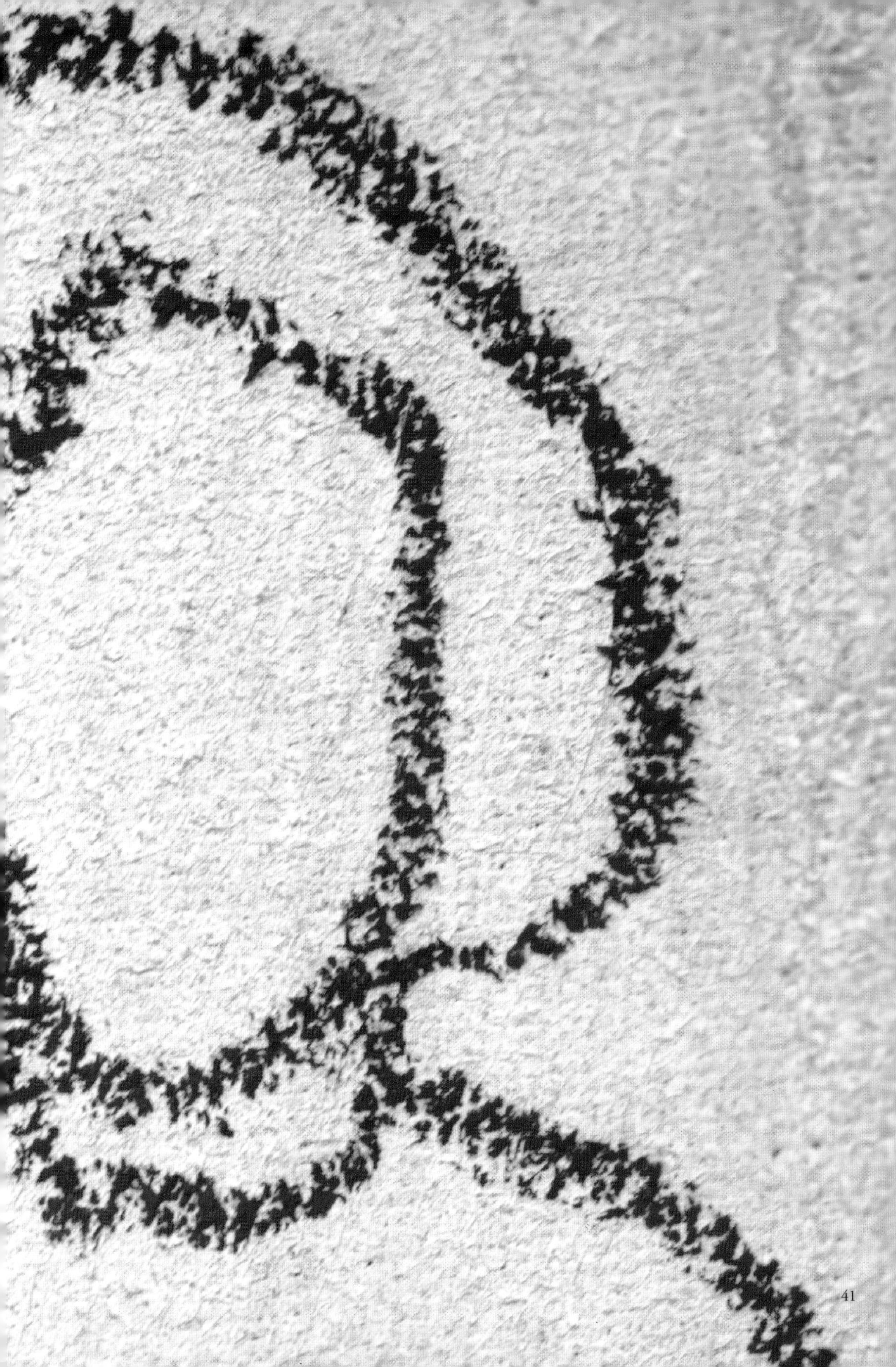

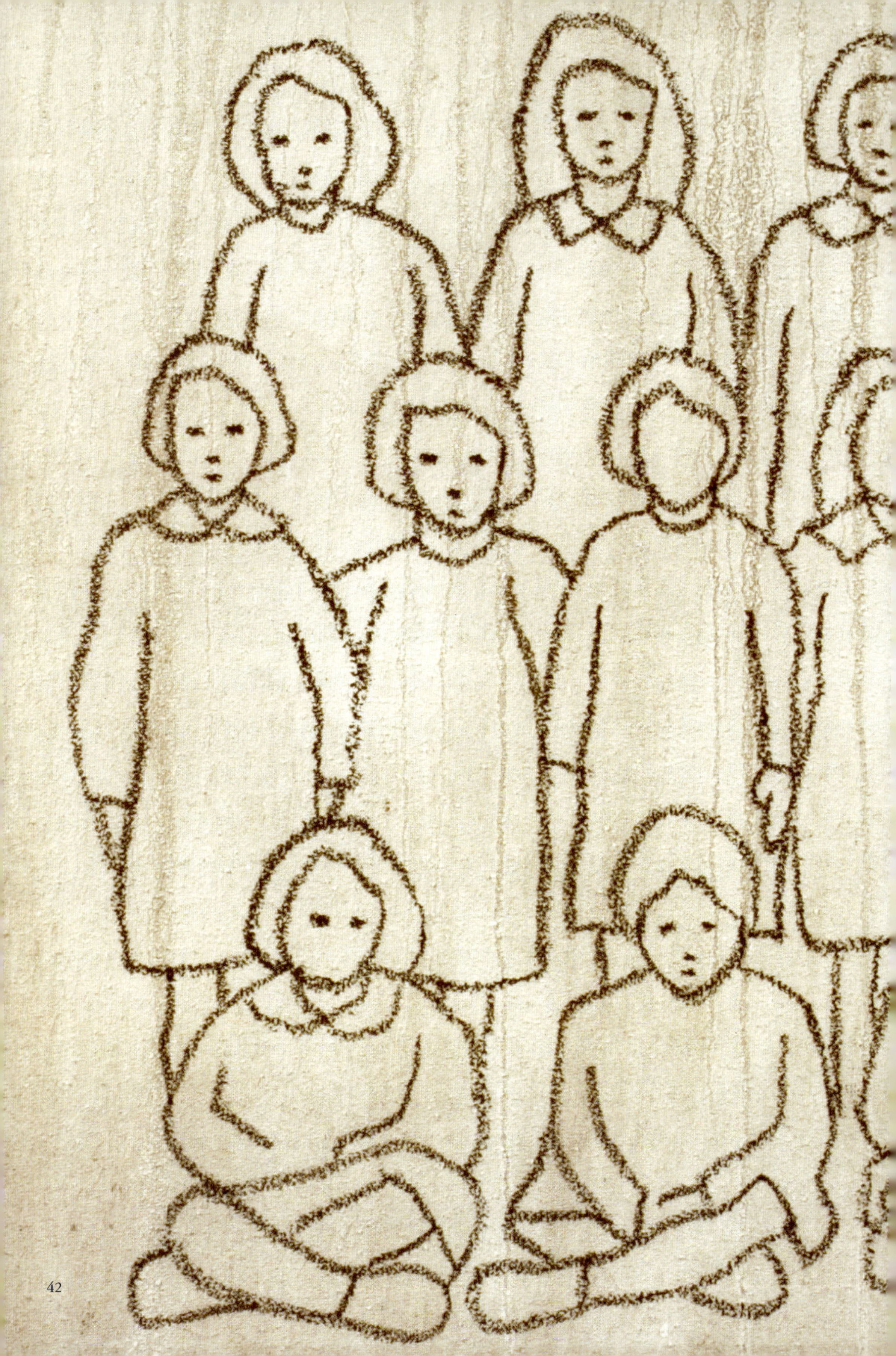

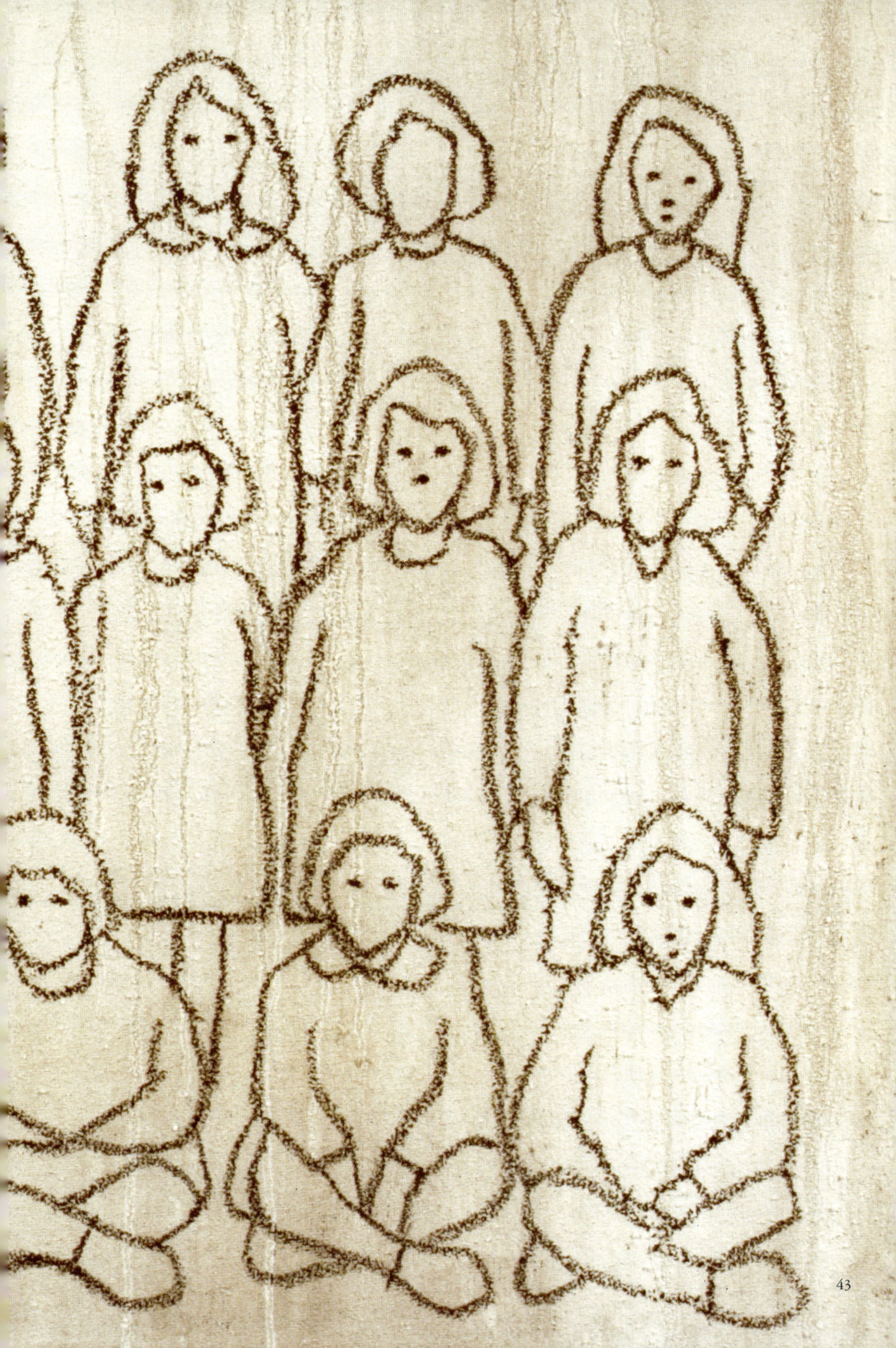

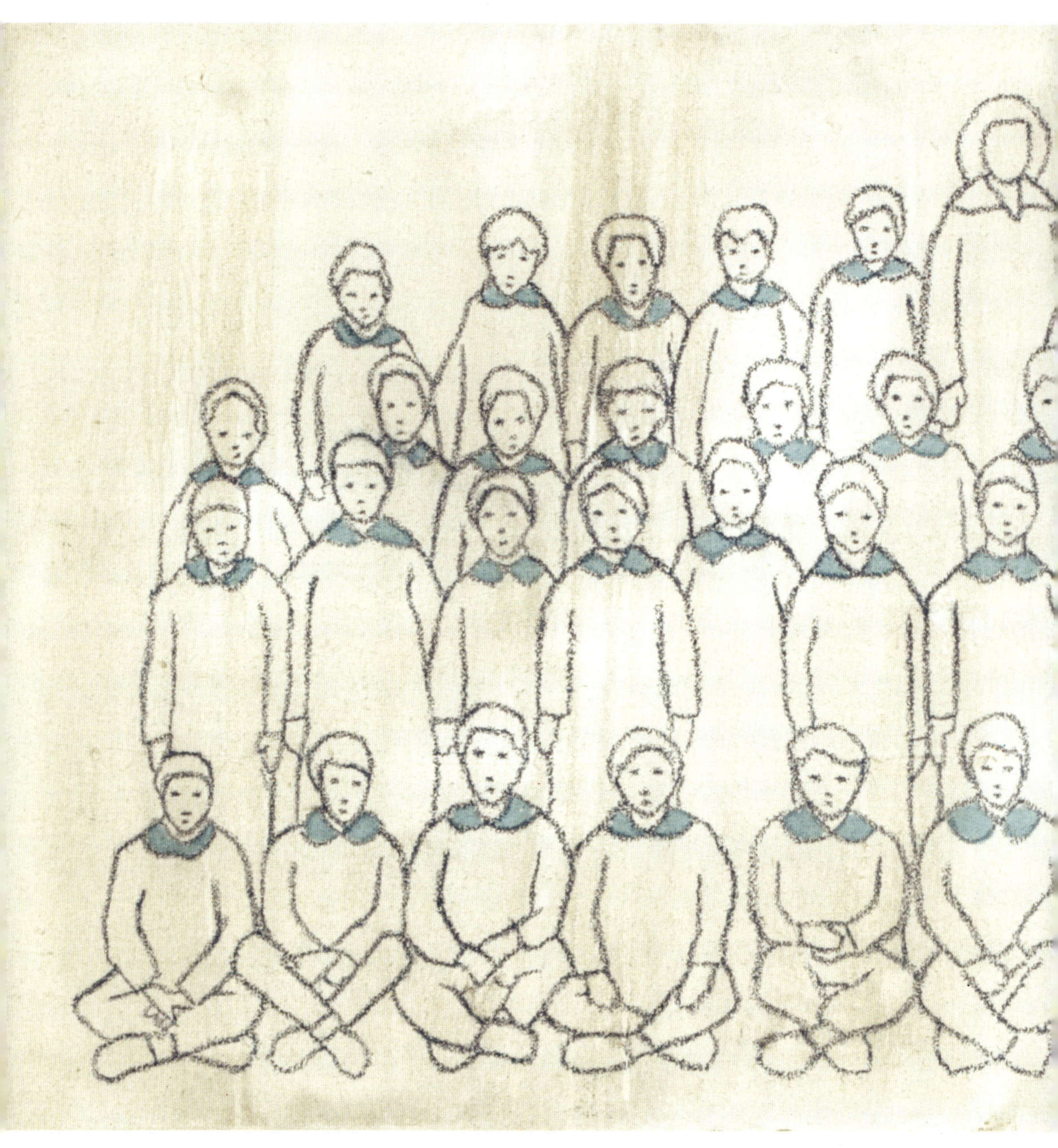

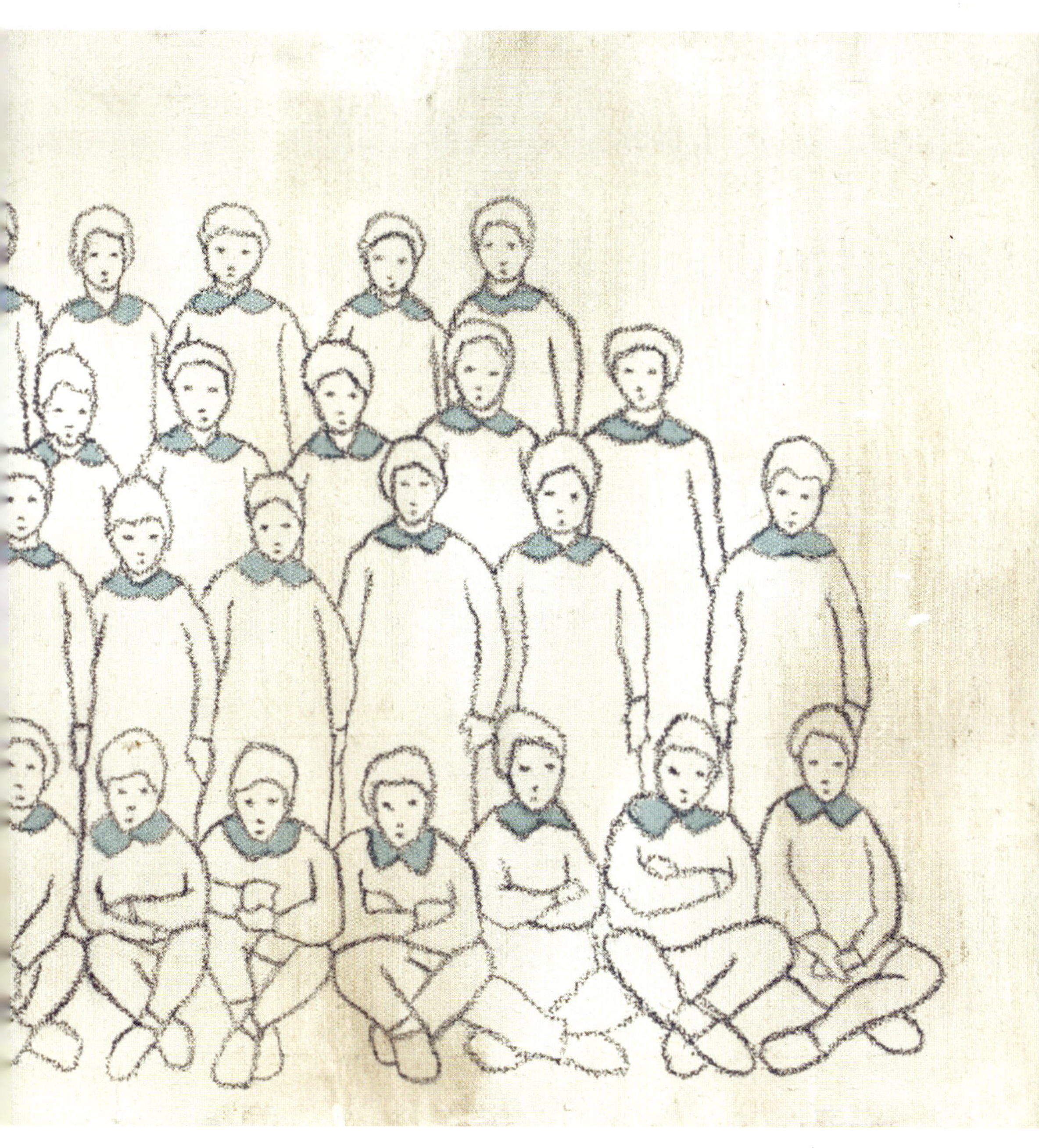

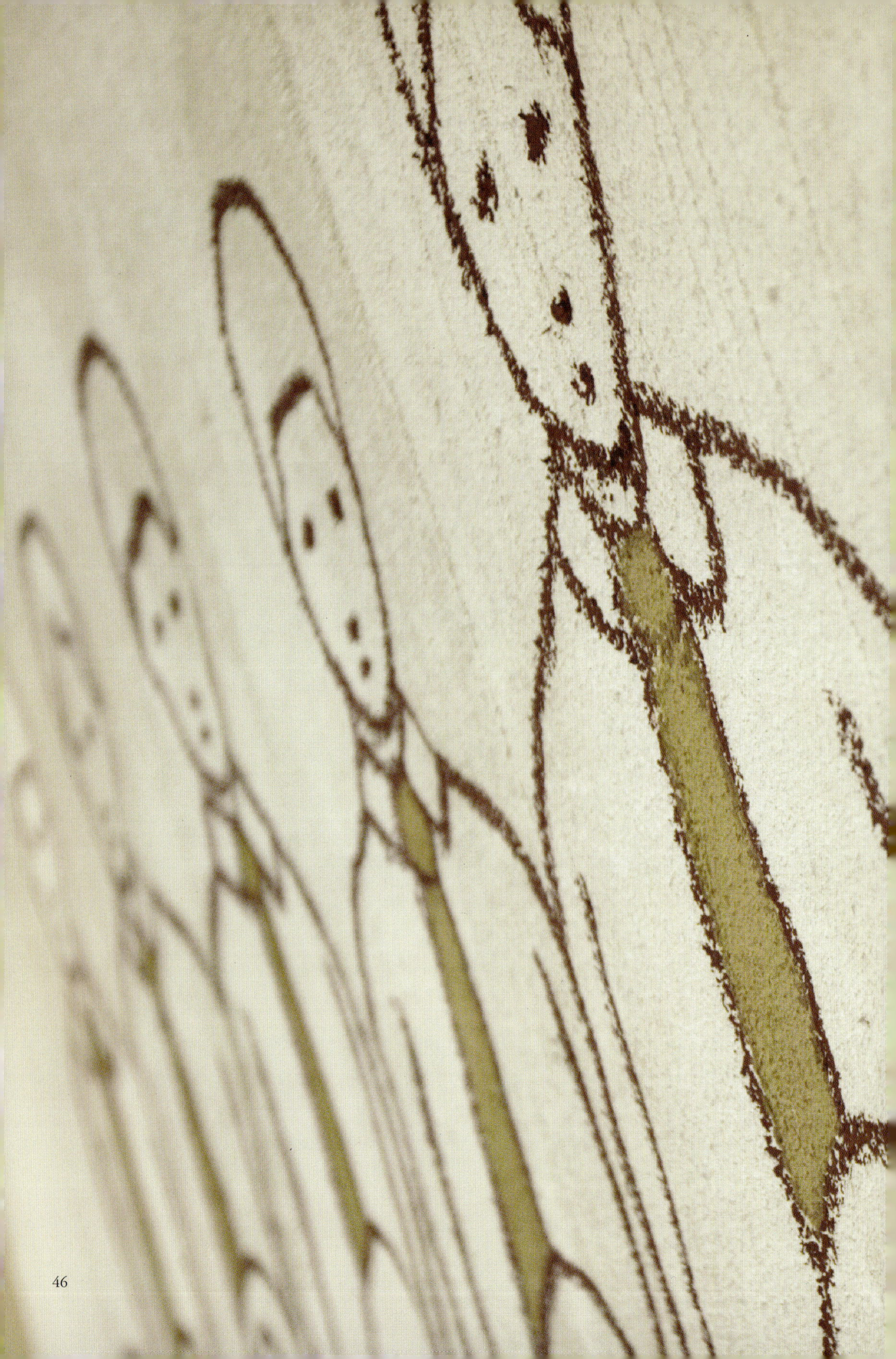

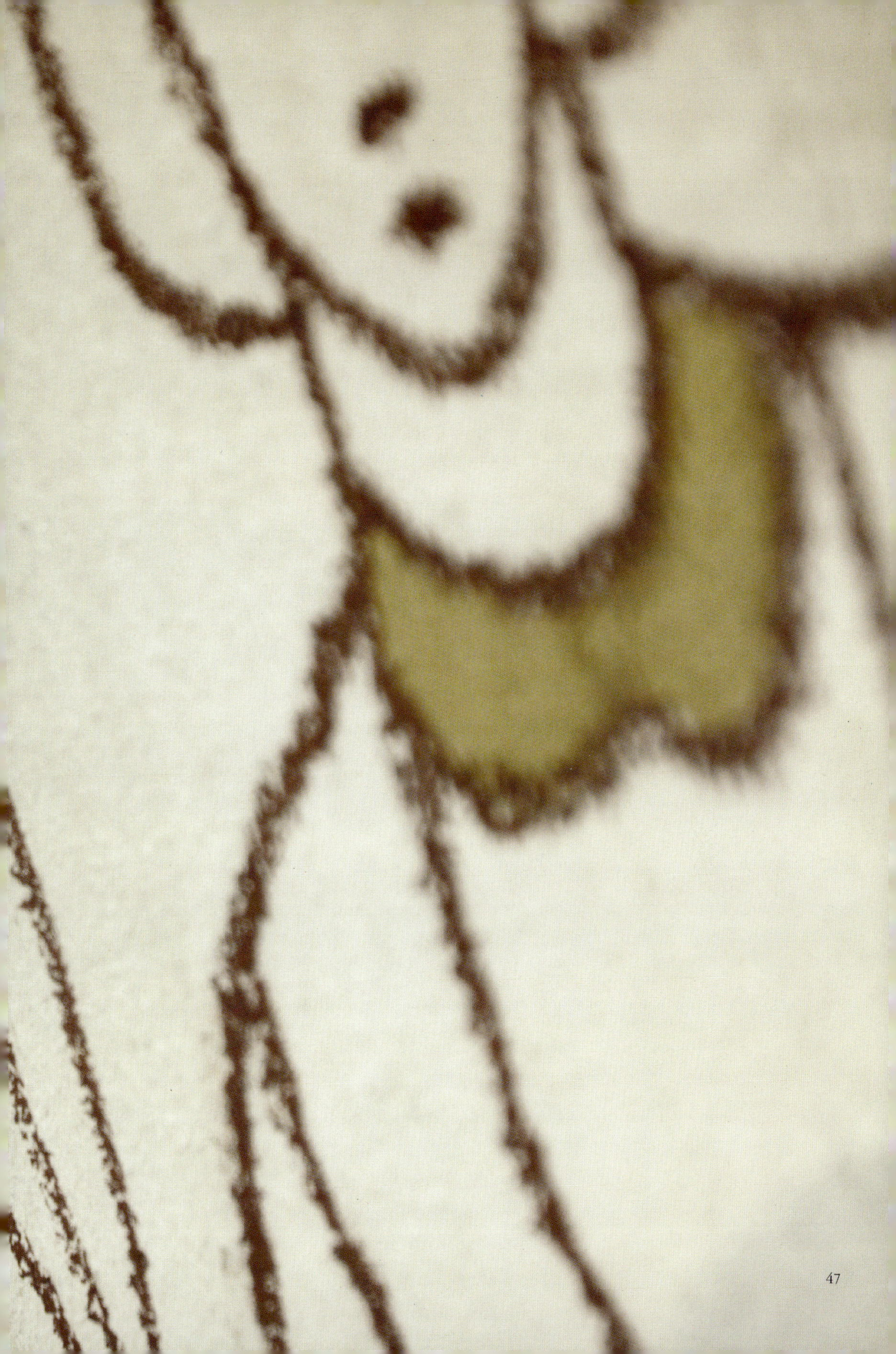

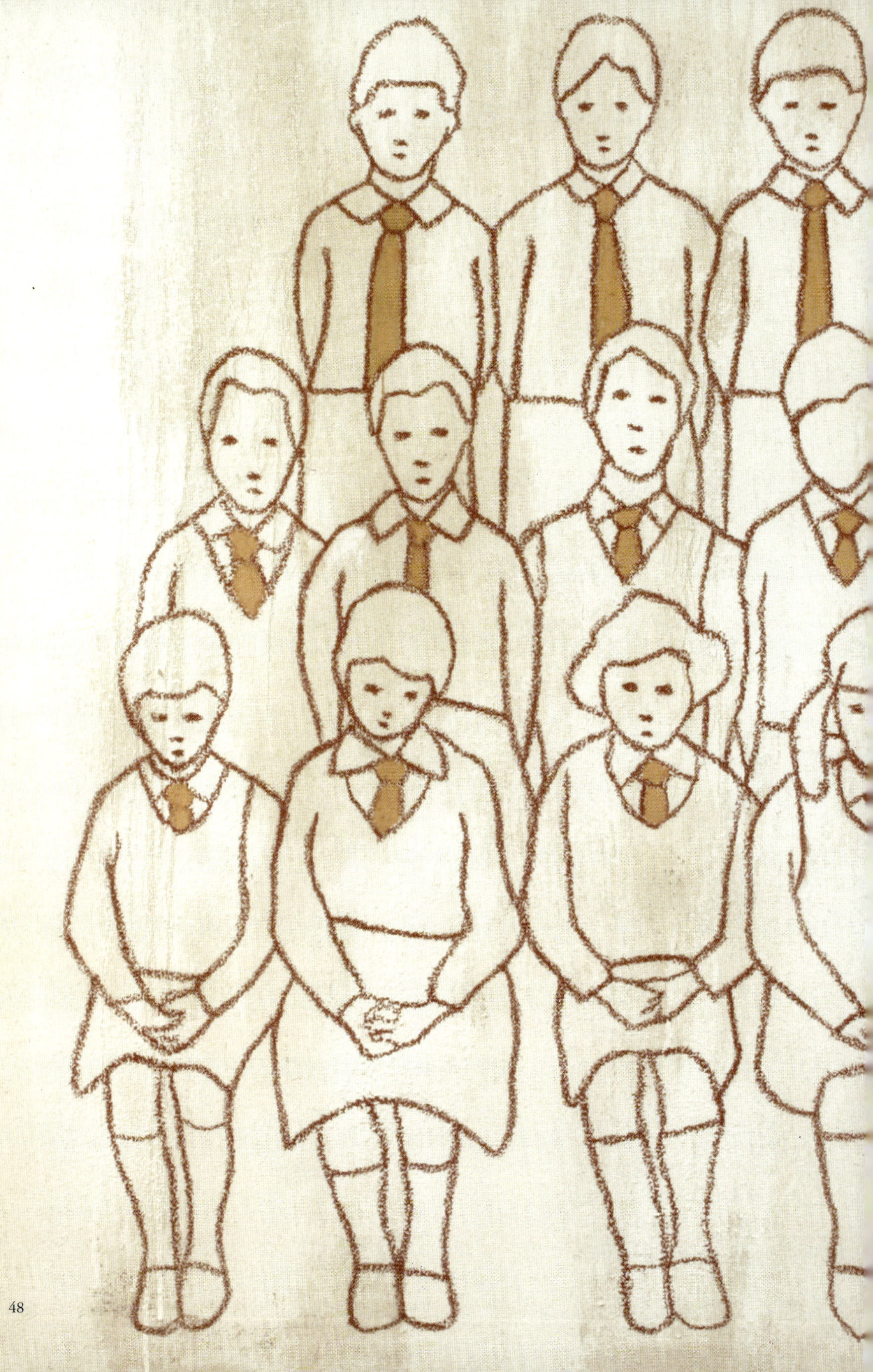

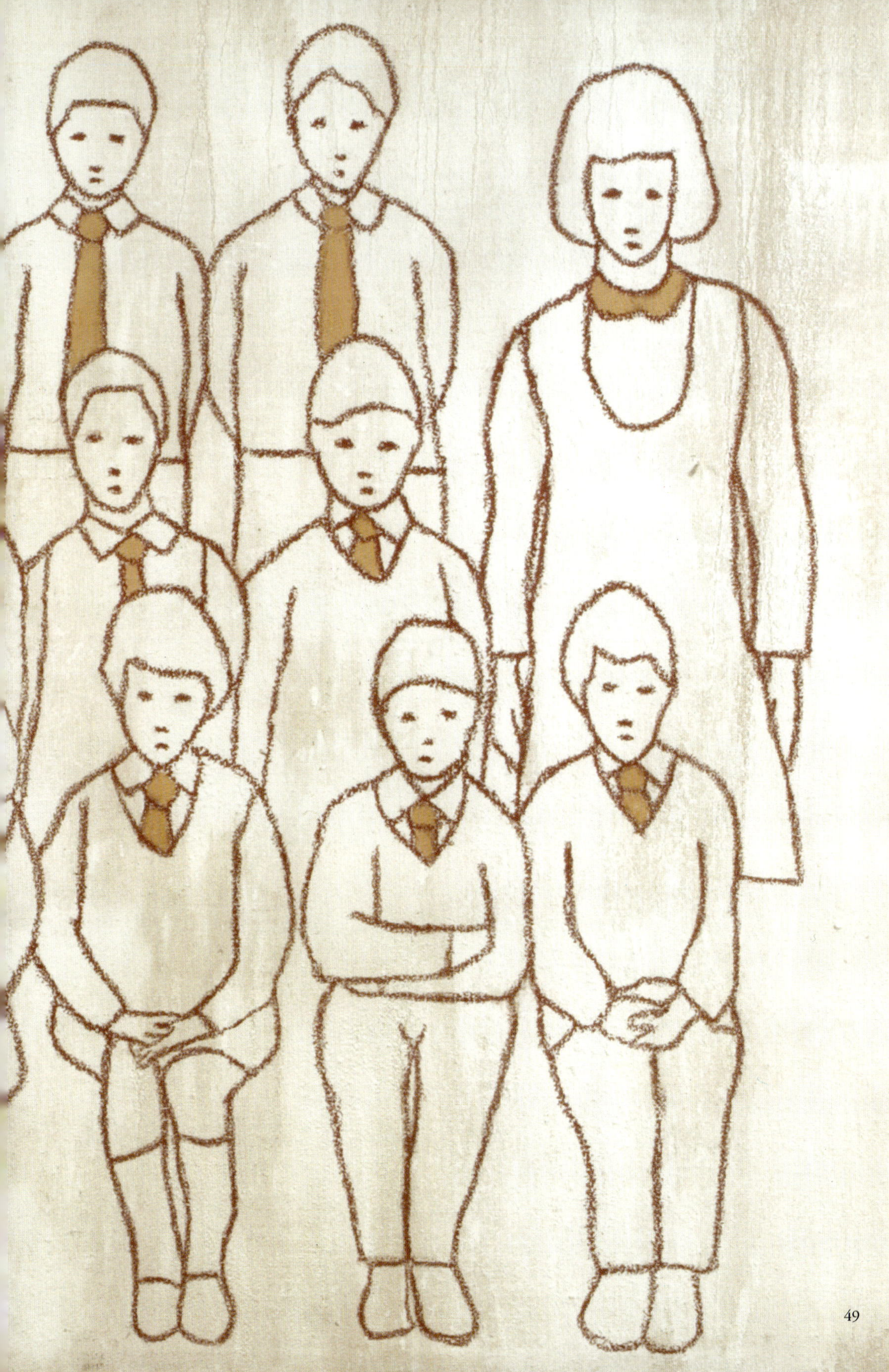

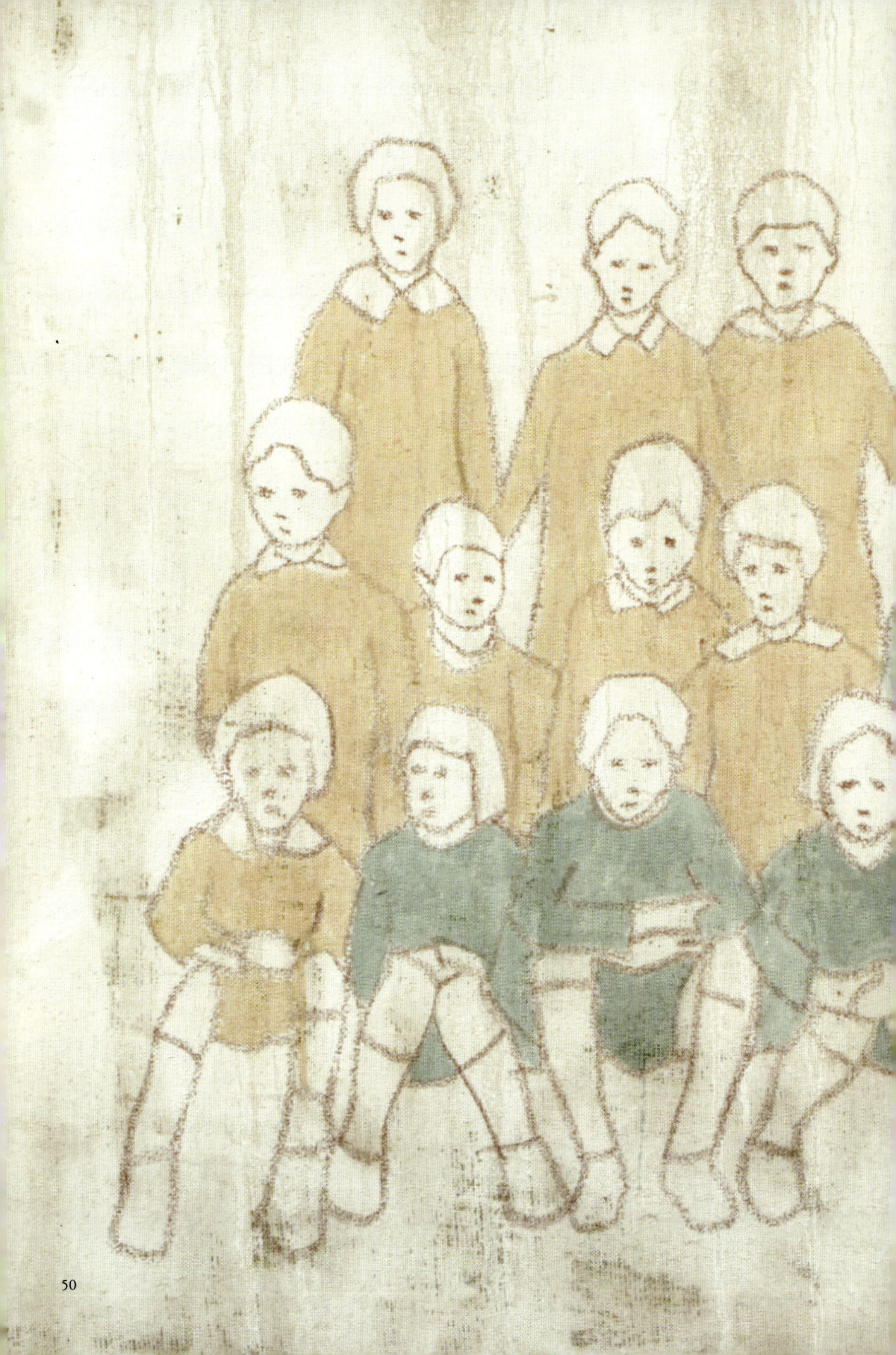

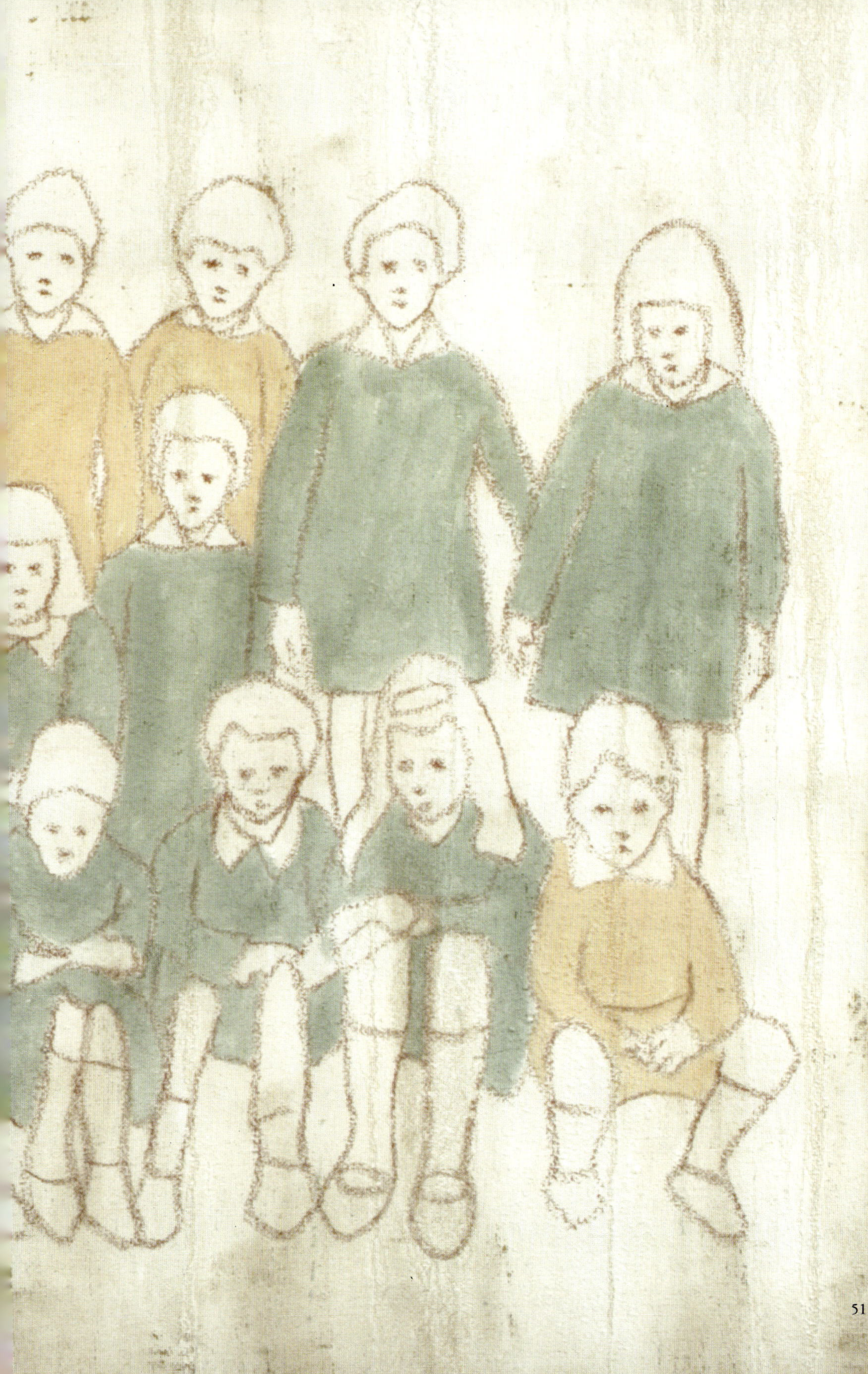

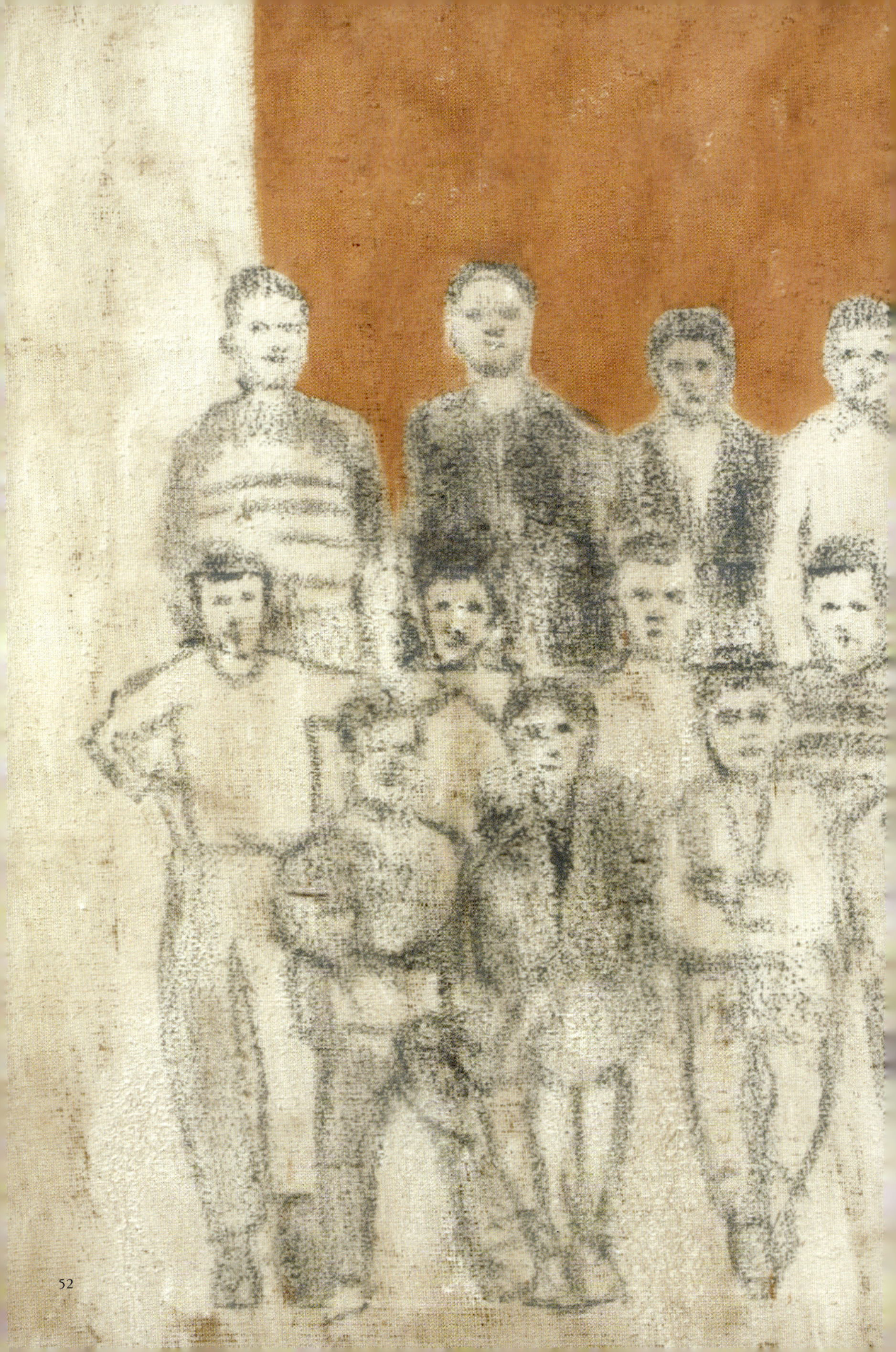

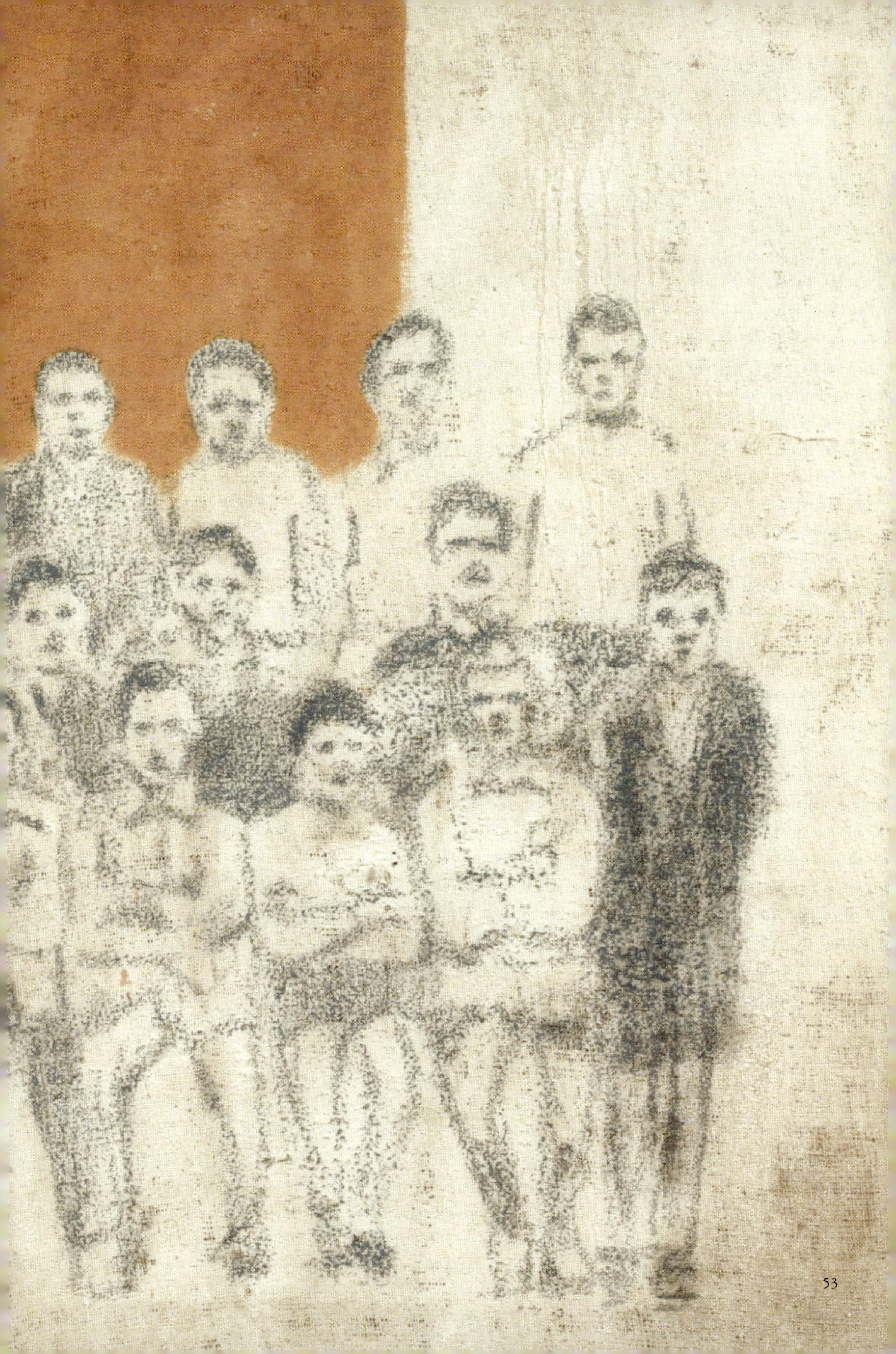

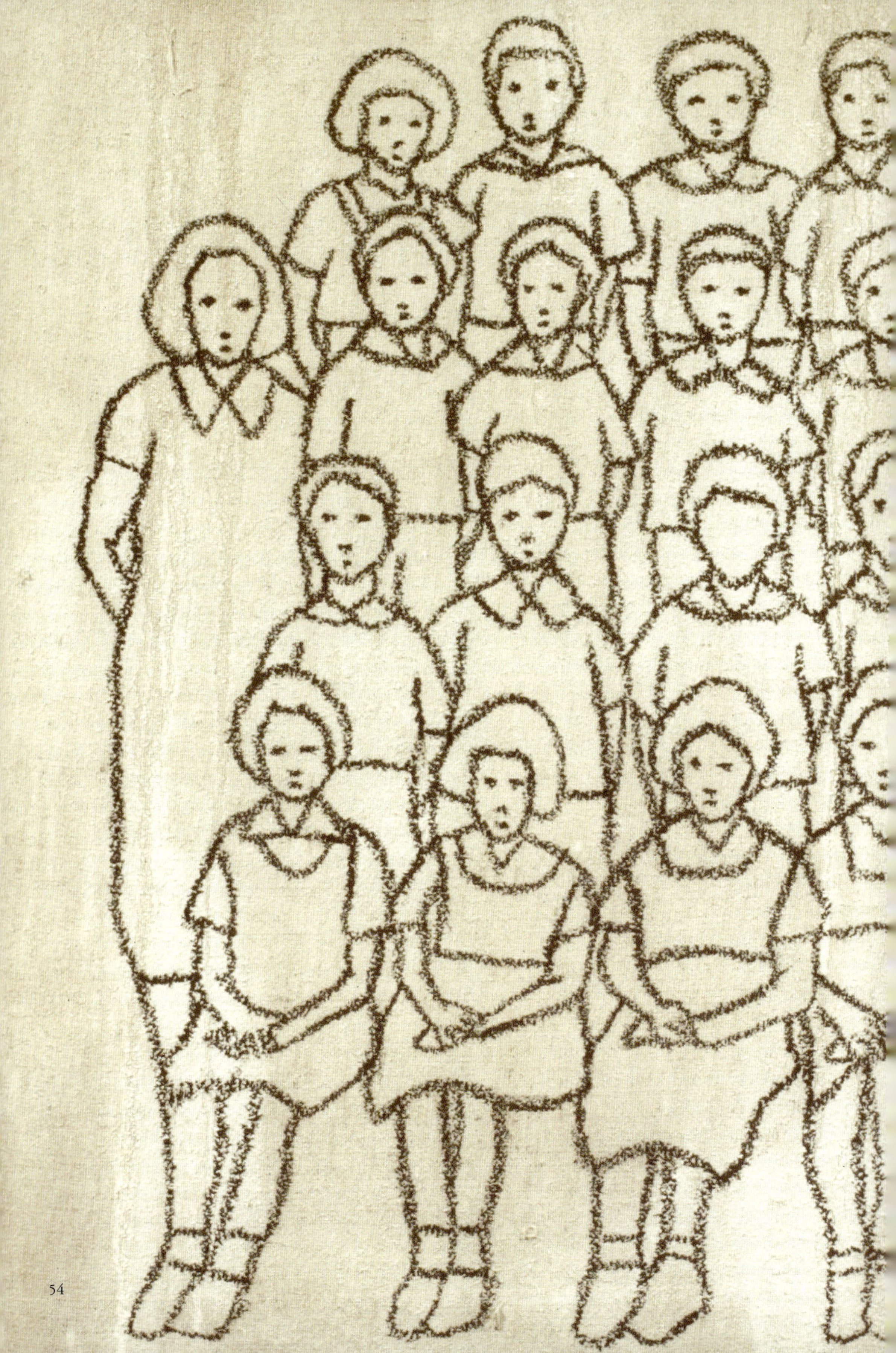

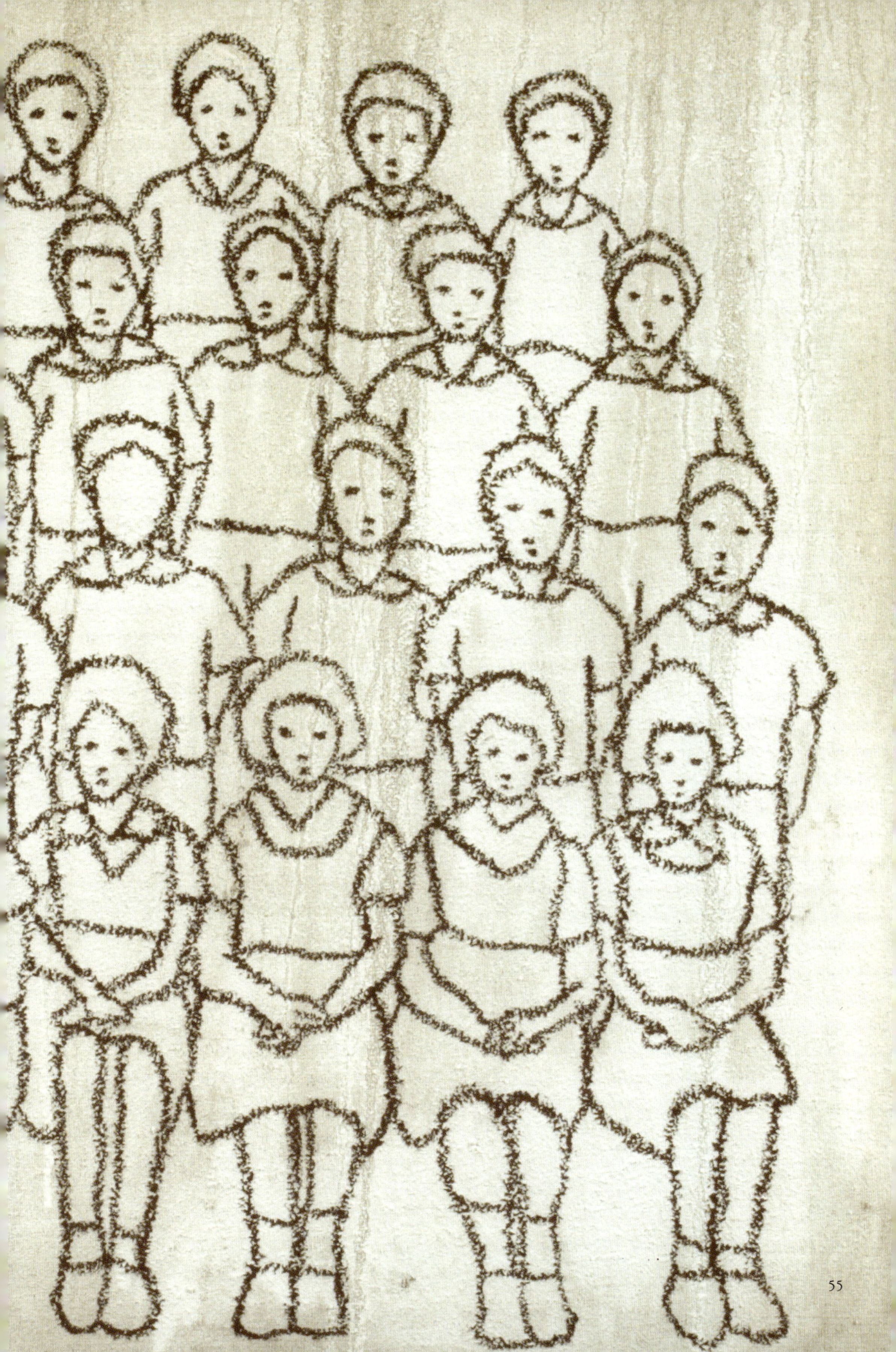

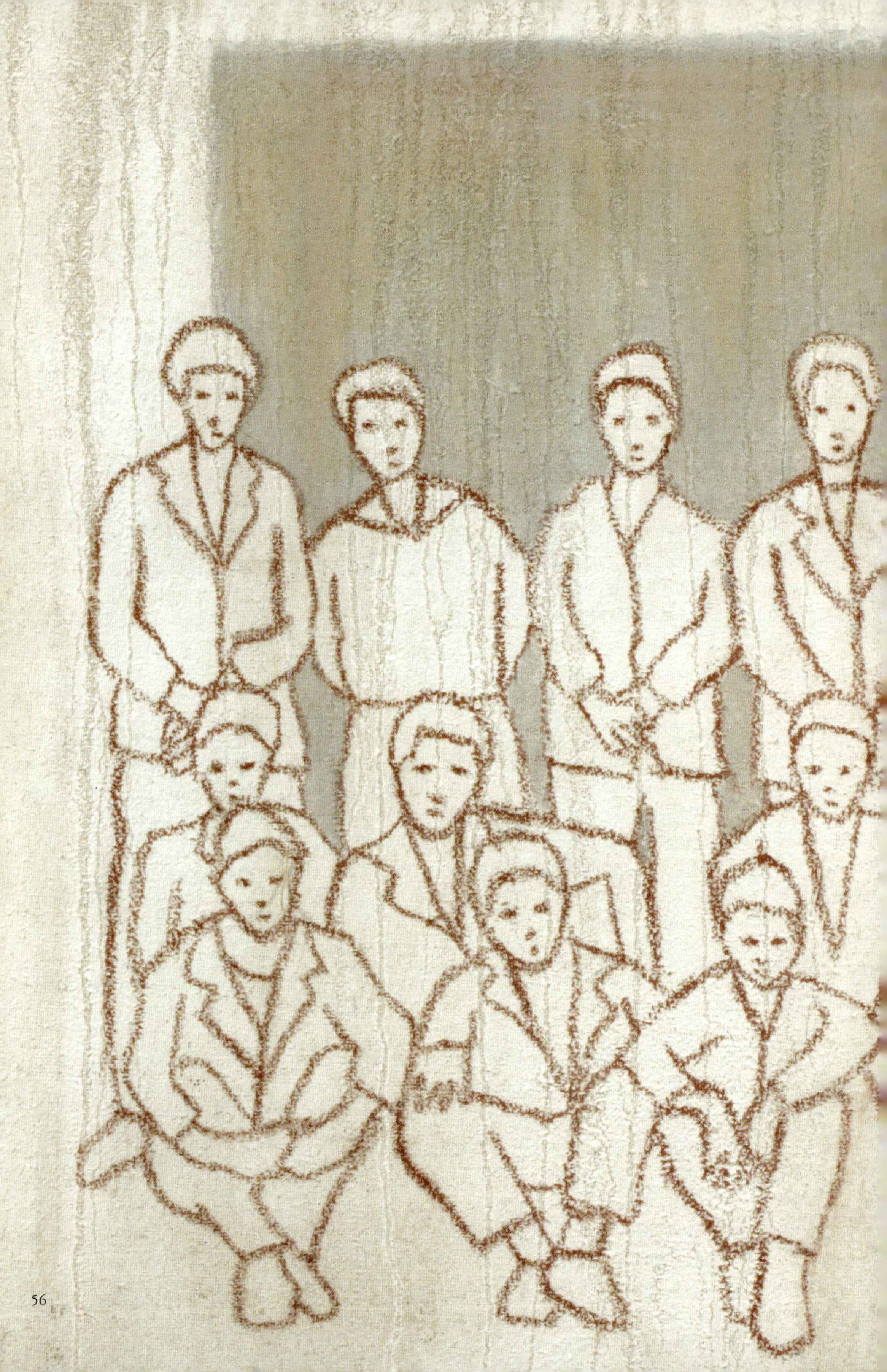

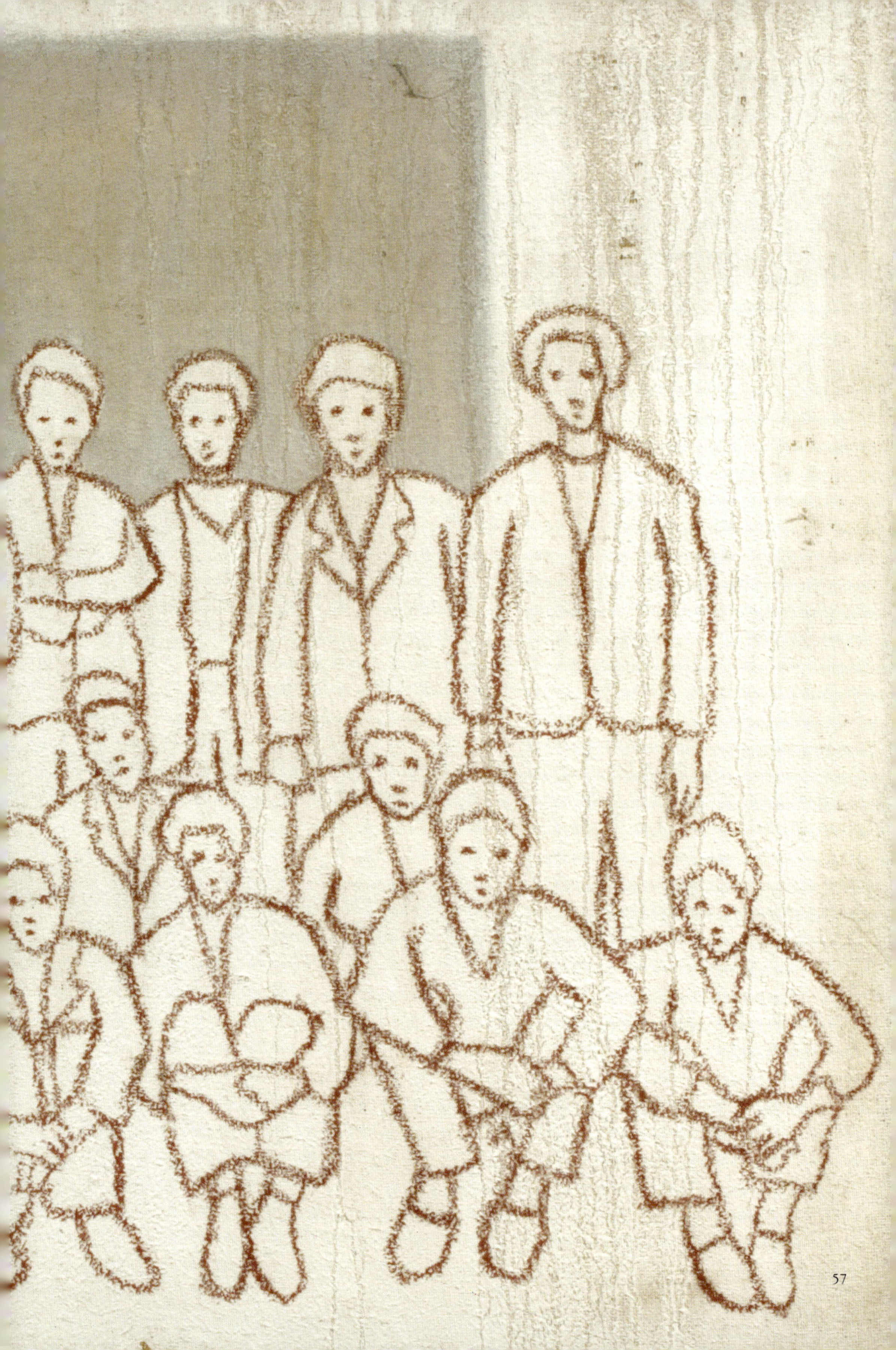

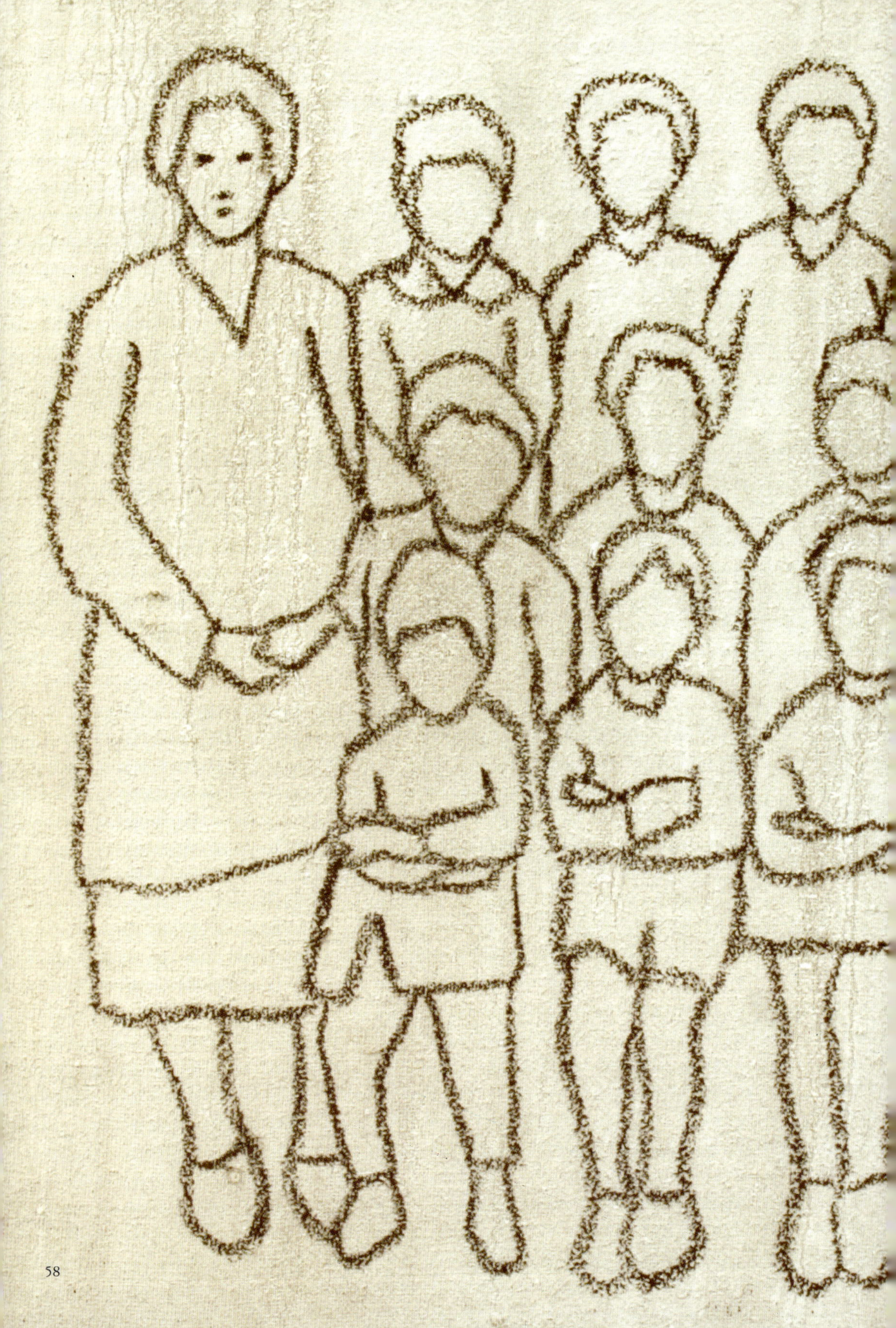

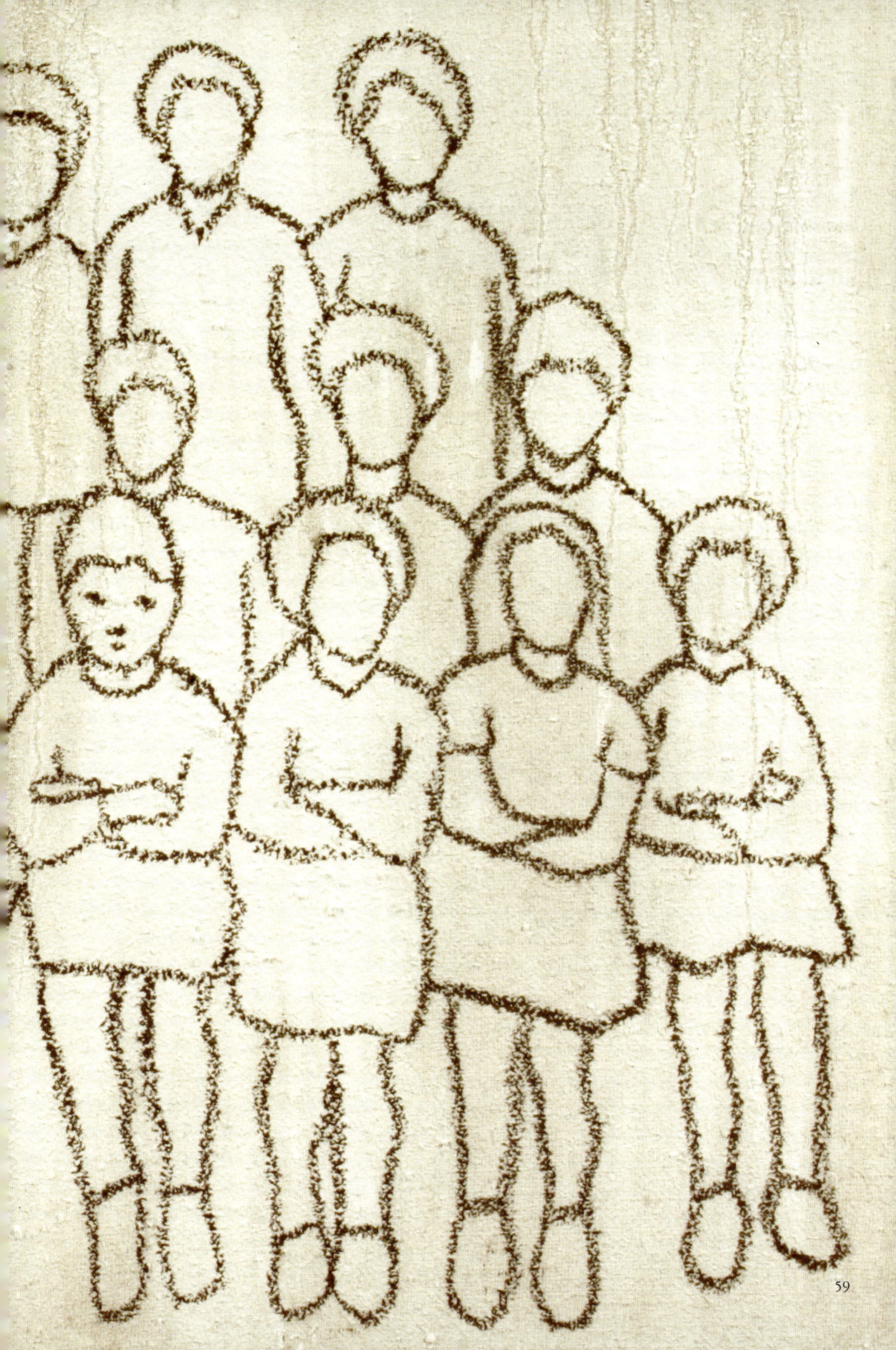

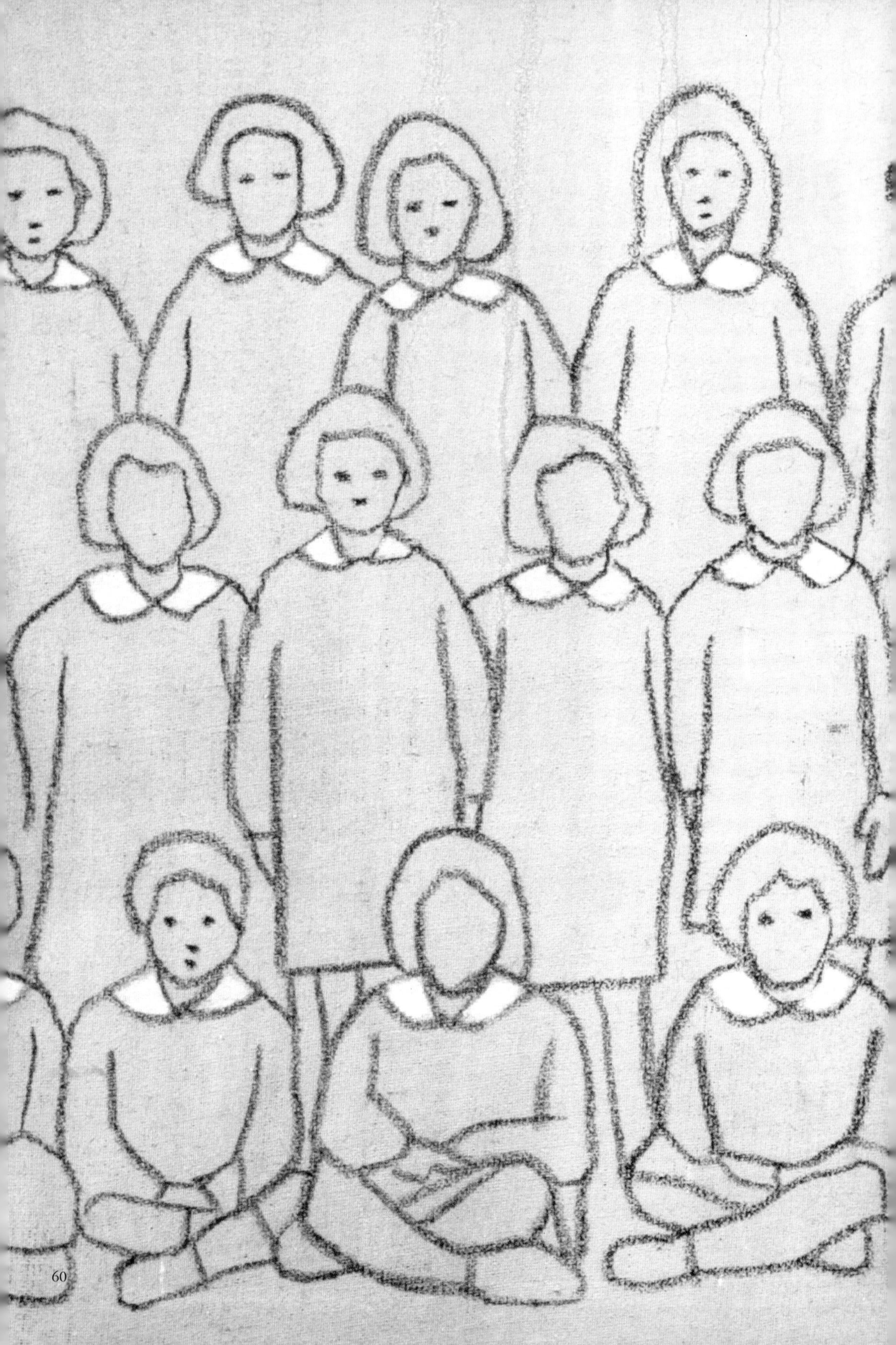

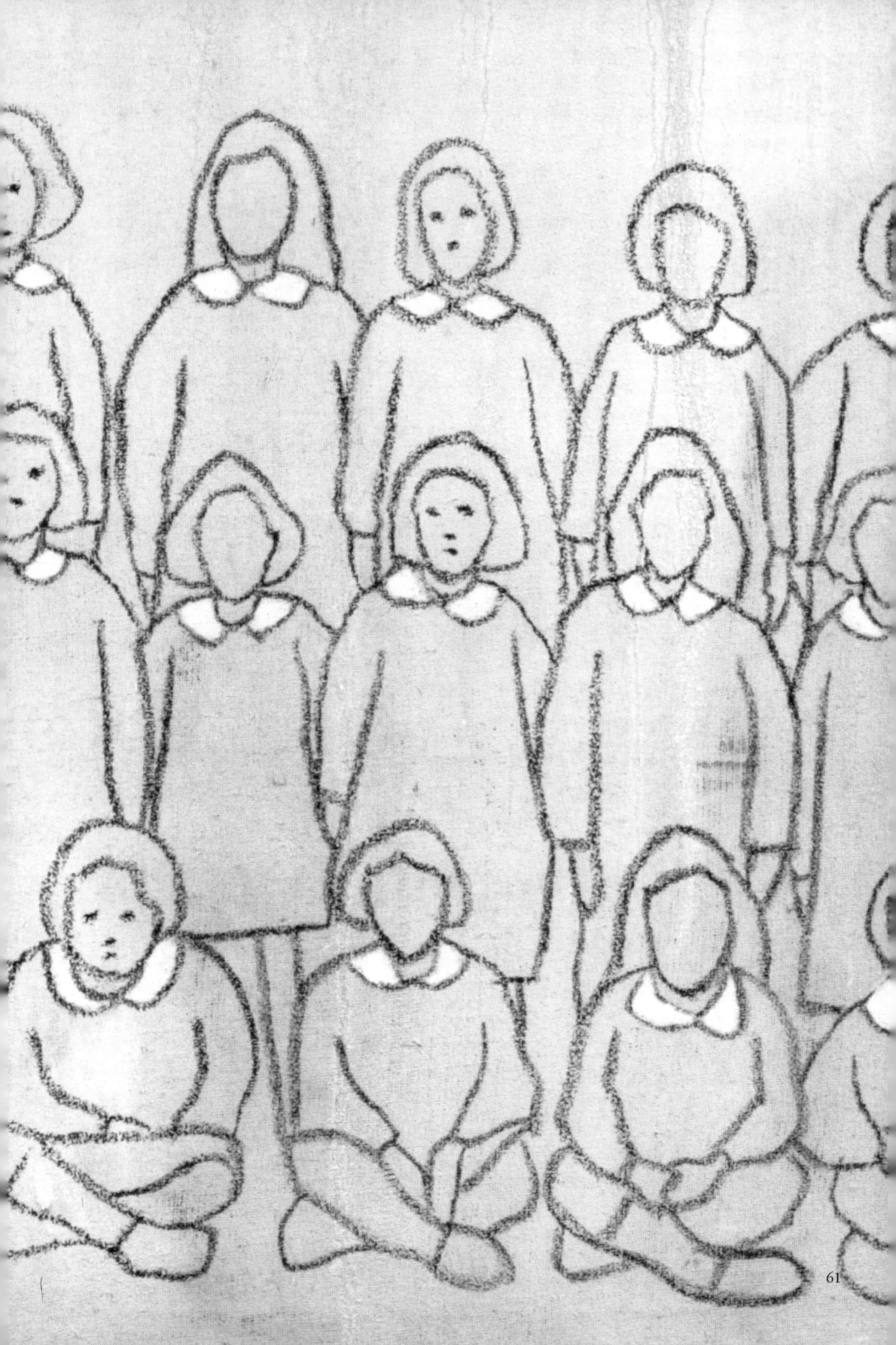

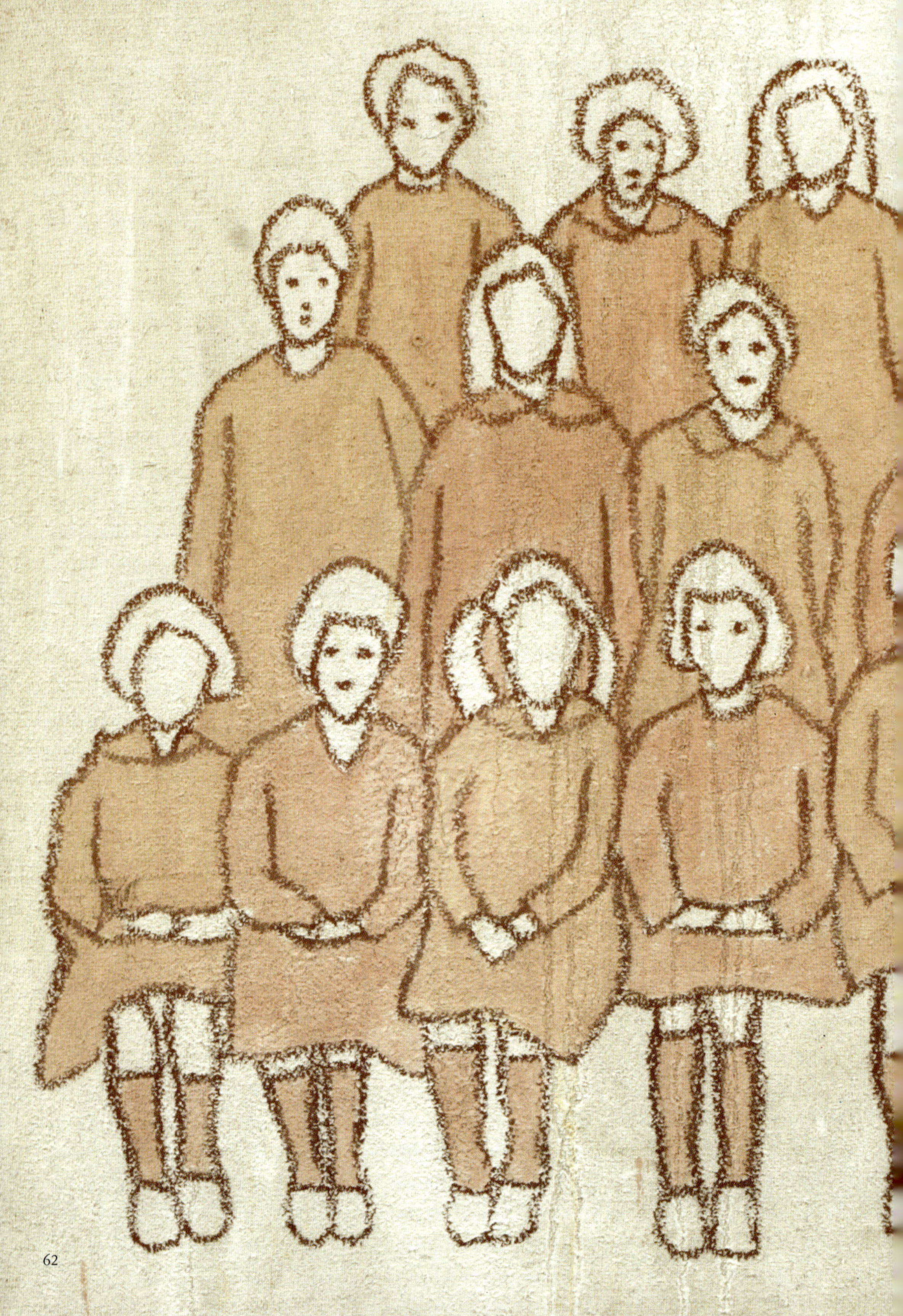

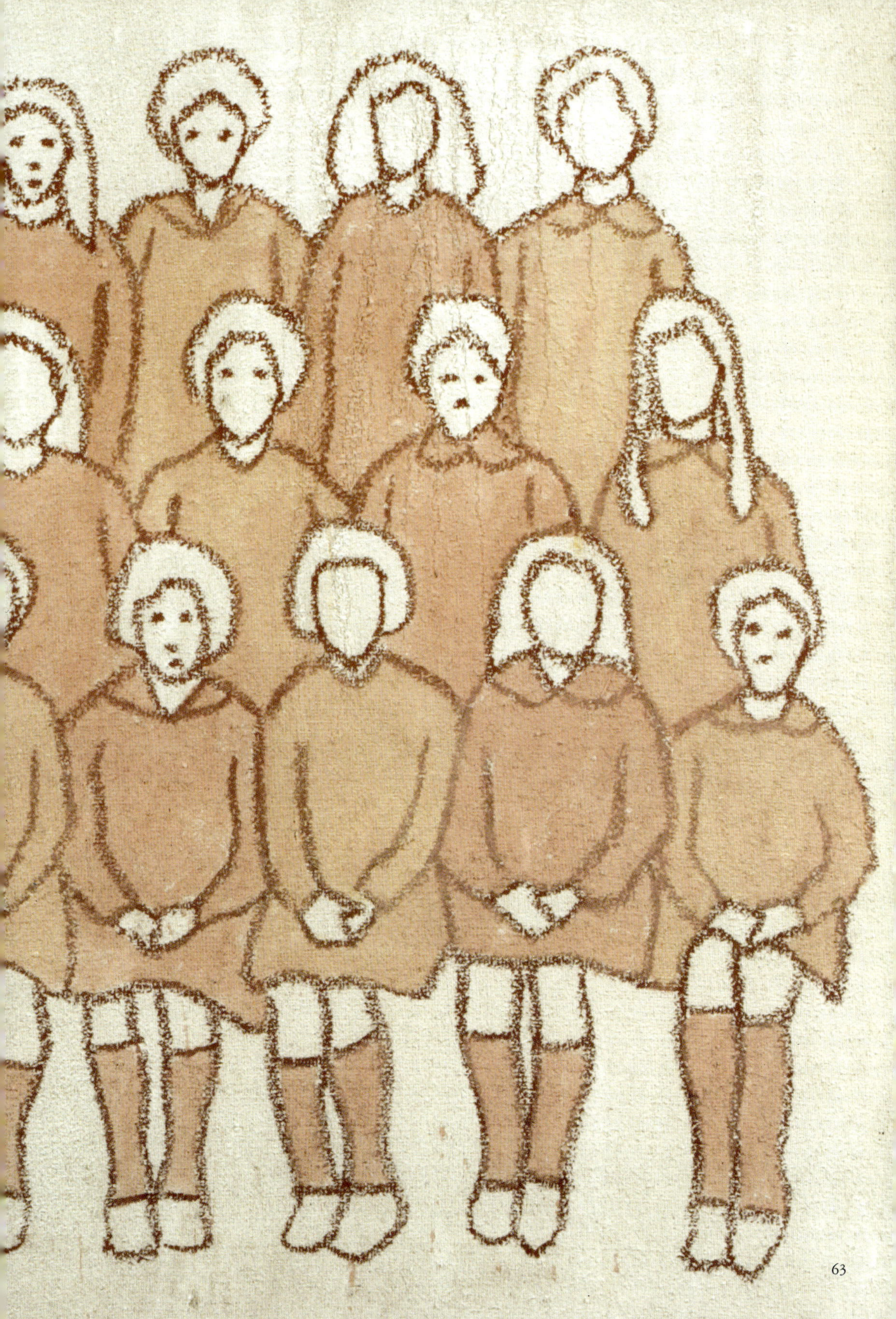

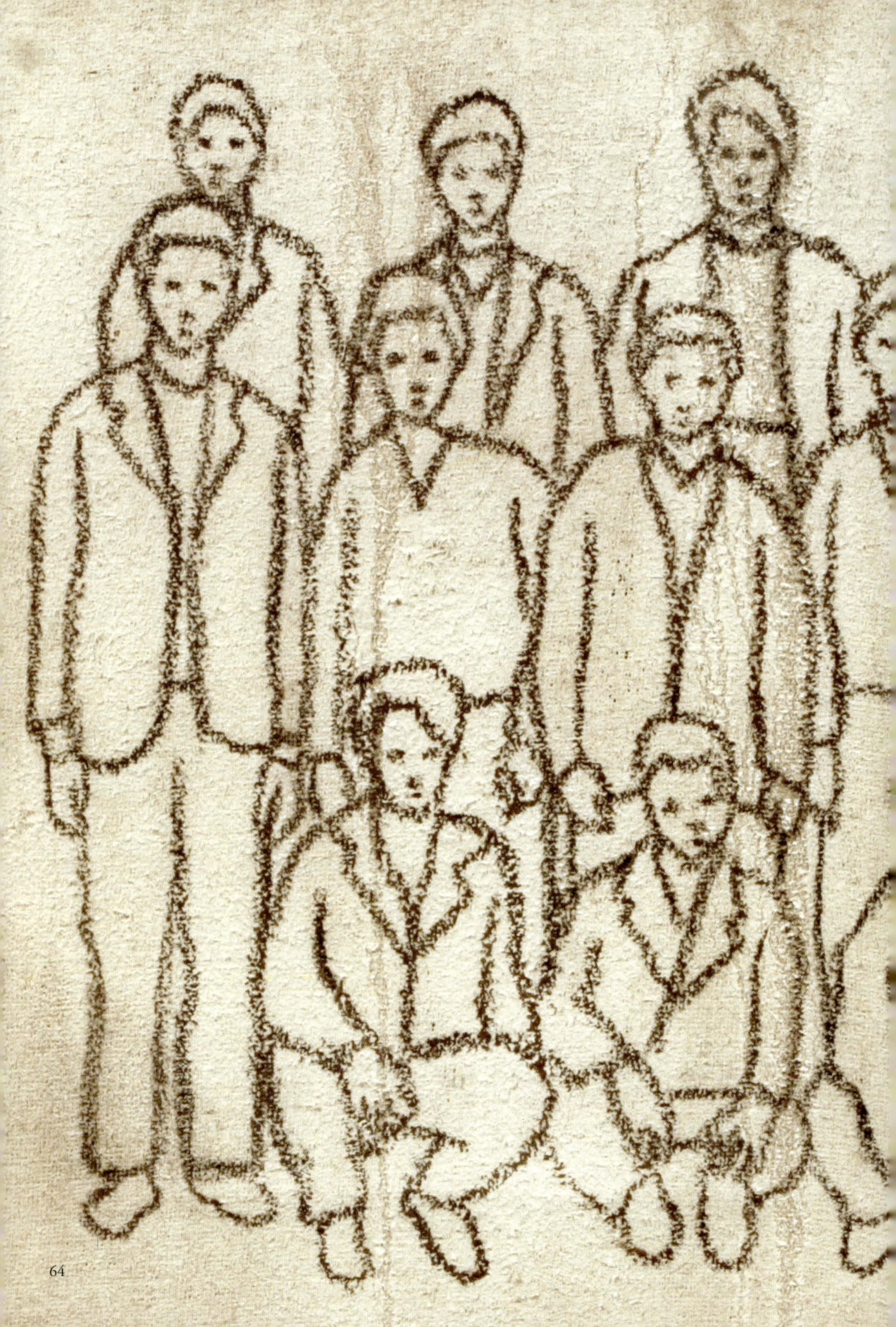

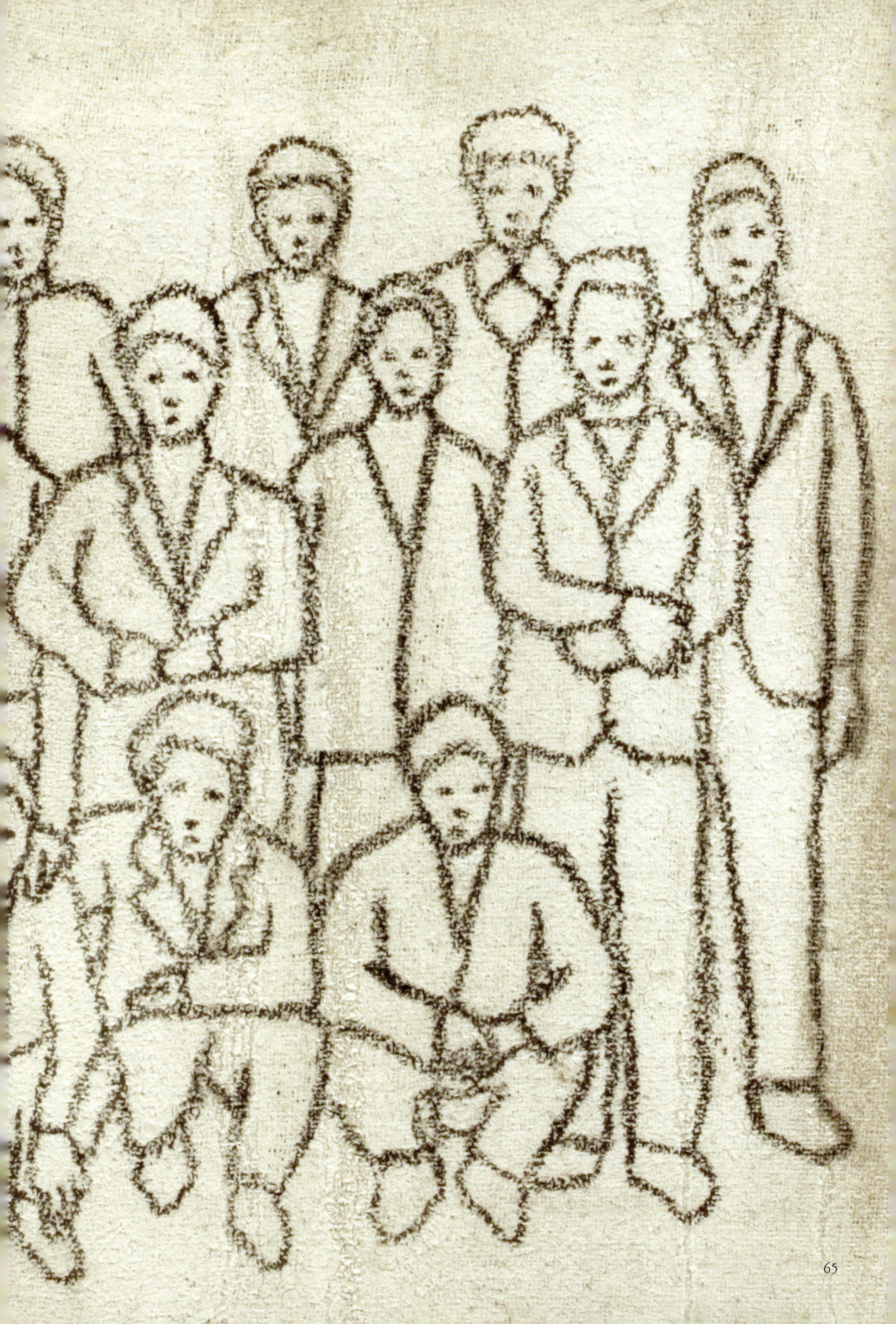

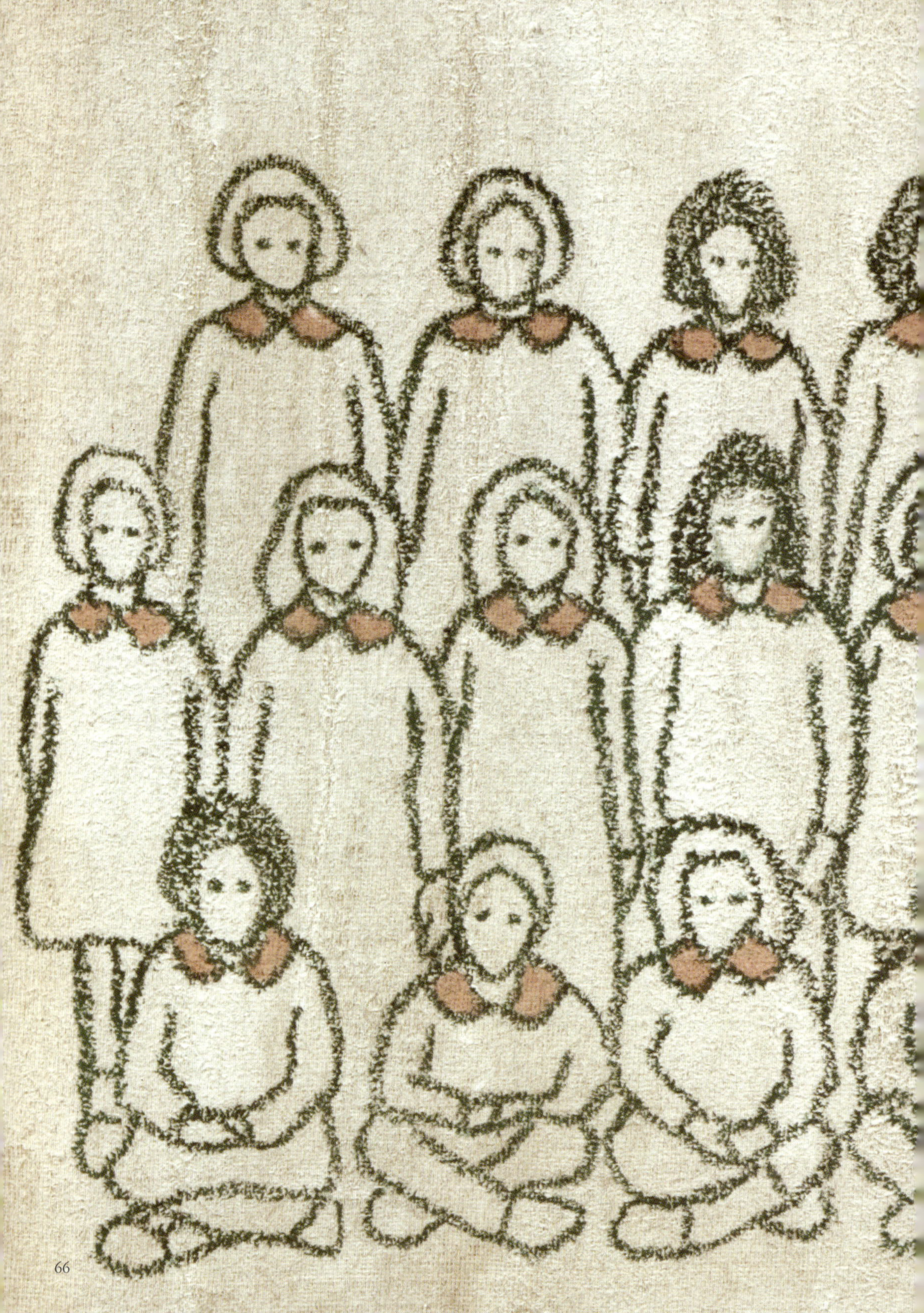

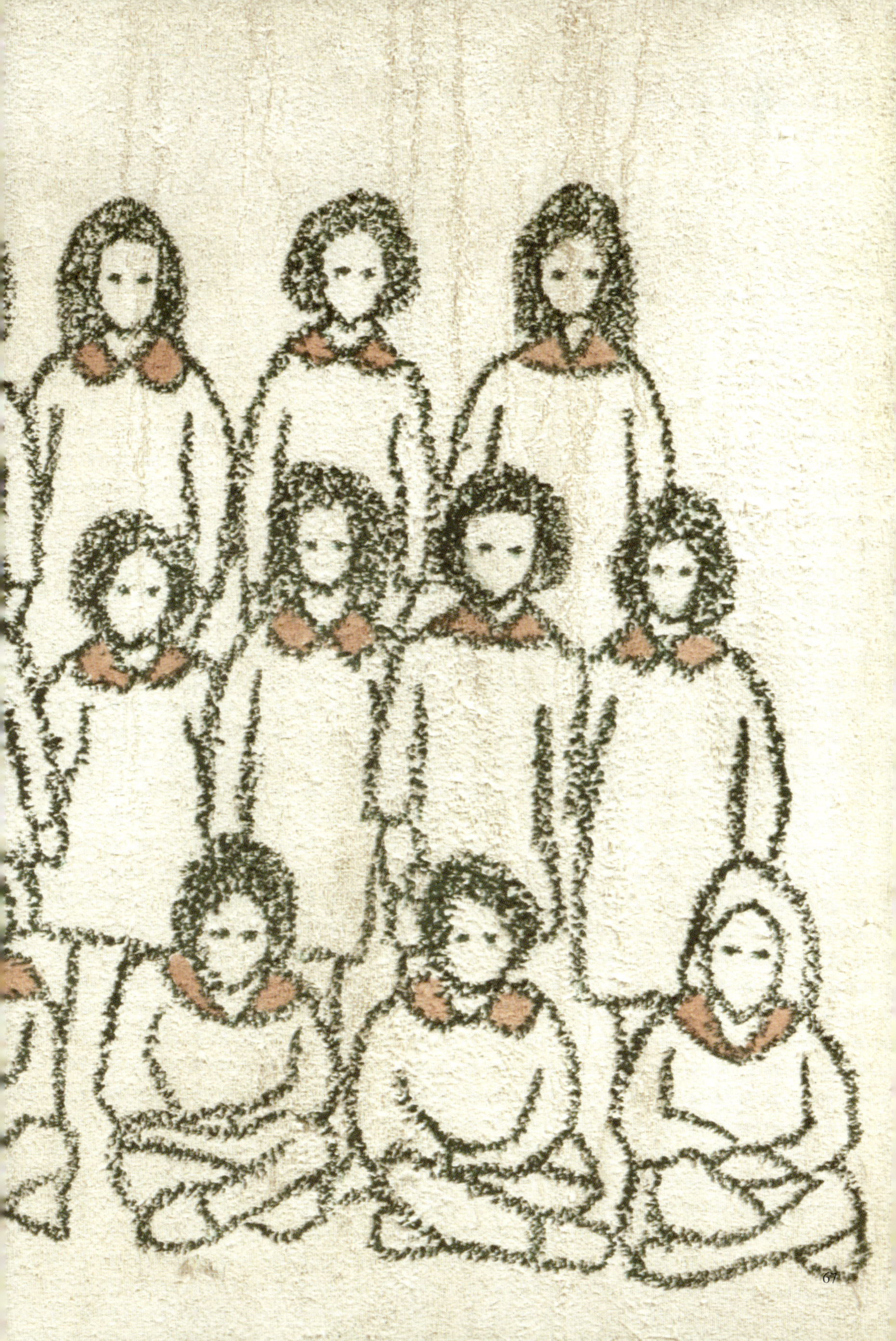

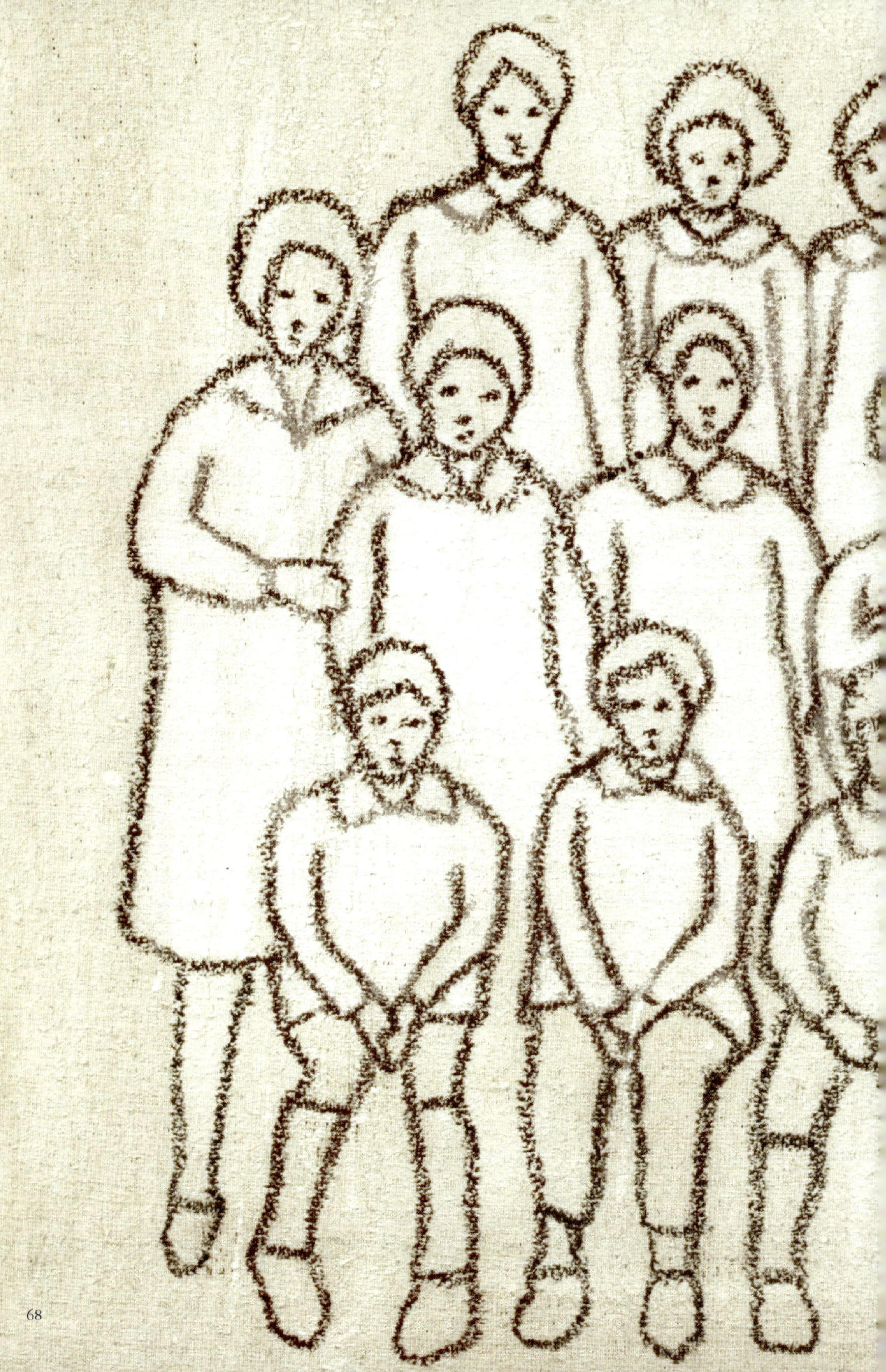

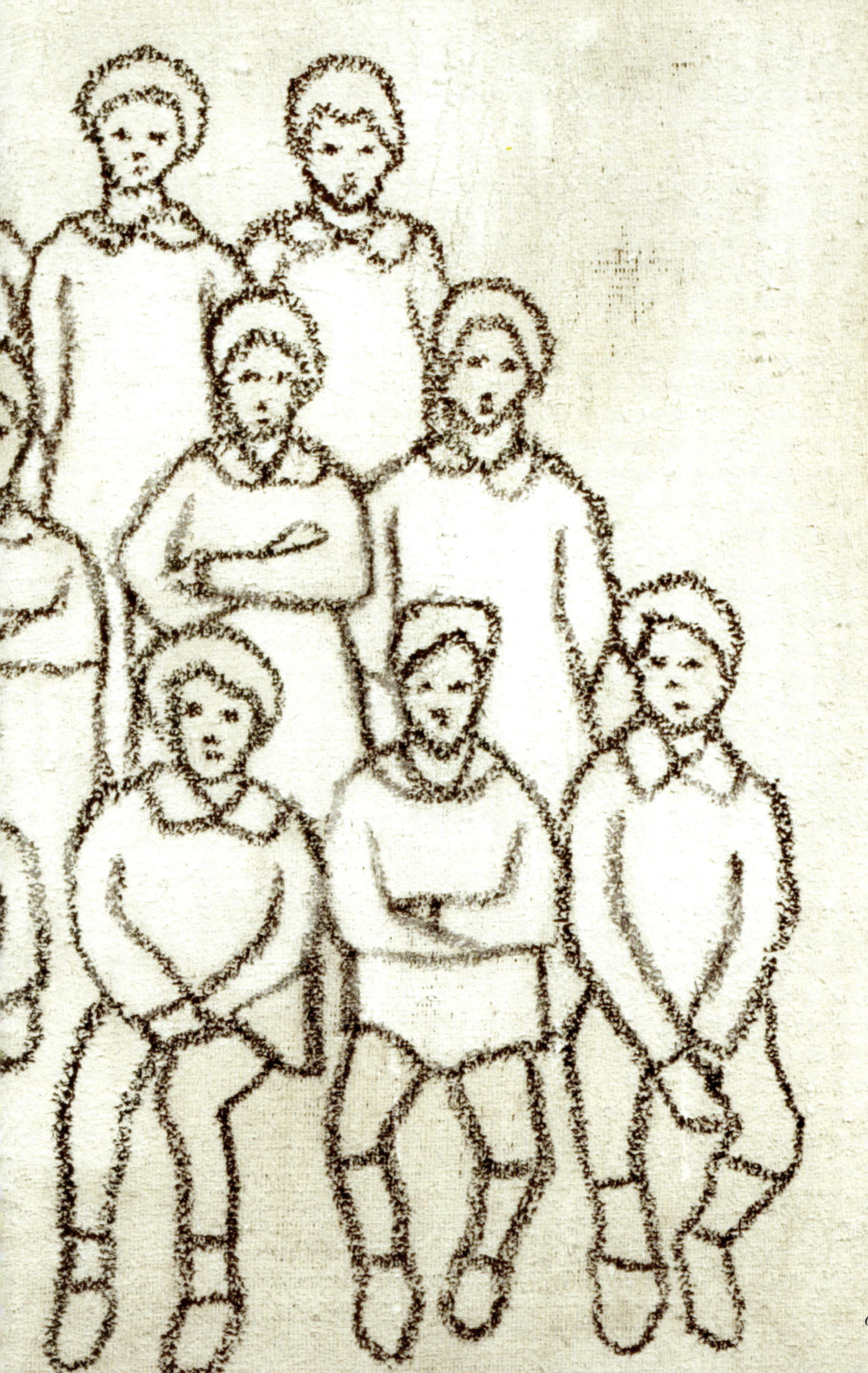

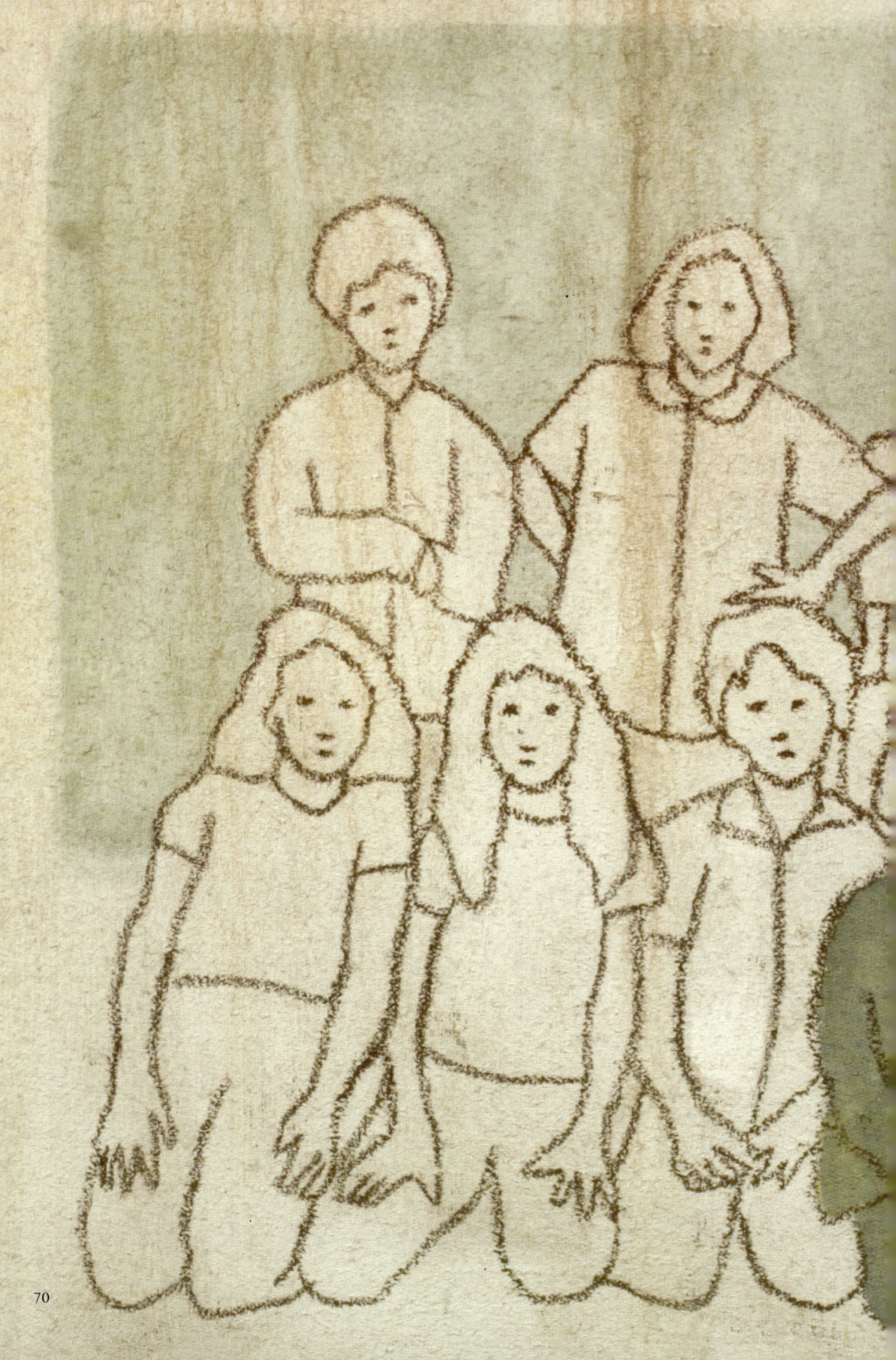

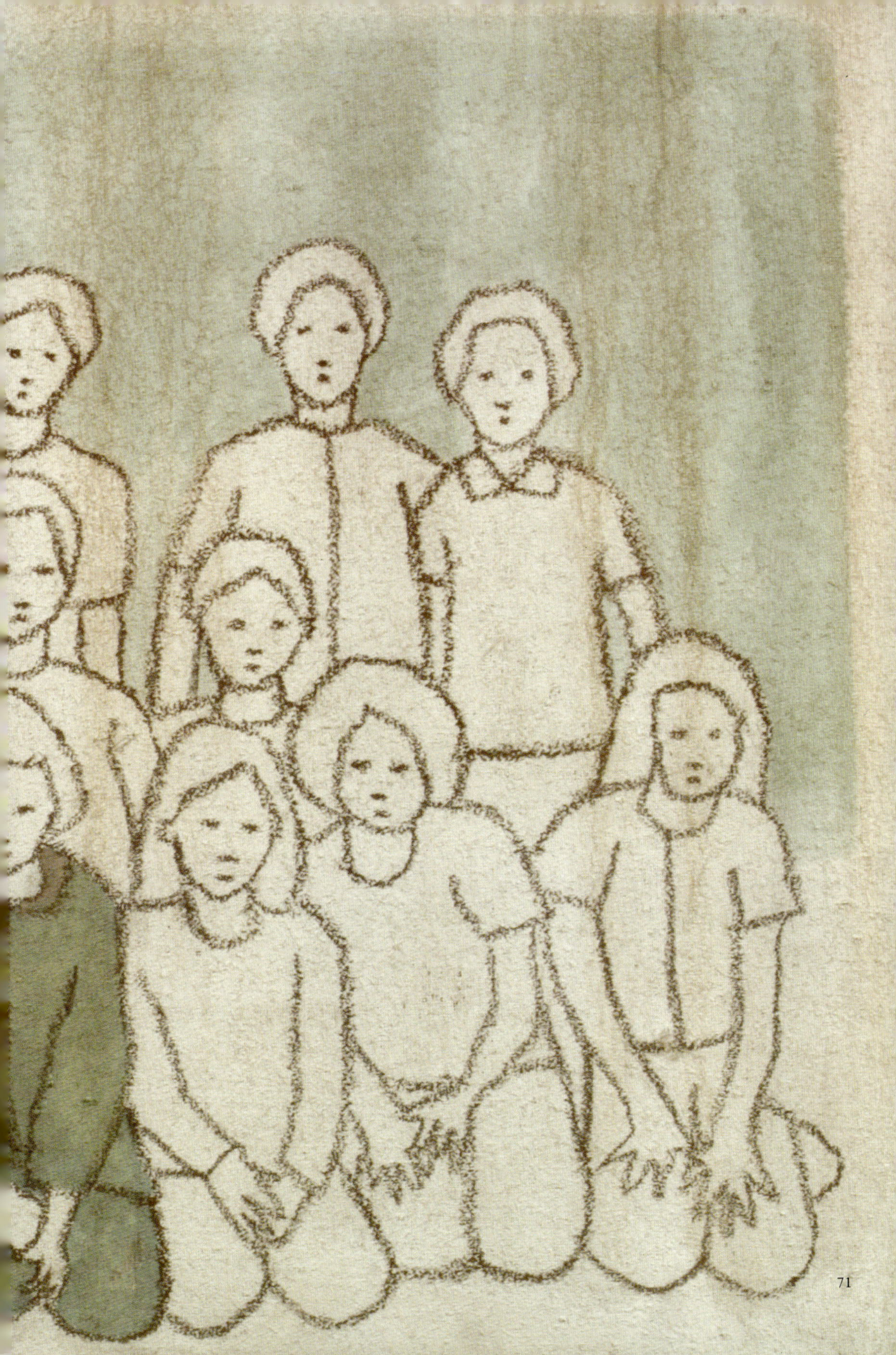

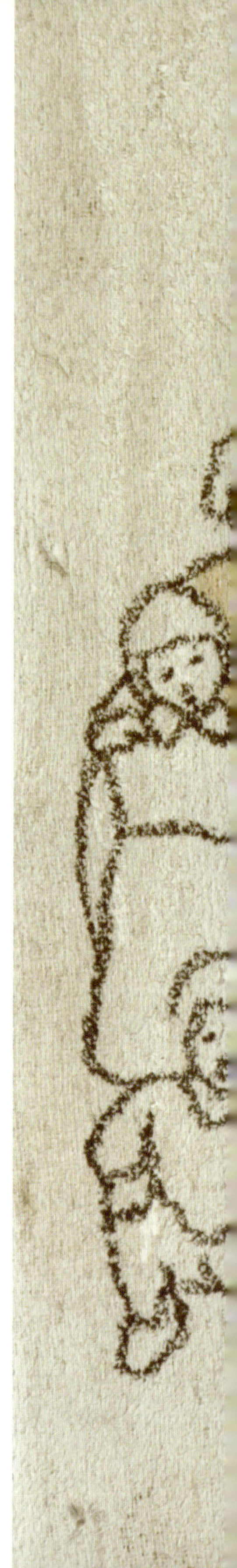

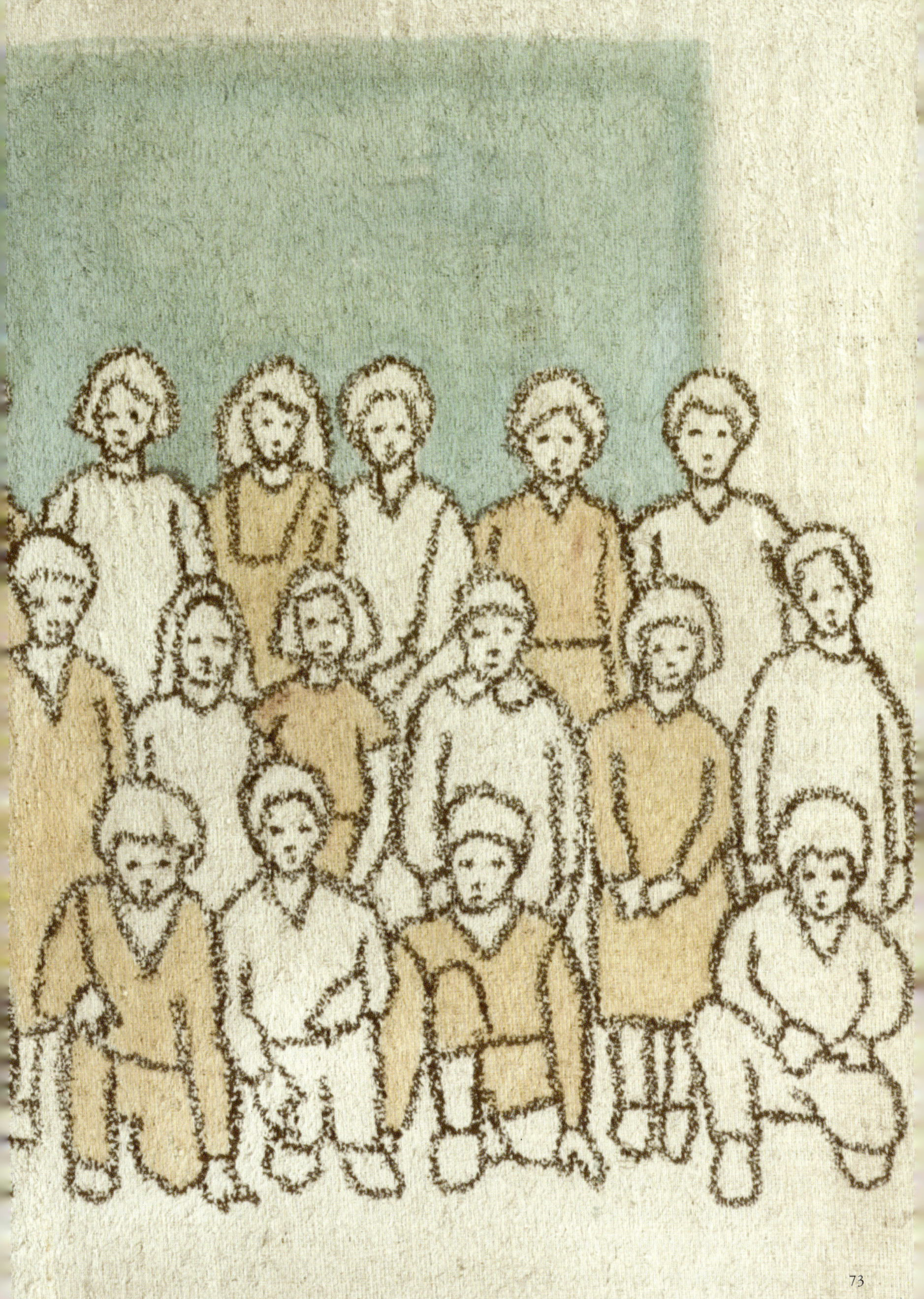

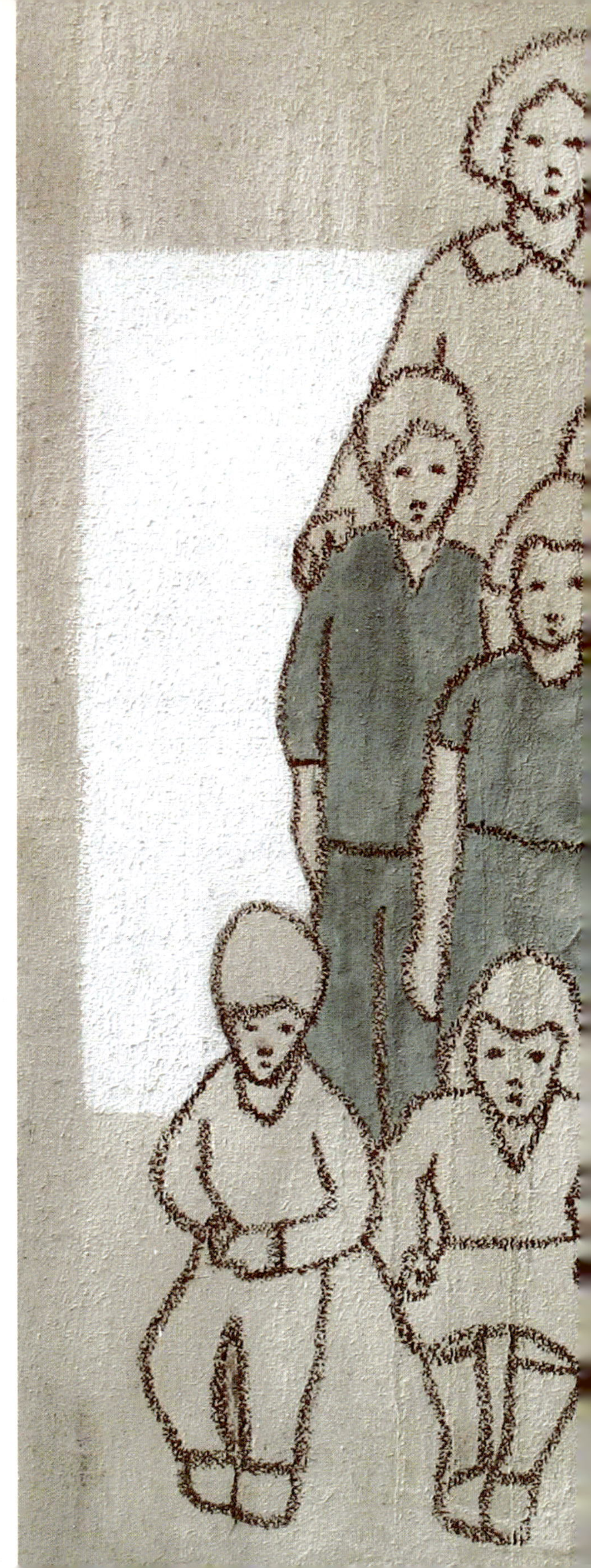

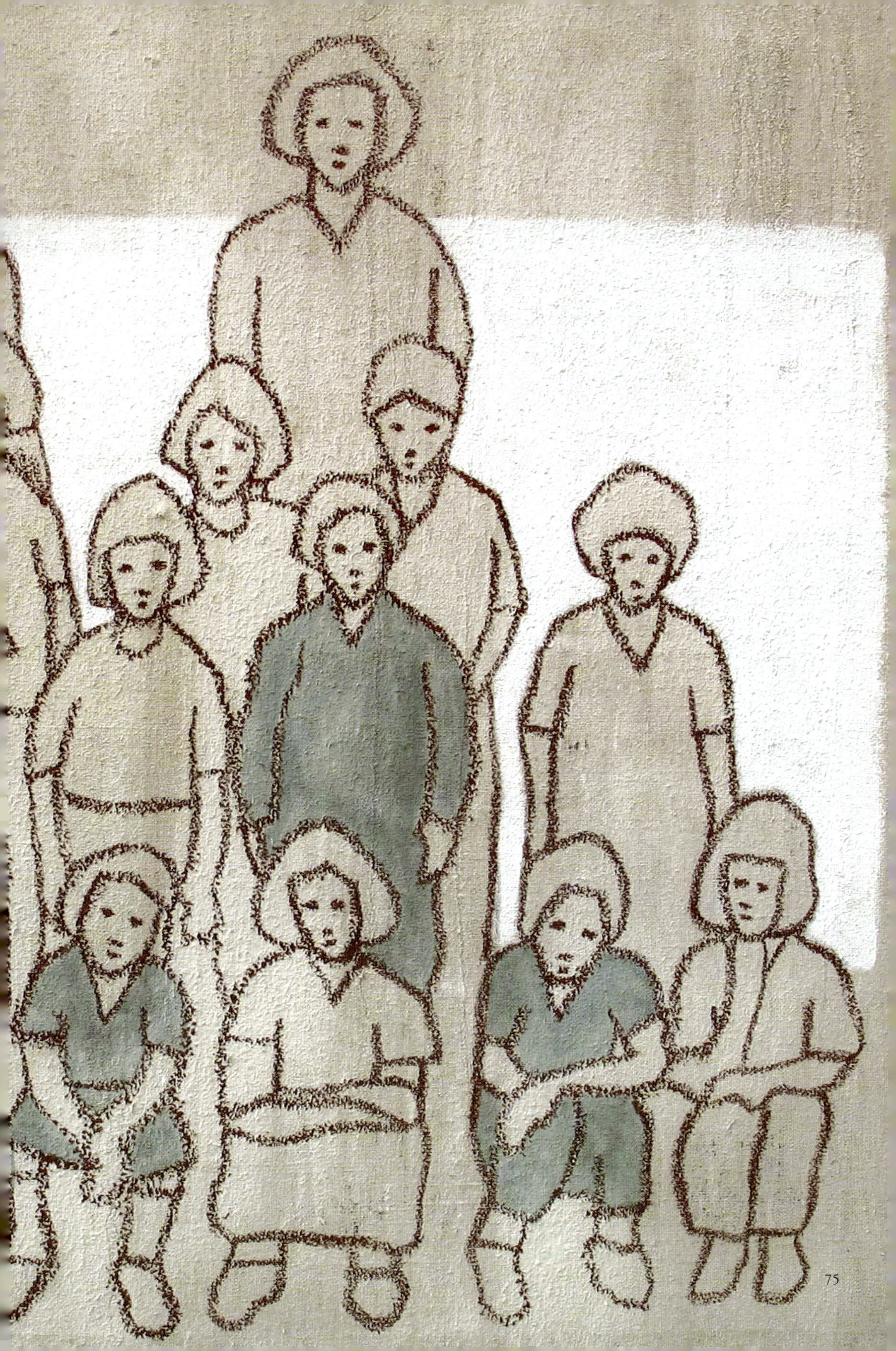

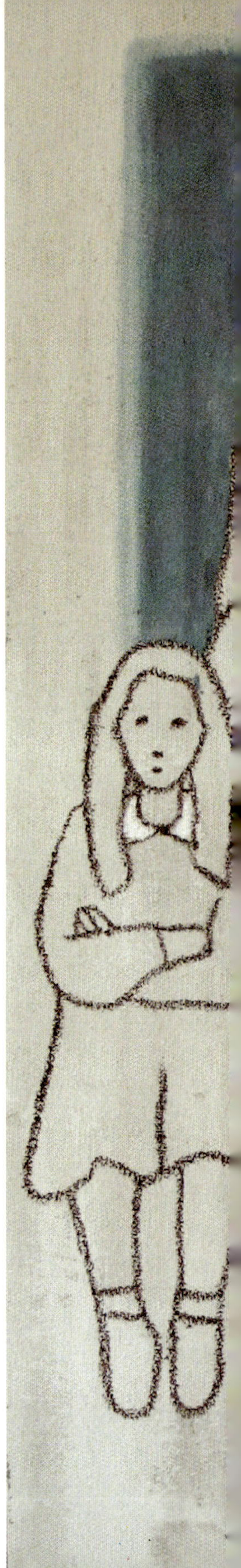

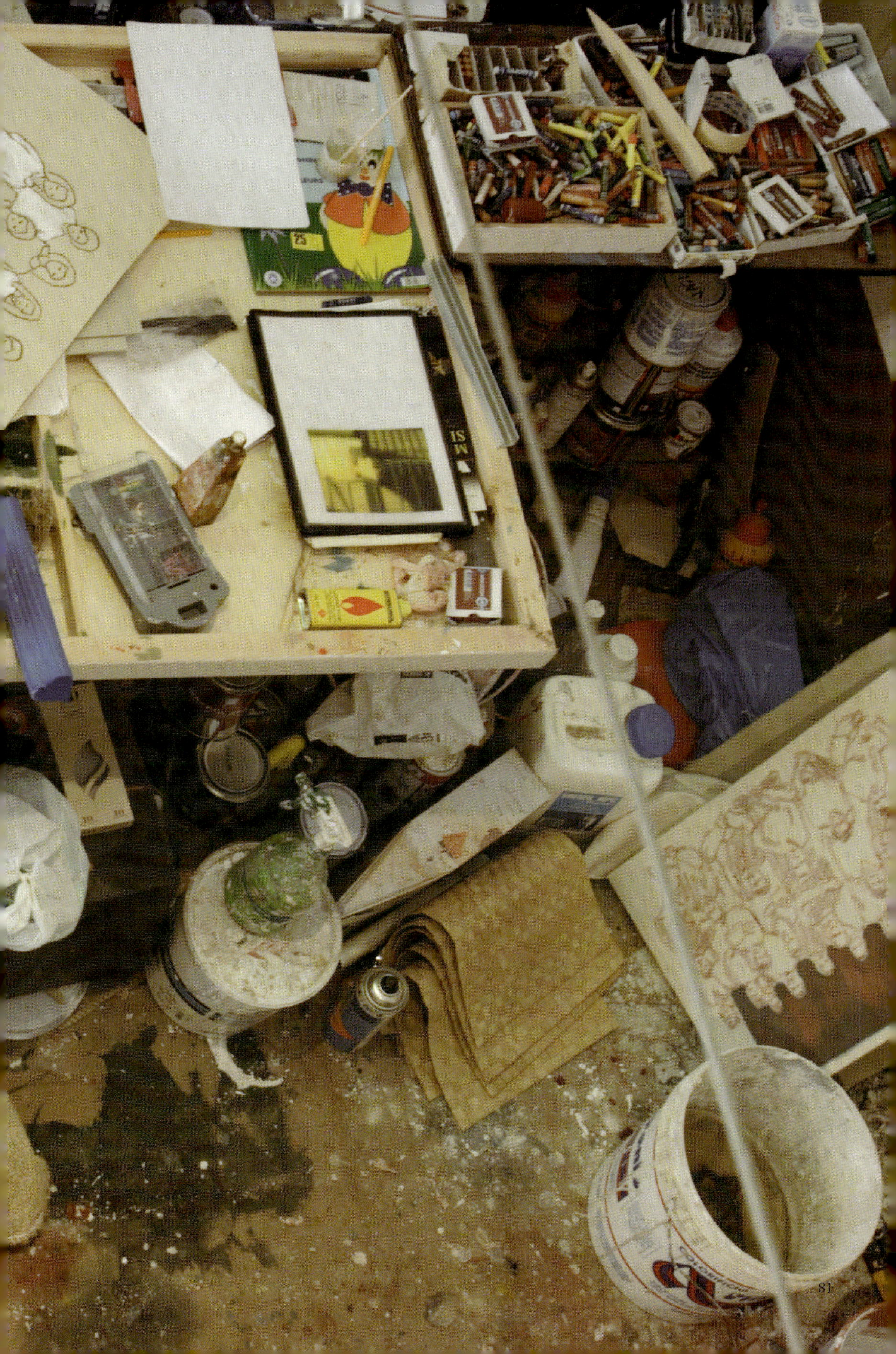

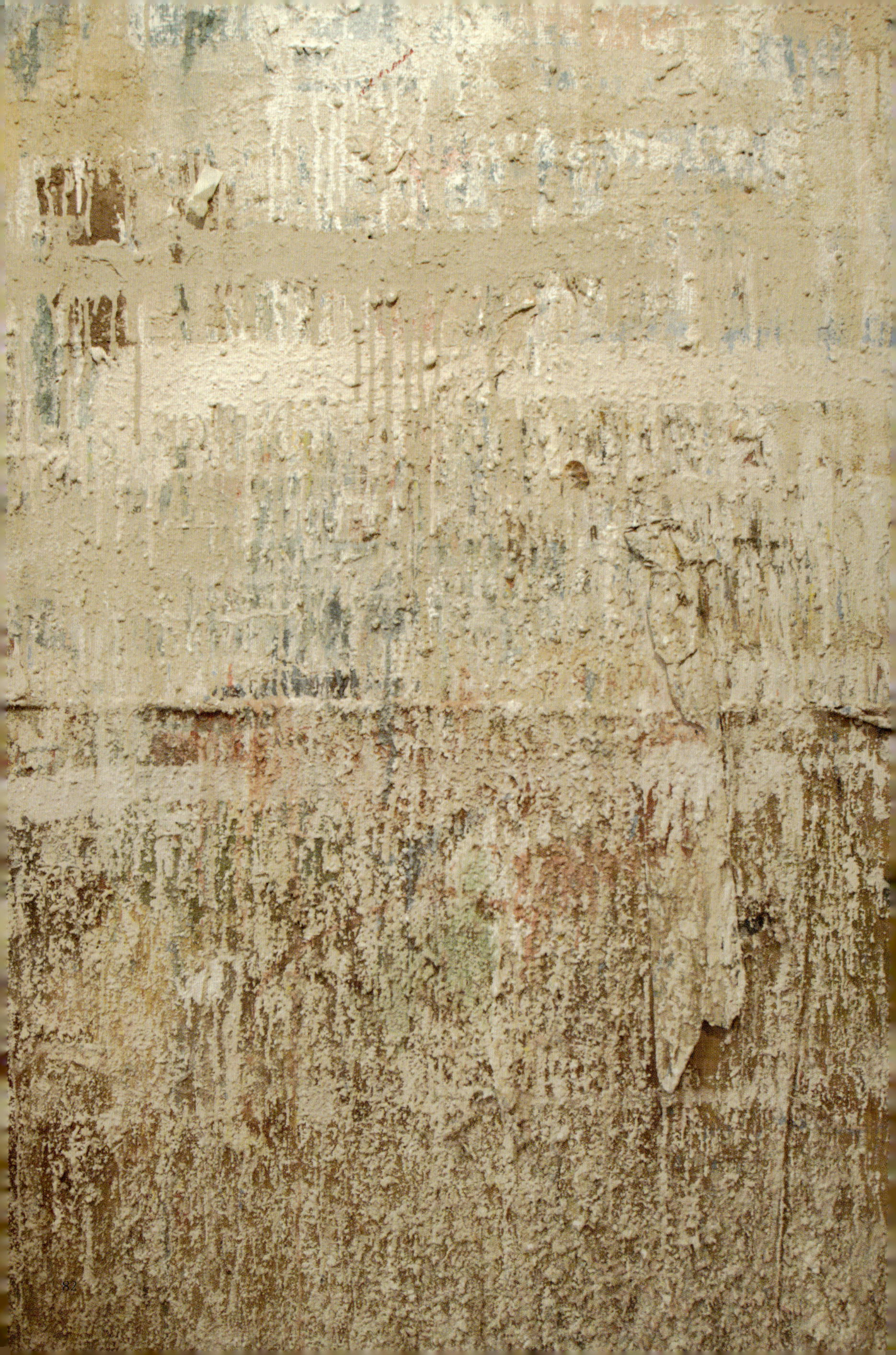

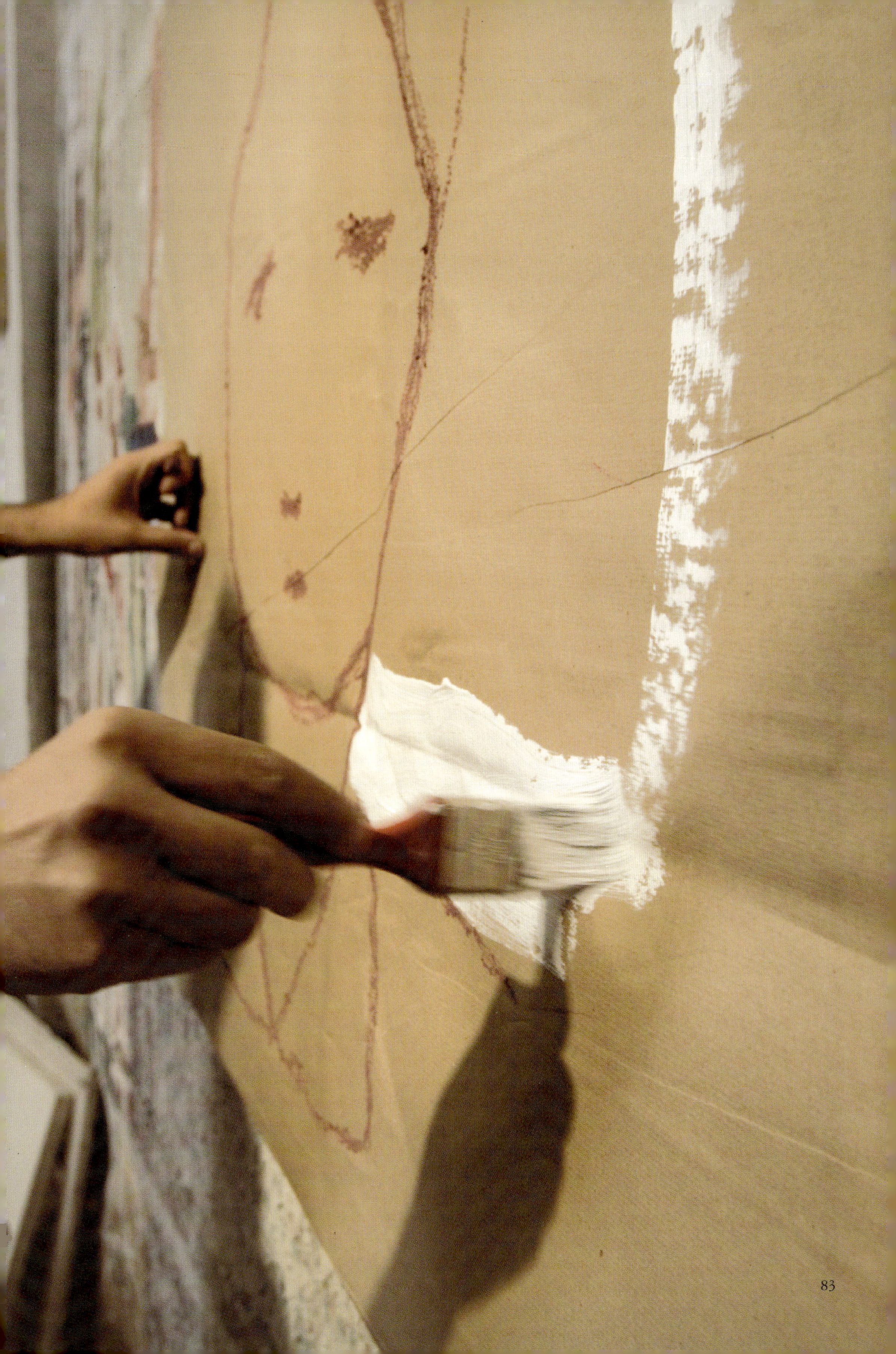

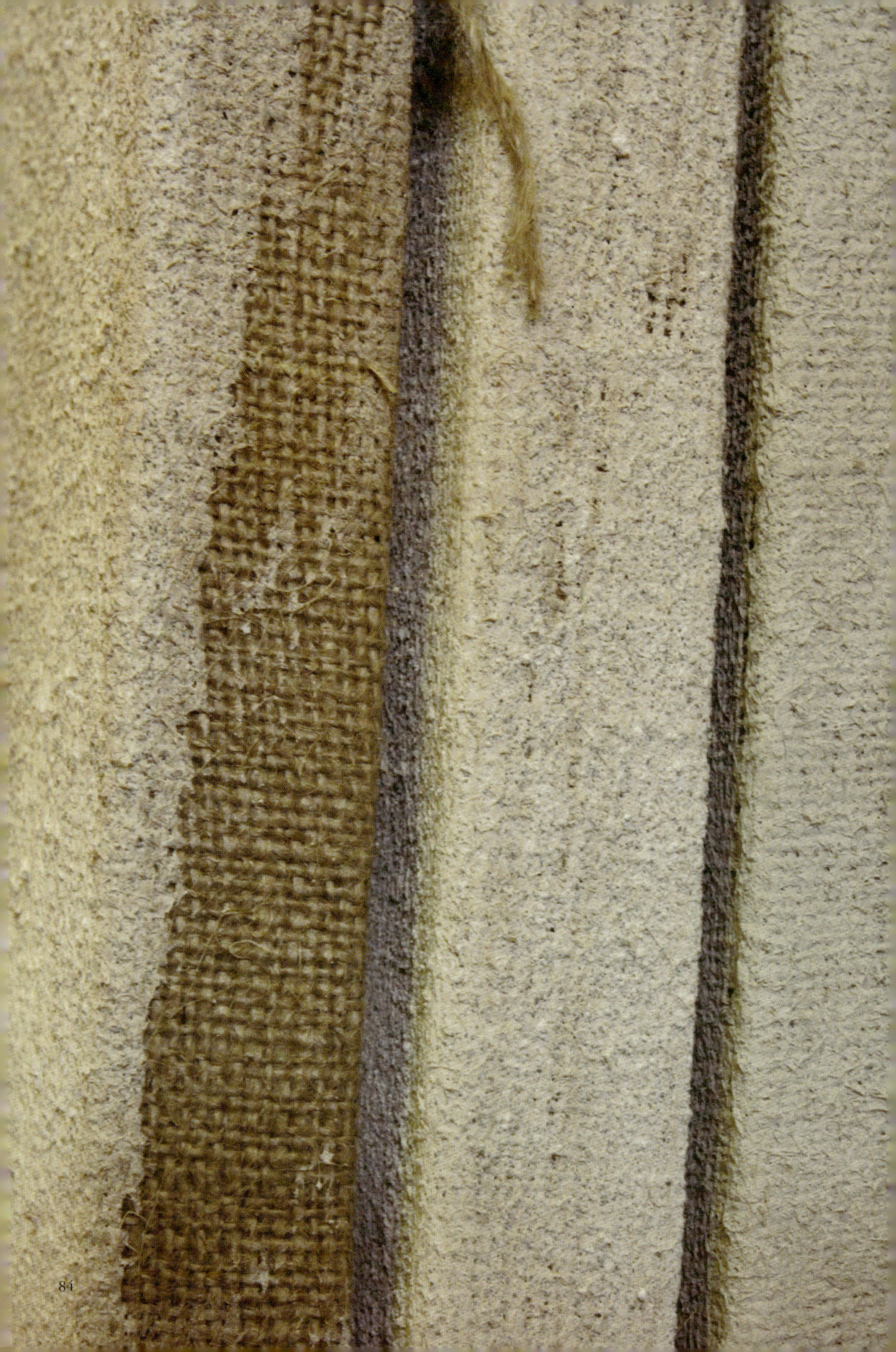

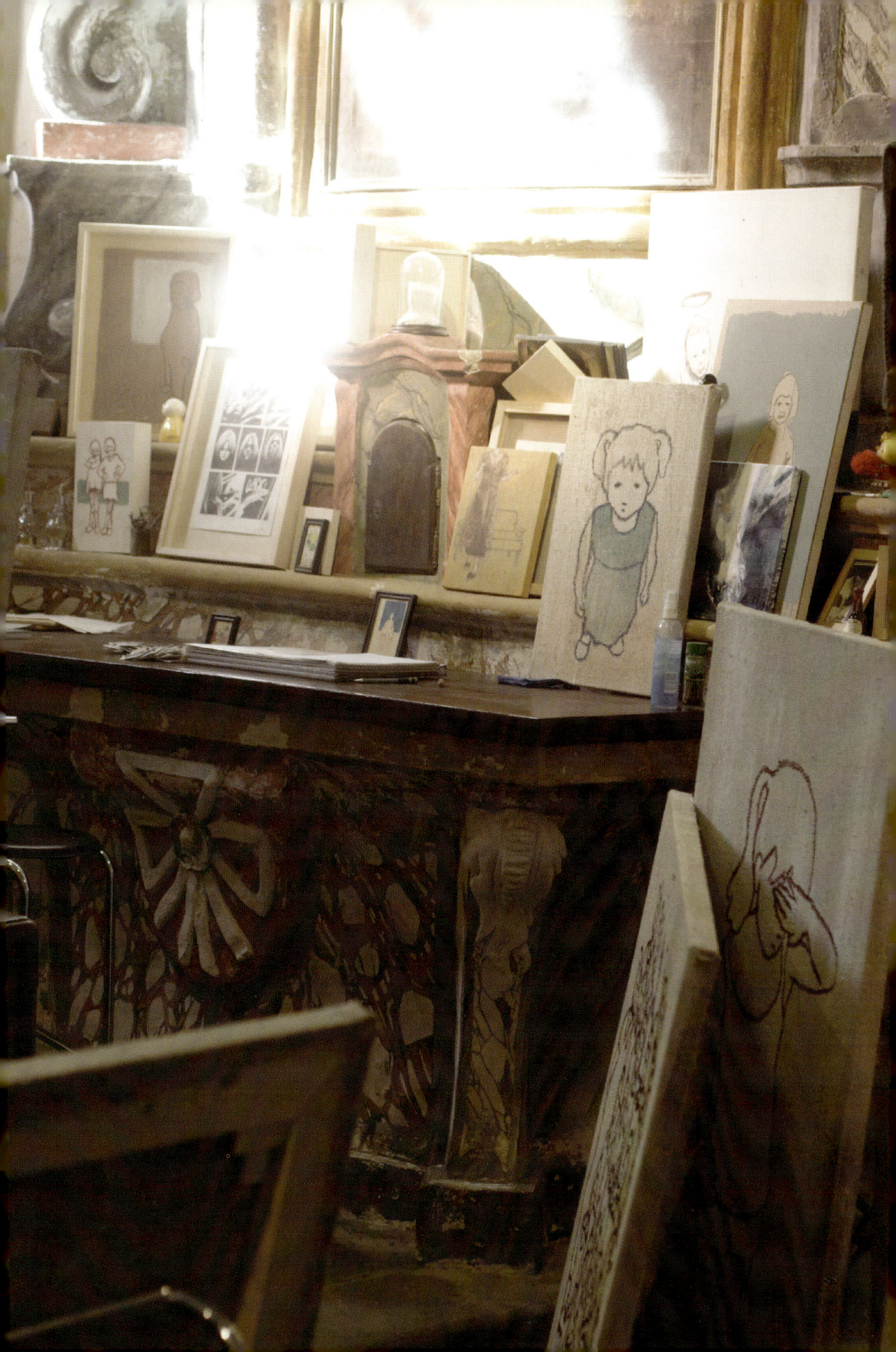

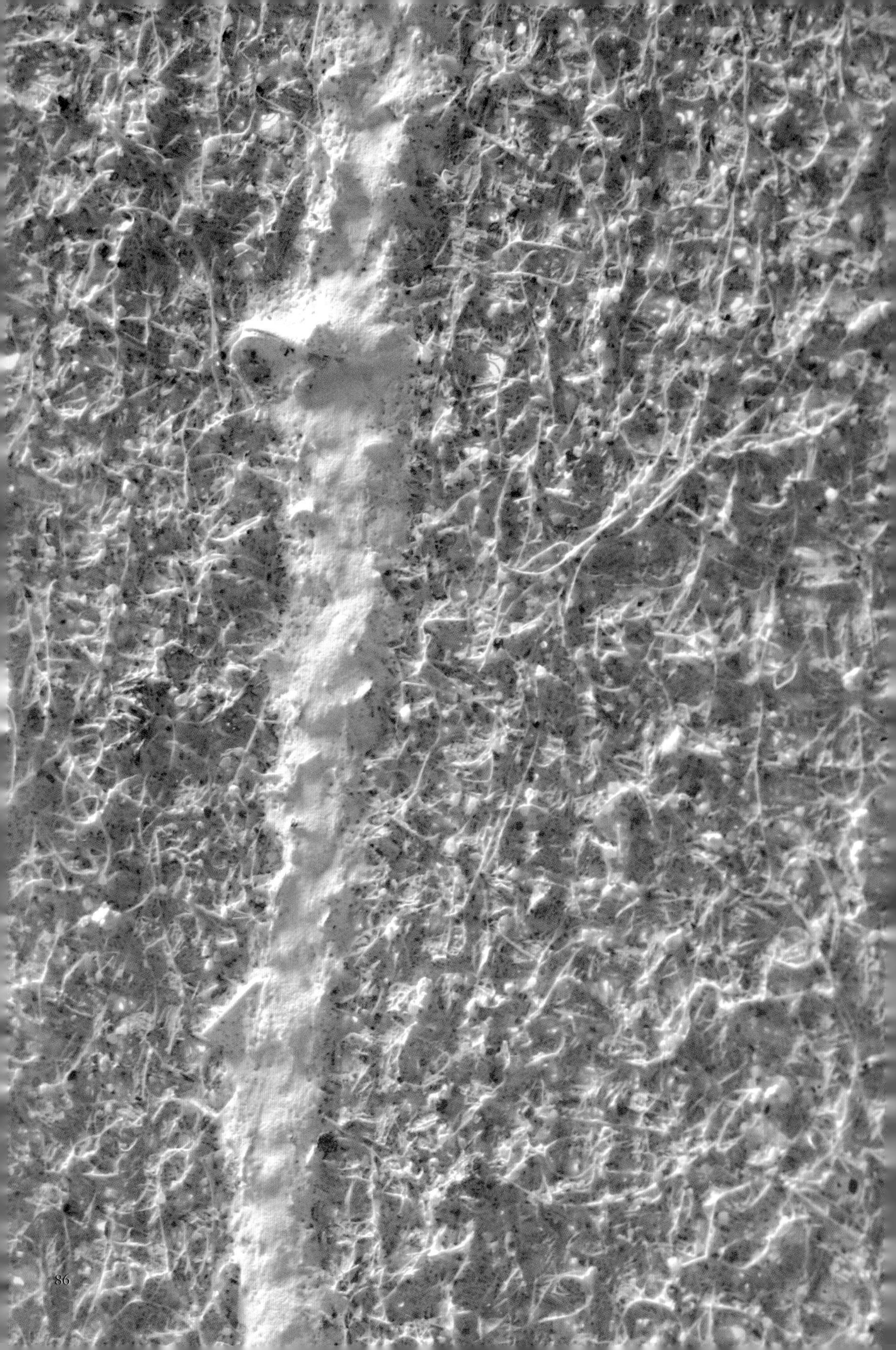

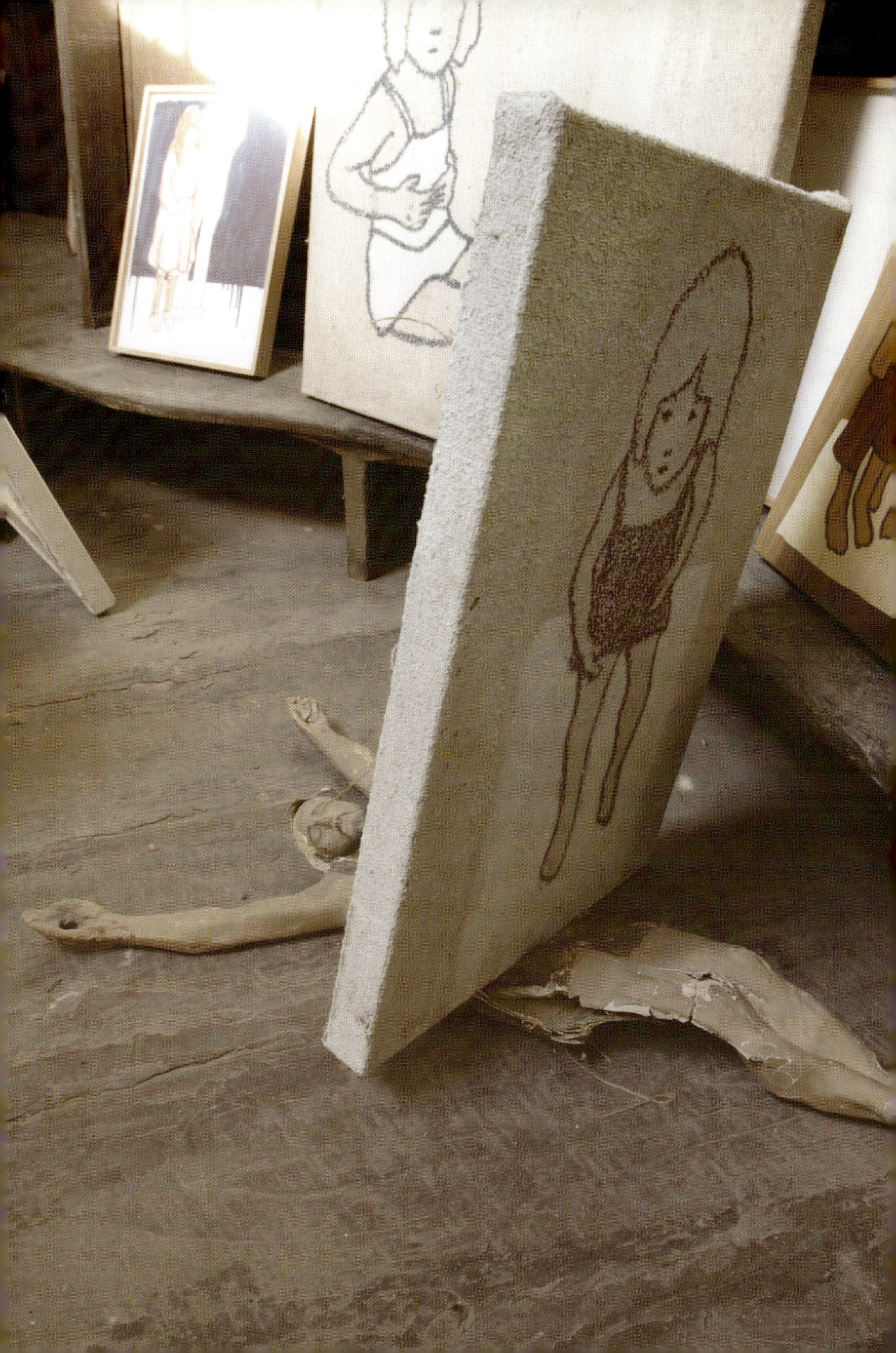

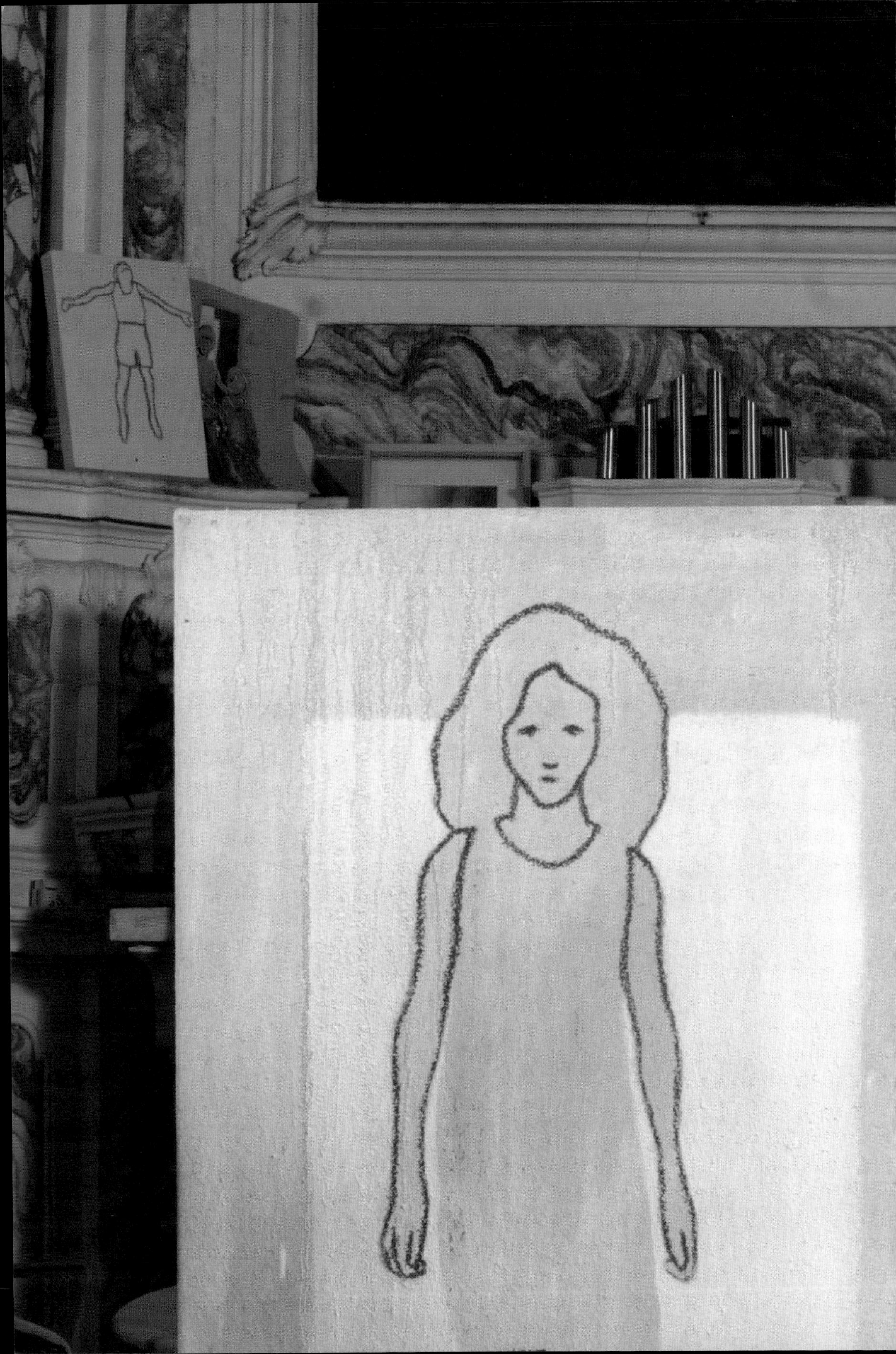

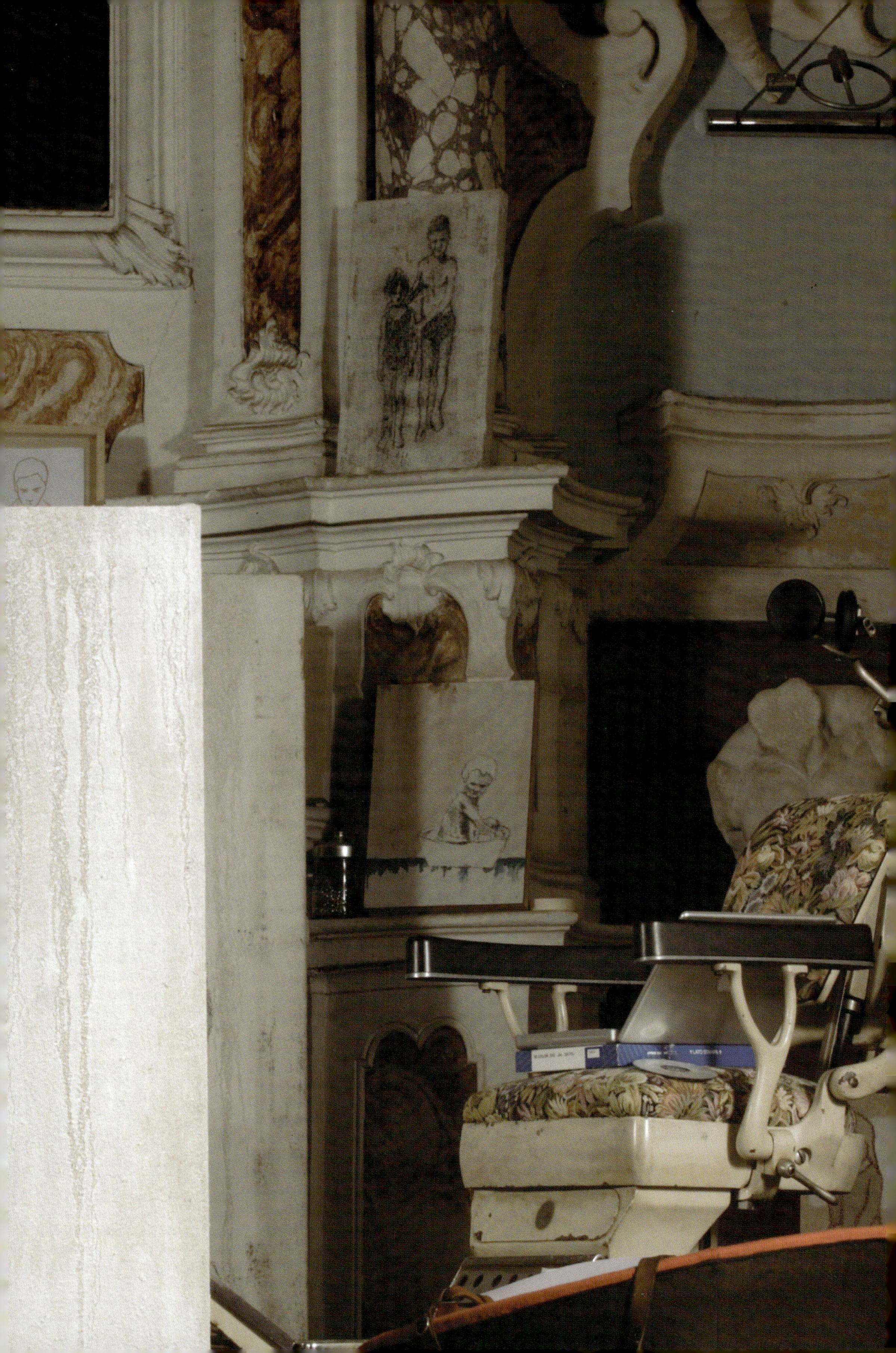

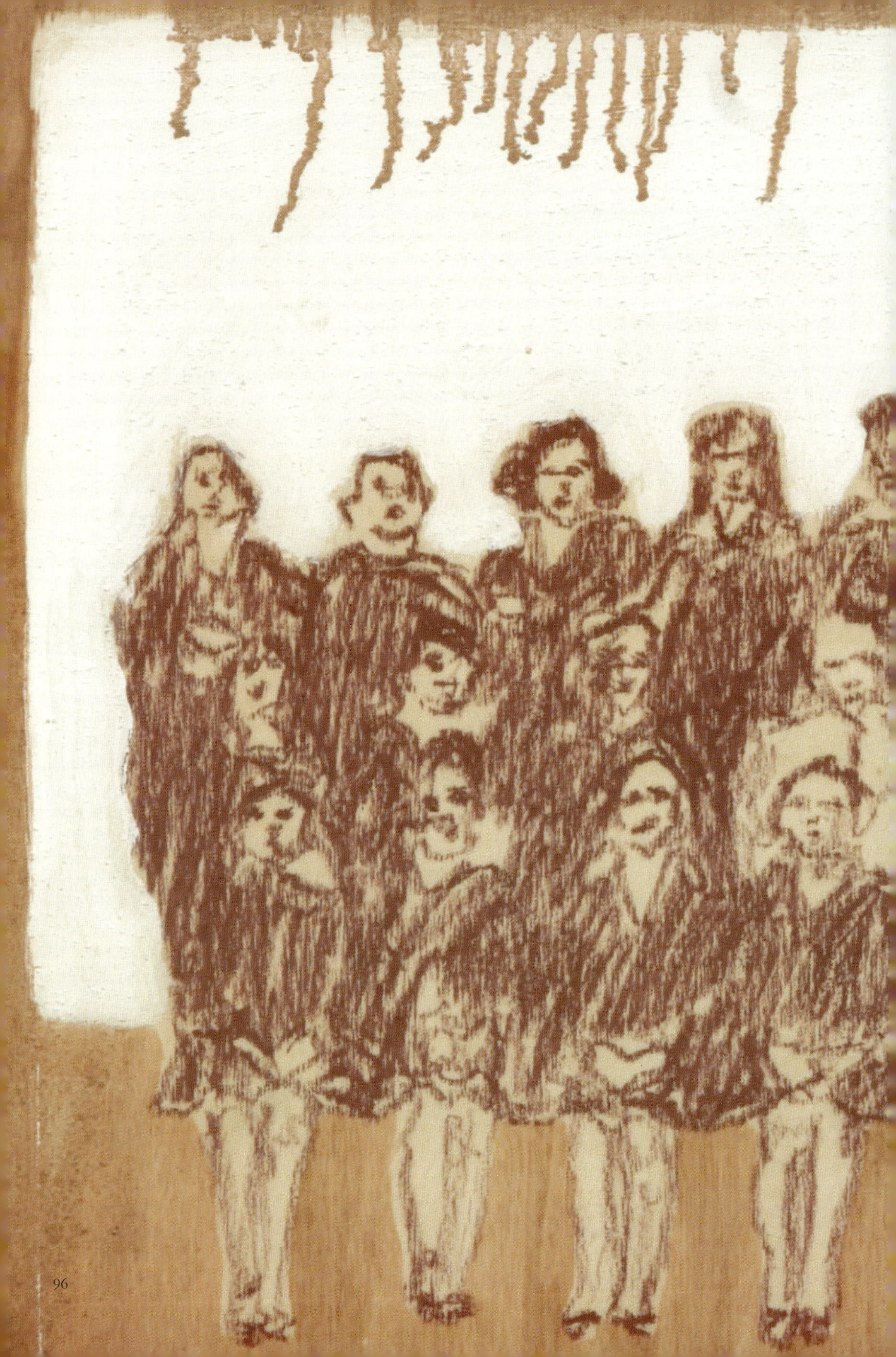

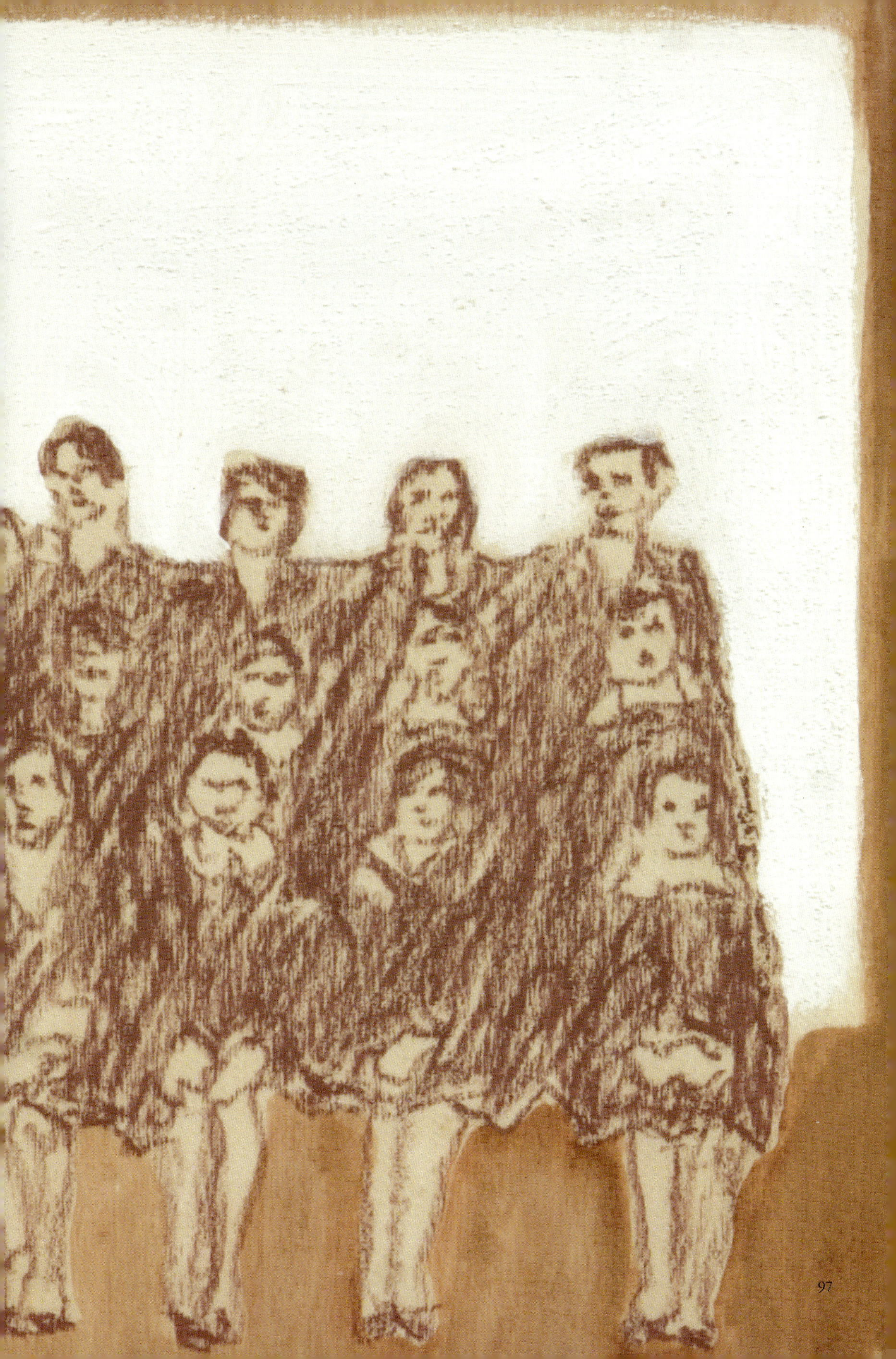

MINISTERO DELLA PUBBLICA ISTRUZIONE

CIRCOLO DIDATTICO di   ALBA 2° Circolo

Provincia di   Cuneo   San Cassiano

SCU

Class

MINISTERO DELLA PUBBLICA ISTRUZIONE

CIRCOLO DIDATTICO di Alba 2°

Provincia di Cuneo

SCUOLA ELEMENTARE STATALE PARIFICATA di San Cassiano

ANNO SCOLASTICO 1983-1984

Classe 1ª   Sezione

COMUNICAZIONI TRIMESTRALI
ALLA FAMIGLIA

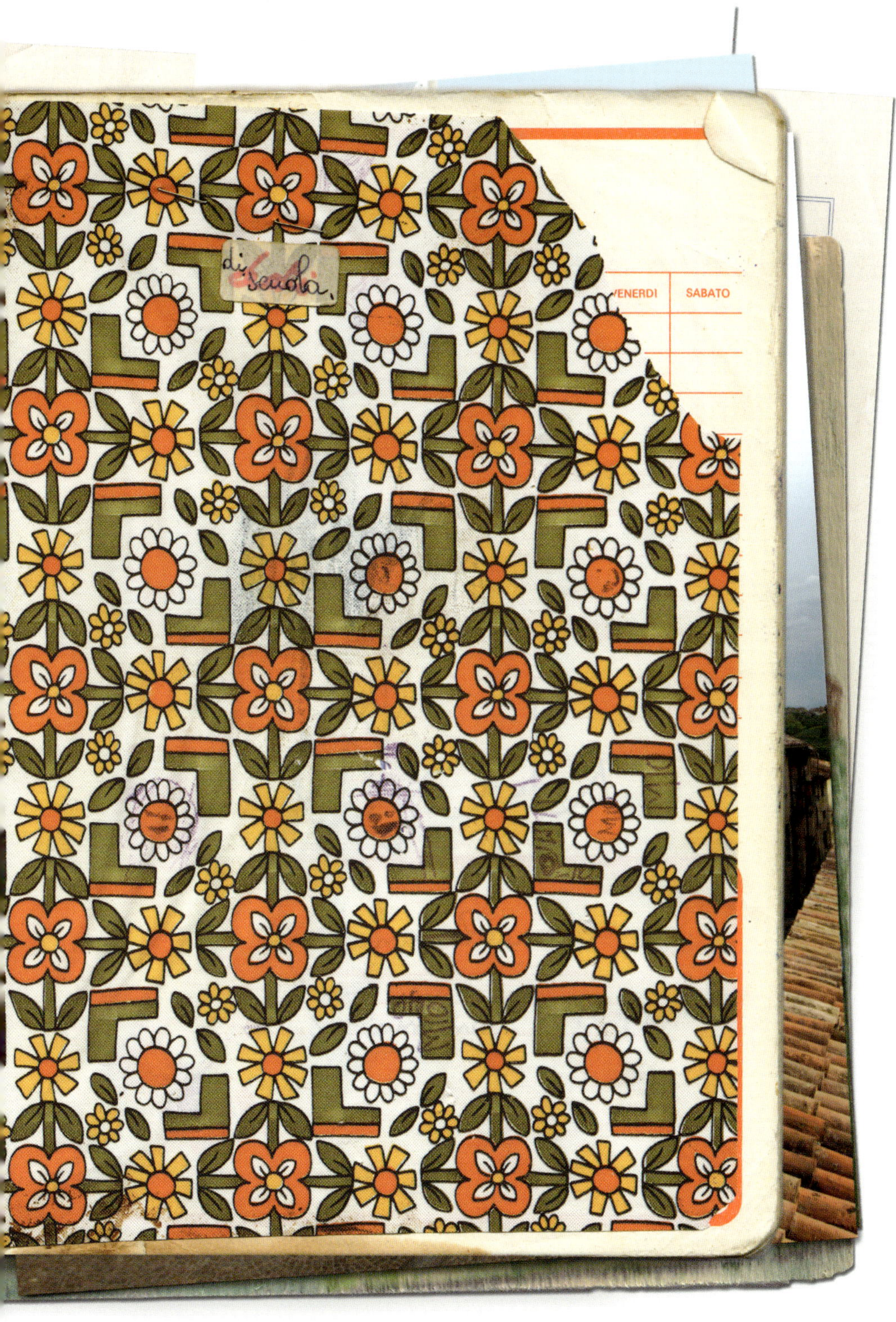

di scuola
VENERDI SABATO

26 gennaio

Composizioni a scelta

1) Quel giorno tornai dalla scuola contenta

2) Ho provato una grande gioia. Racconta.......

3) Hai già provato la gioia del donare? Racconta.......

La gioia che sto per raccontarvi, non è uno di quei divertimenti che noi confondiamo con la gioia ma è molto molto di più, cioè, di quando mi annunciarono

la nascita del mio caro fratelli-

no.

Quella sera, 15 gennaio 1977,

ne provai così tanta, che penso

di non potervela neanche rac-

contare, perché per me é diffici-

le dire con le parole, le cose

che provo nel mio cuore.

I miei cugini ed io, eravamo

in casa della mia cara non-

nina, quando sentimmo inas
spettatamente la mia cugina
più grande, urlare come una
matta: Evviva! Evviva! È
nato un maschietto!
Gridava, saltava e correva
per le scale.
I miei cugini, sentito quella,
si misero ad urlare, abbrac
ciandosi e dandosi baci, corren
do tutti allegri e sorridenti

per le scale, insomma in quella casa non si capiva più niente.
Ma io non urlavo come loro,
anzi mi fermai a pensare,
a pensare che avevo un pic-
colo fratellino, per giocarci
assieme e per coccolarlo proprio
come faccio con un bambolotto.
Ma non mi sembrava vero,
perché ebbi la sensazione, di
fare un sogno, anzi un bel

sogno, (anzi un bel sogno)

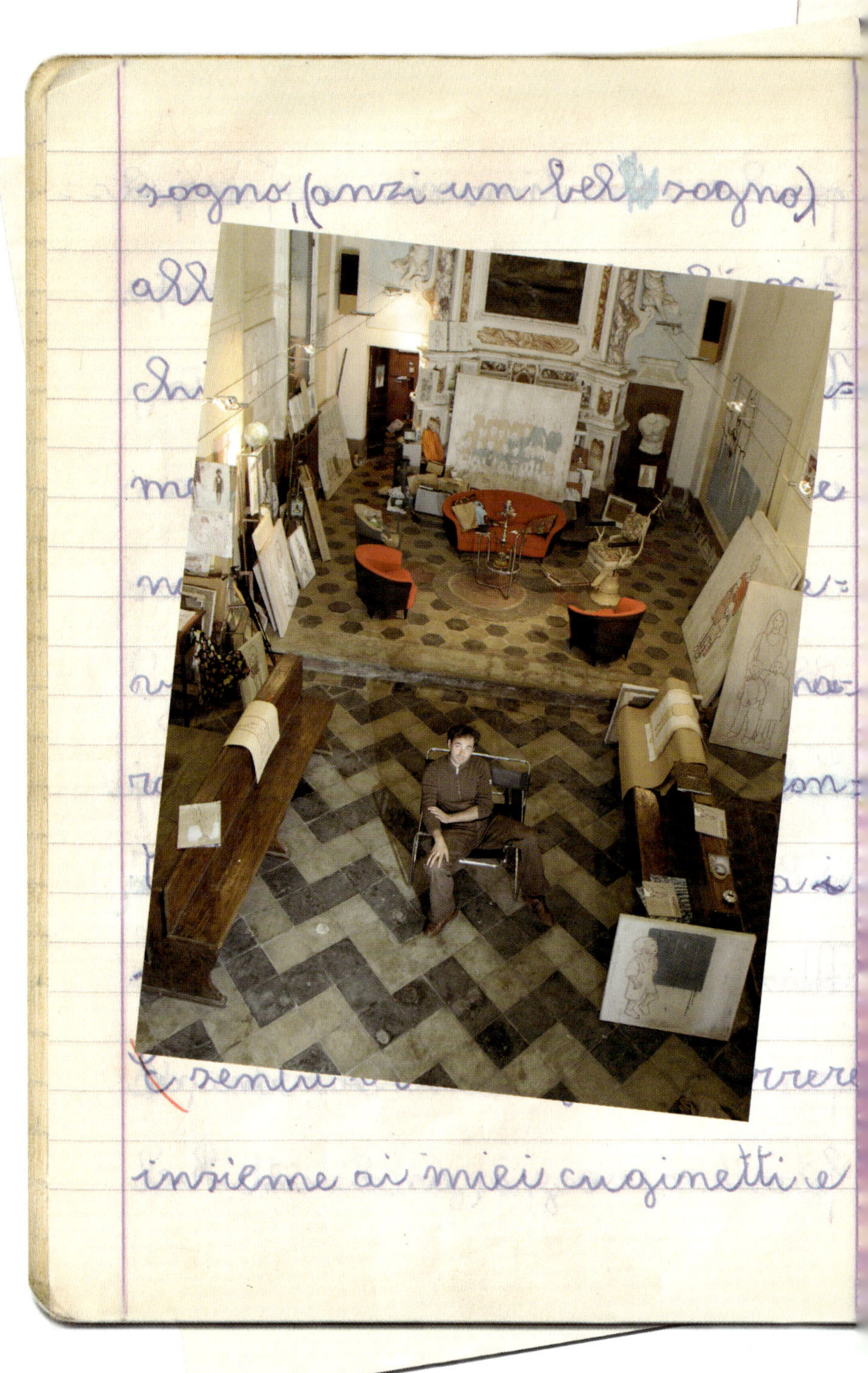

insieme ai miei cuginetti e

gridare anch'io: - Evviva! È
nato Valerio e per quella sera, nella nostra casa, si senti-
vano solo urli confusi che
dicevano: - È nato! È nato un
bambino! Molto bene

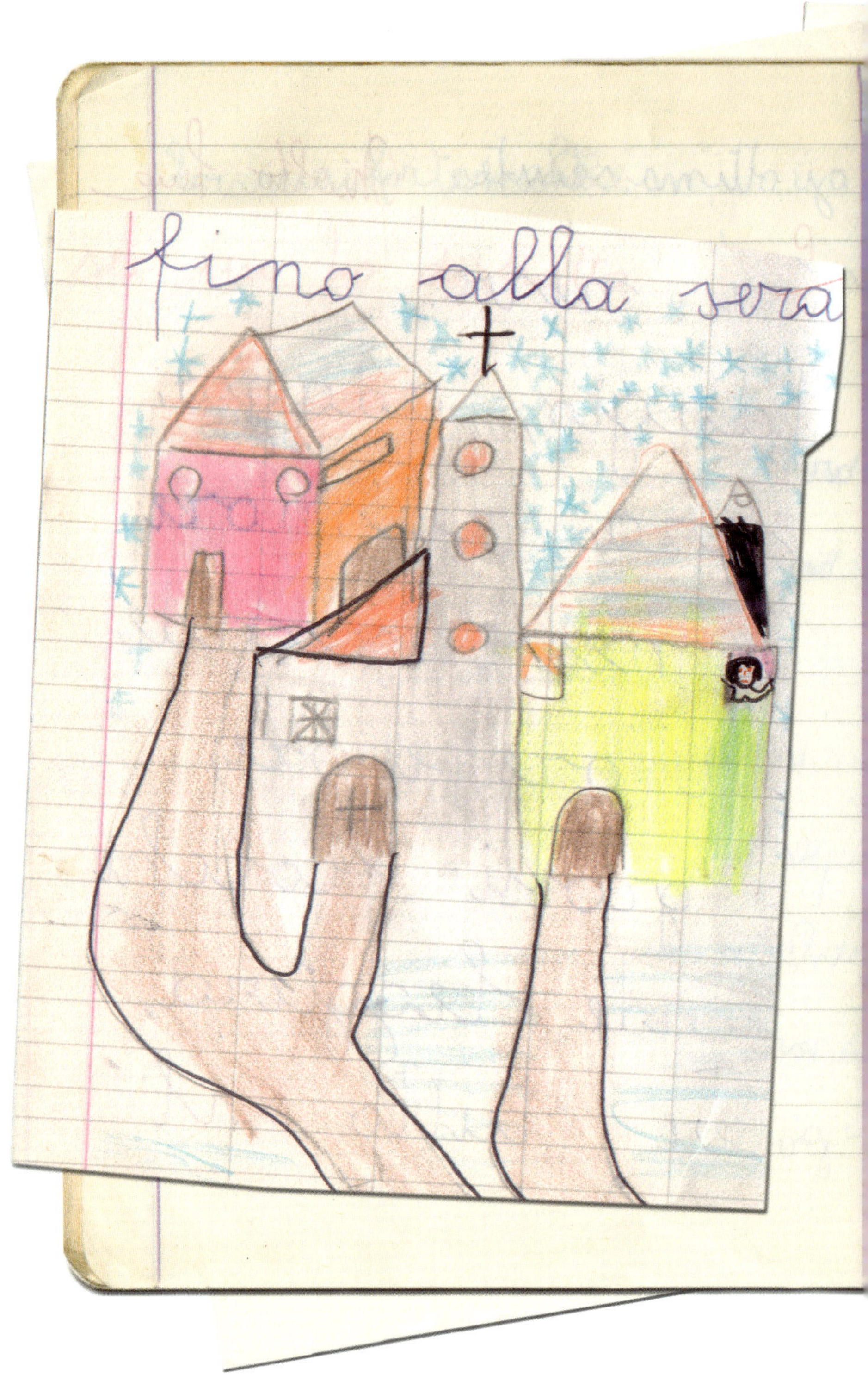

fino alla sera

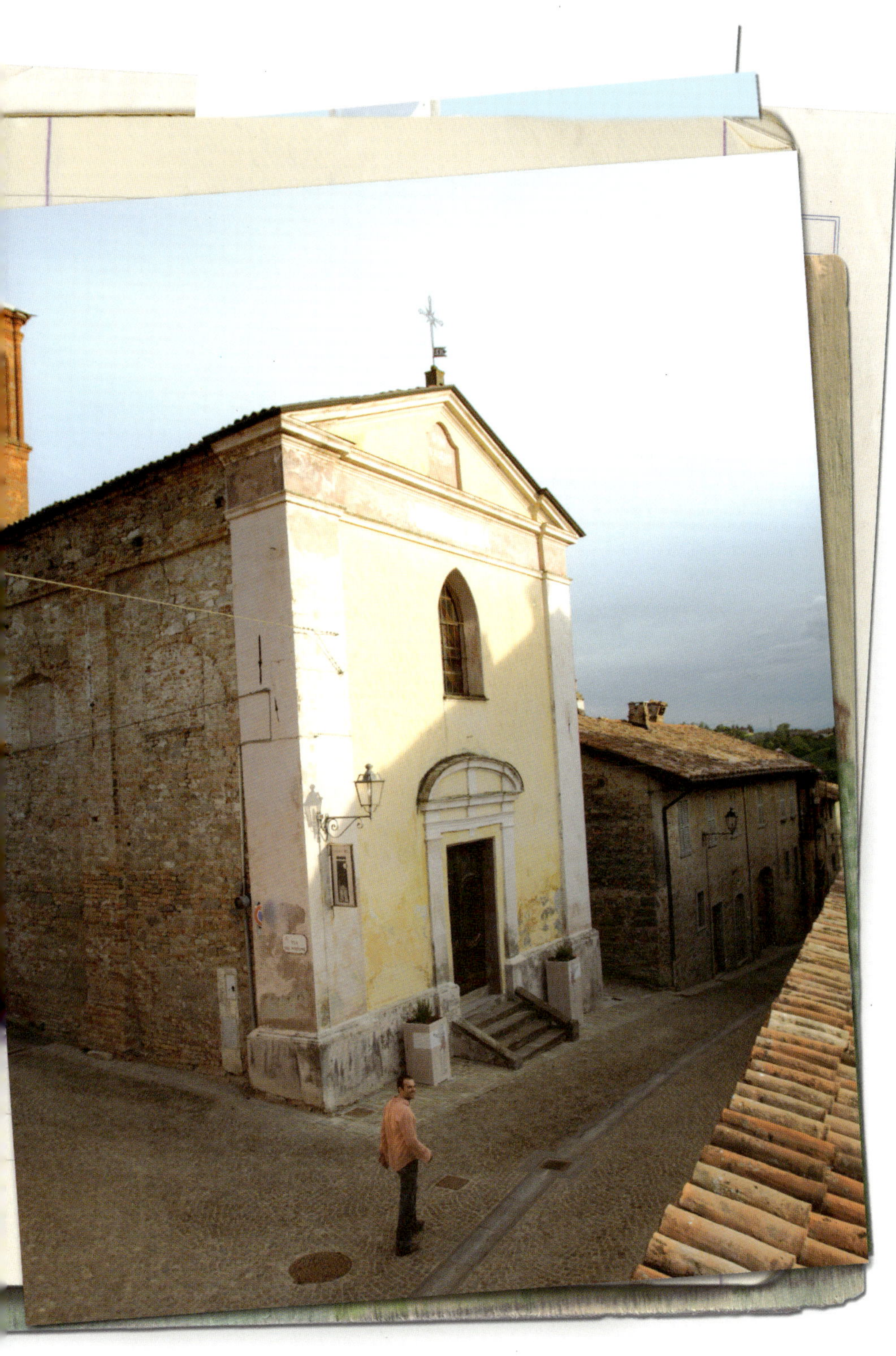

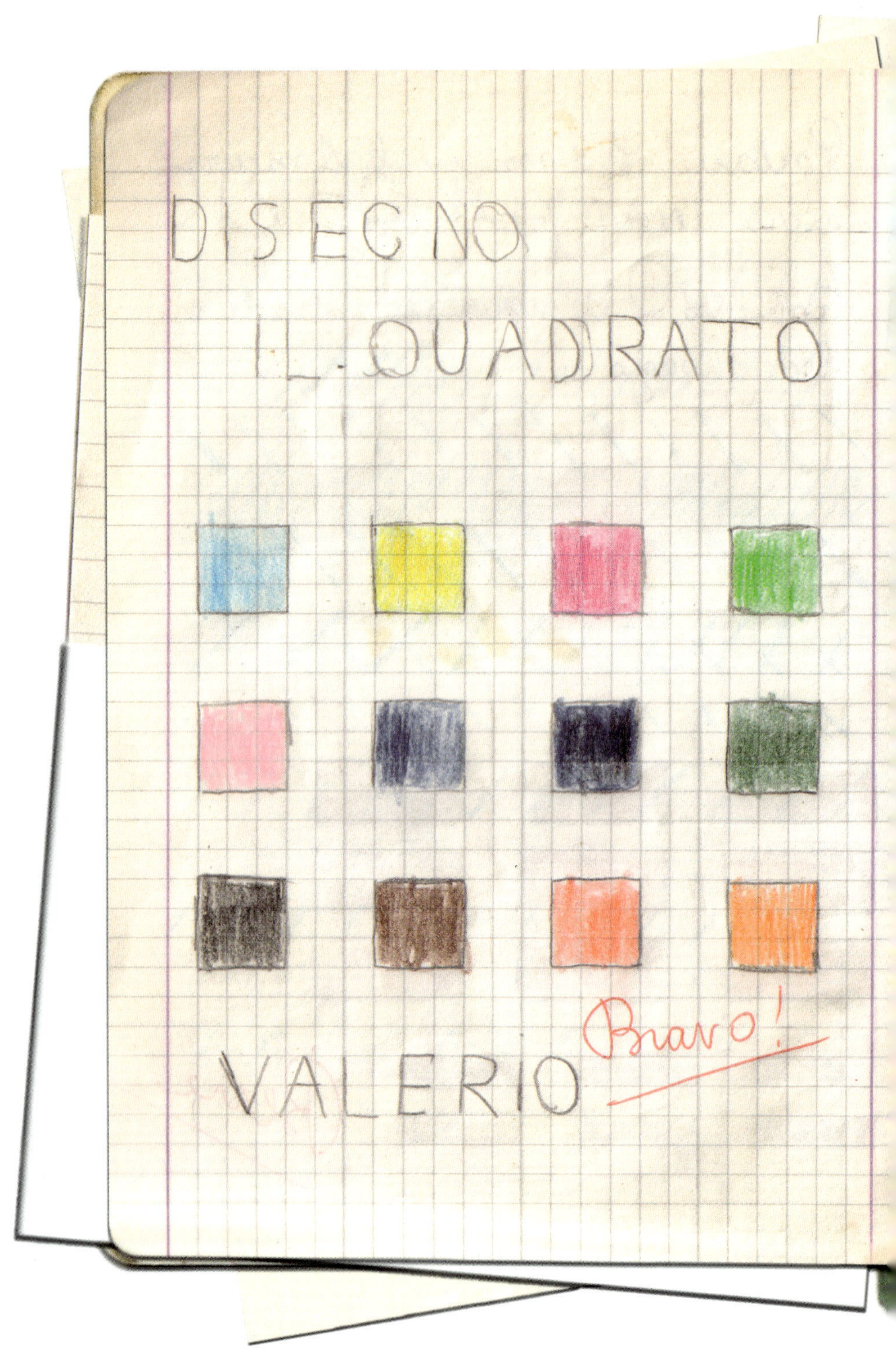

DISEGNO
IL QUADRATO
VALERIO
Bravo!

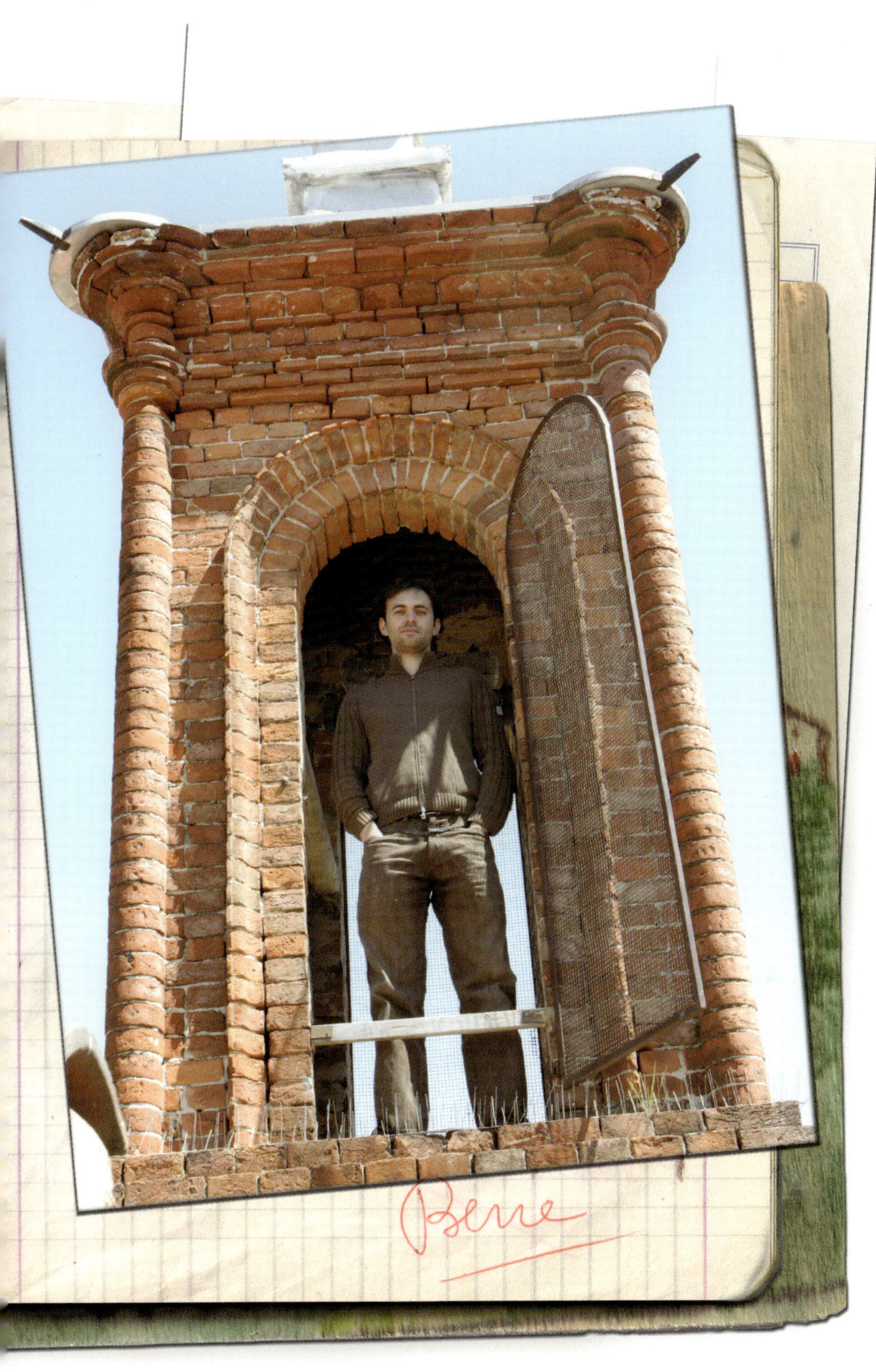

Bene

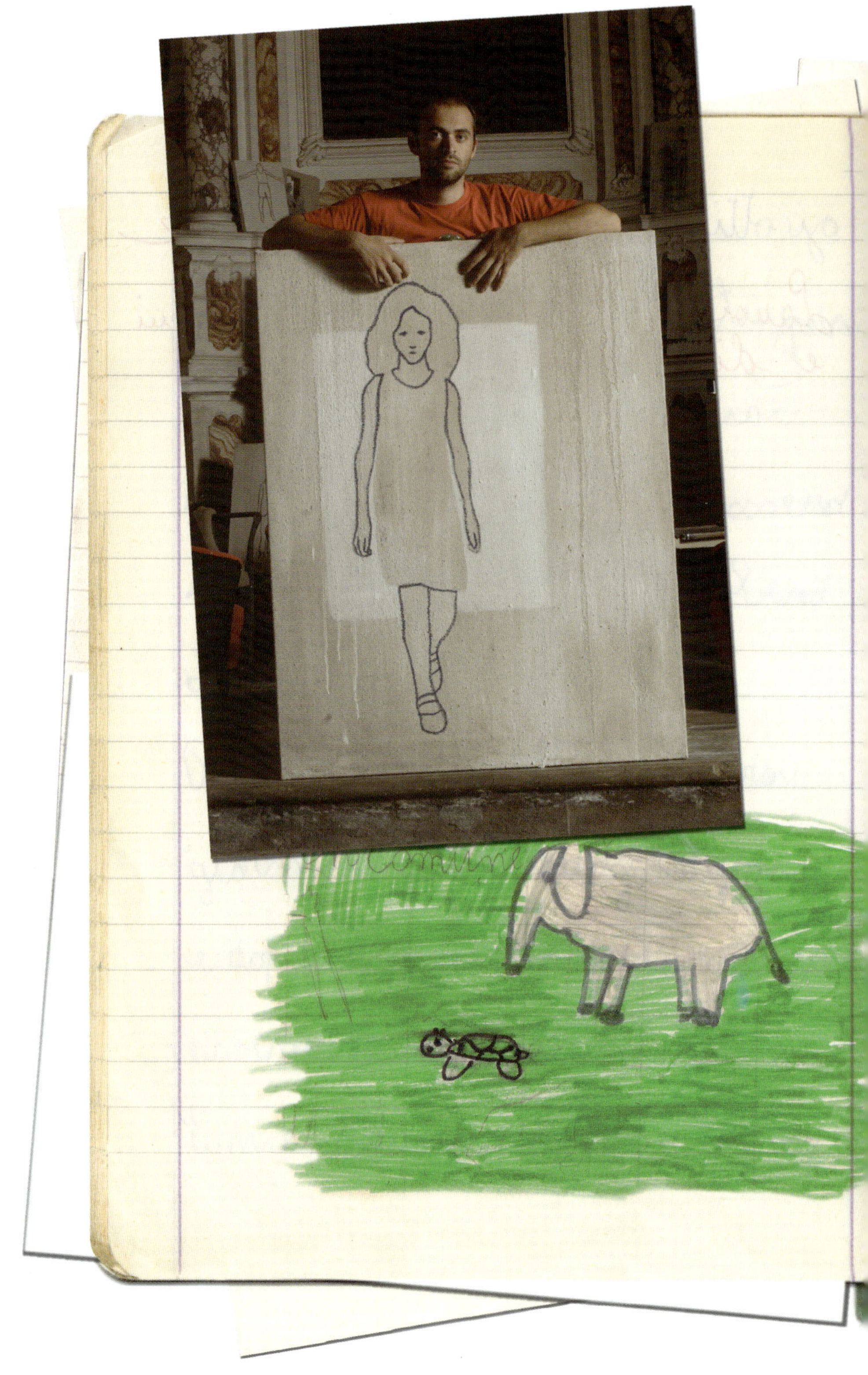

E tutto mi sa
di miracolo.

Salvatore
Quasimodo

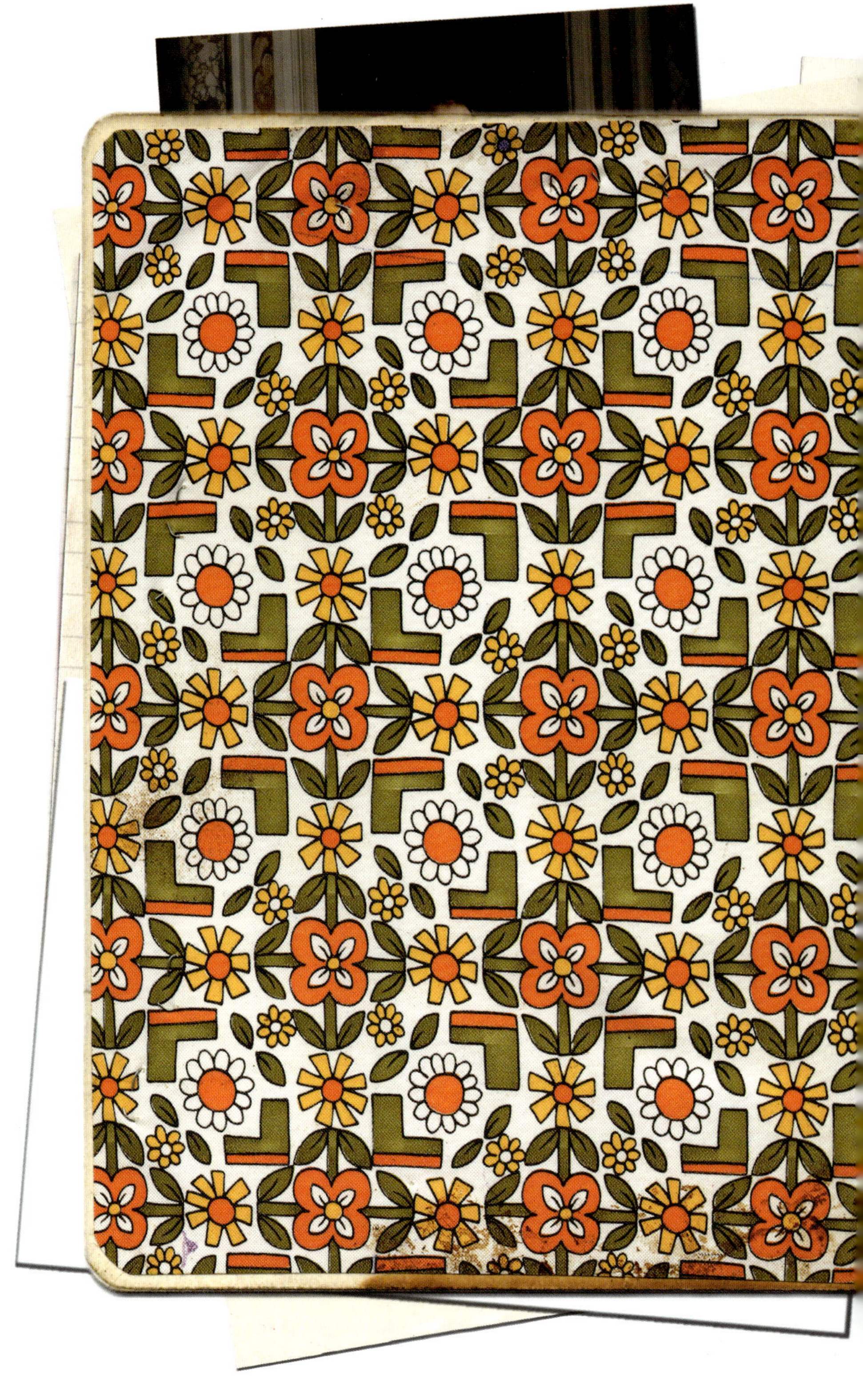

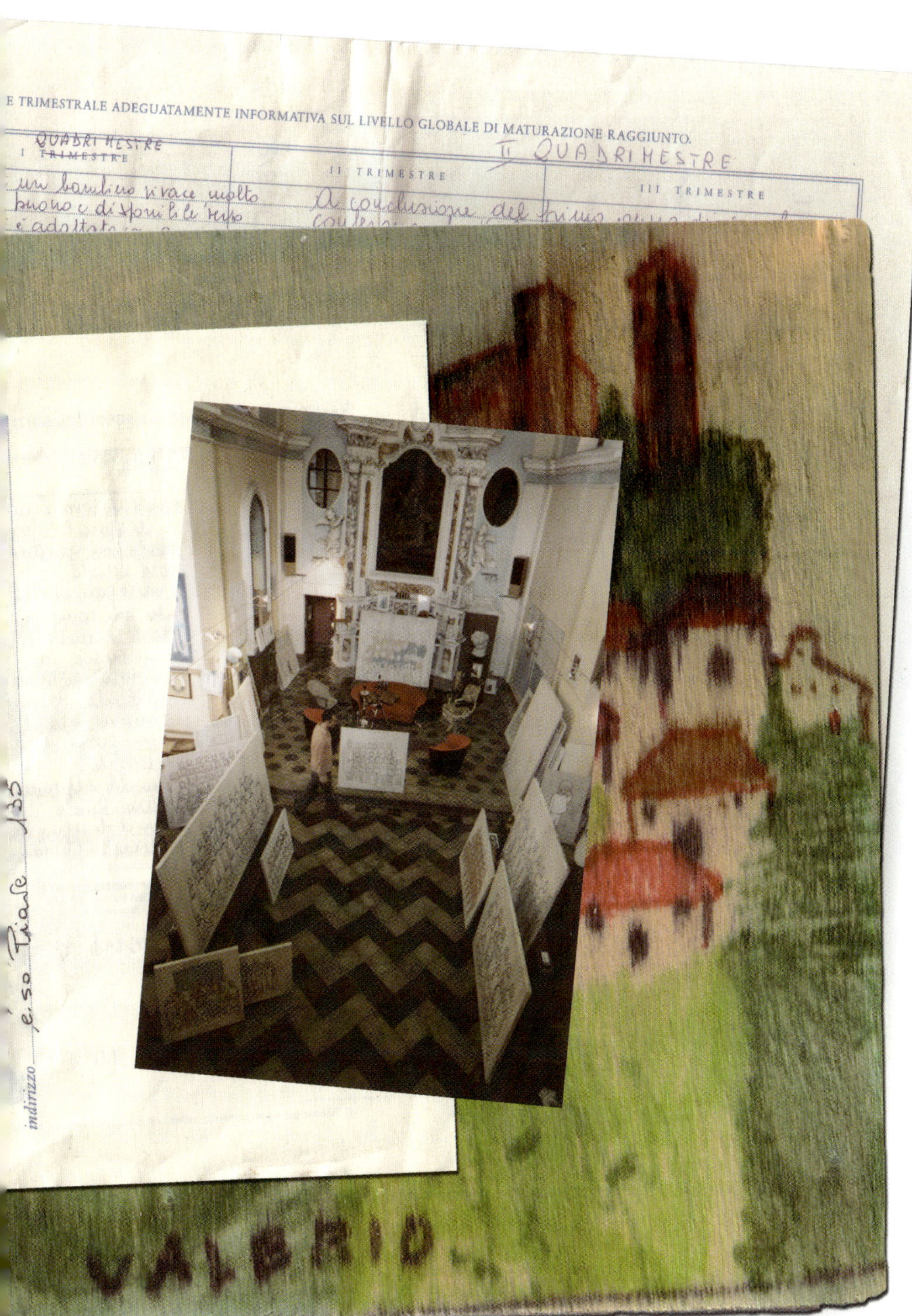
E TRIMESTRALE ADEGUATAMENTE INFORMATIVA SUL LIVELLO GLOBALE DI MATURAZIONE RAGGIUNTO.
QUADRIMESTRE
I TRIMESTRE
II TRIMESTRE
II QUADRIMESTRE
III TRIMESTRE
un bambino vivace molto buono e disponibile verso e adattato
A conclusione del primo
indirizzo e.so Triese 135
VALERIO

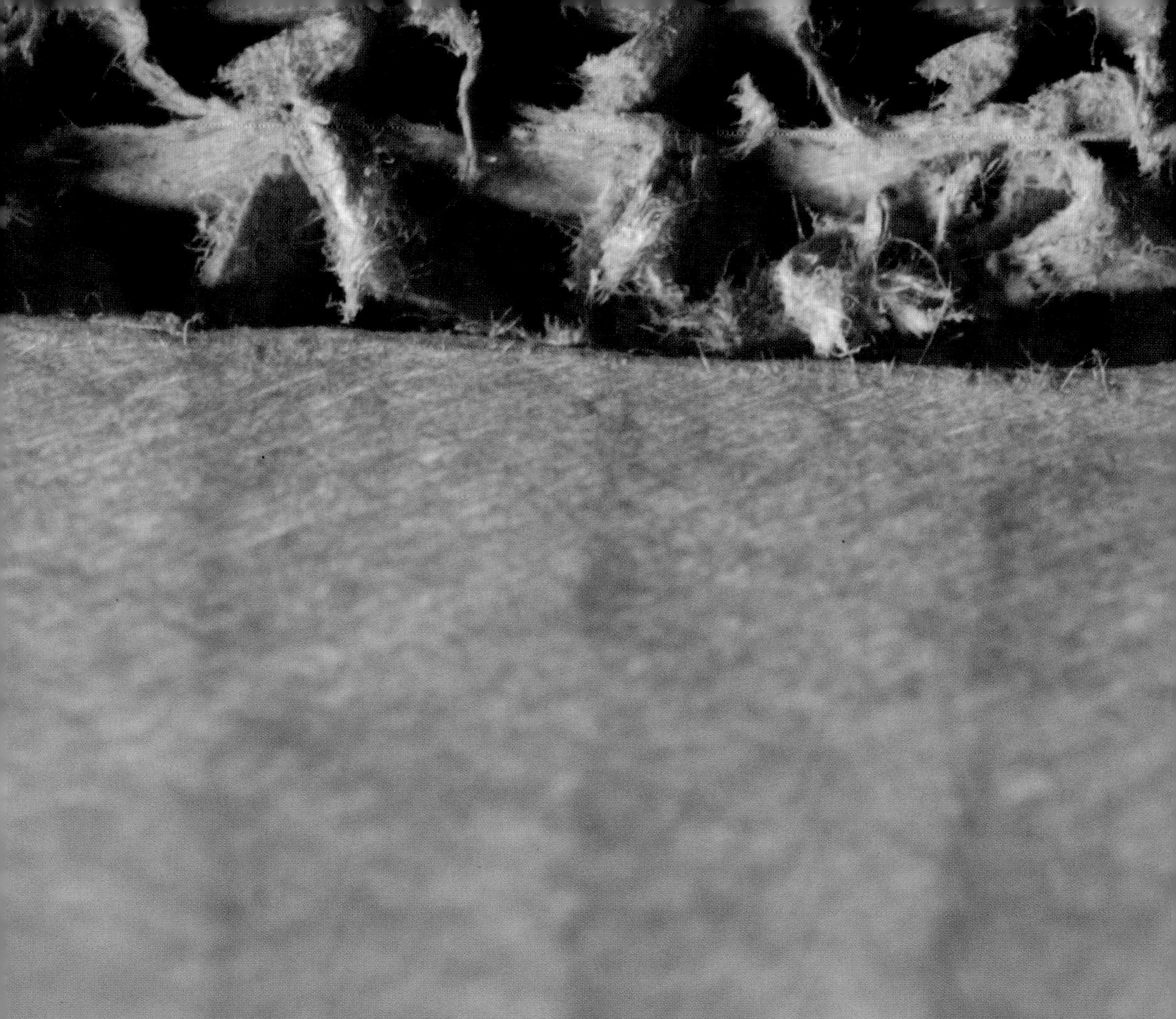

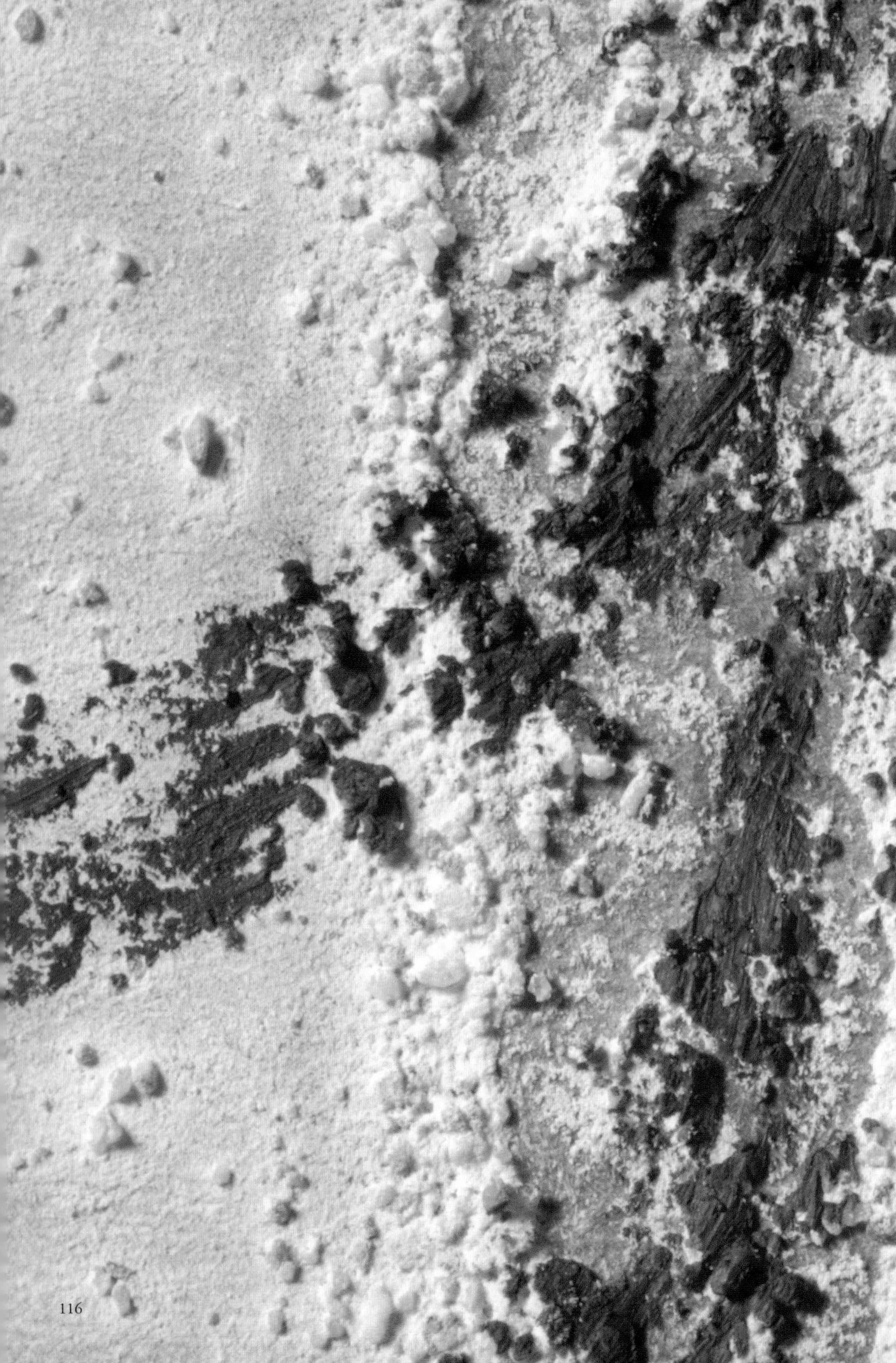

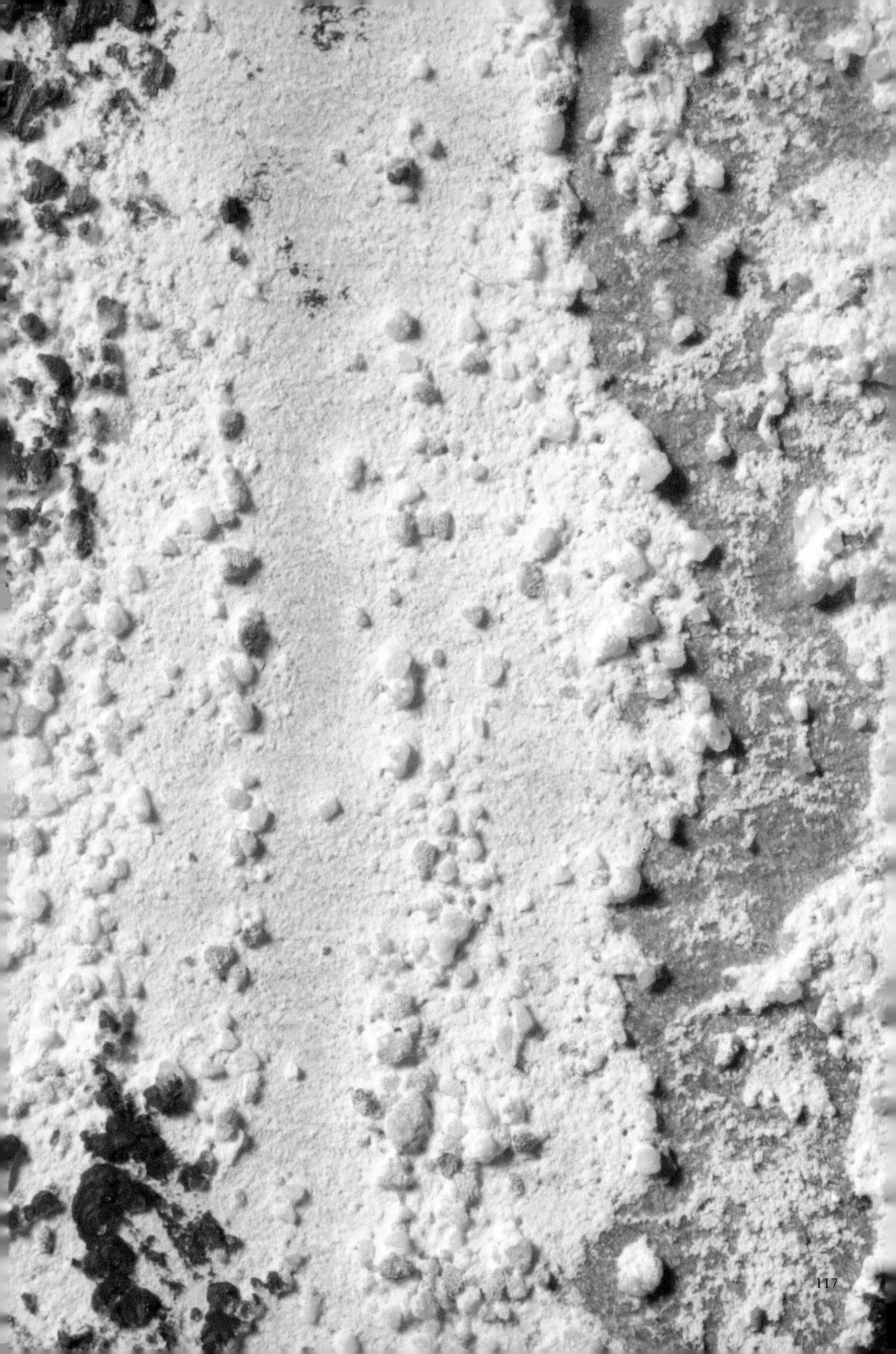

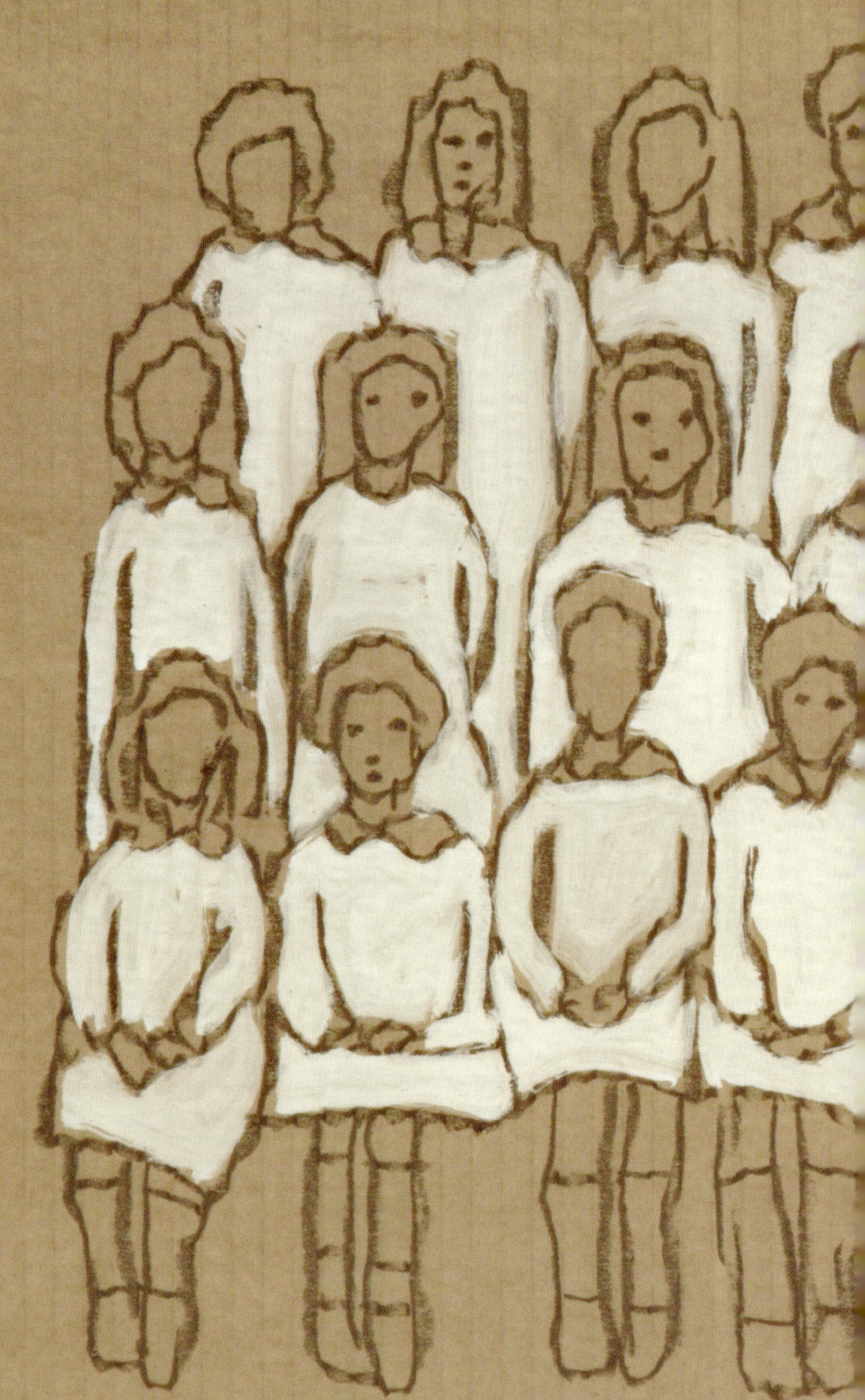

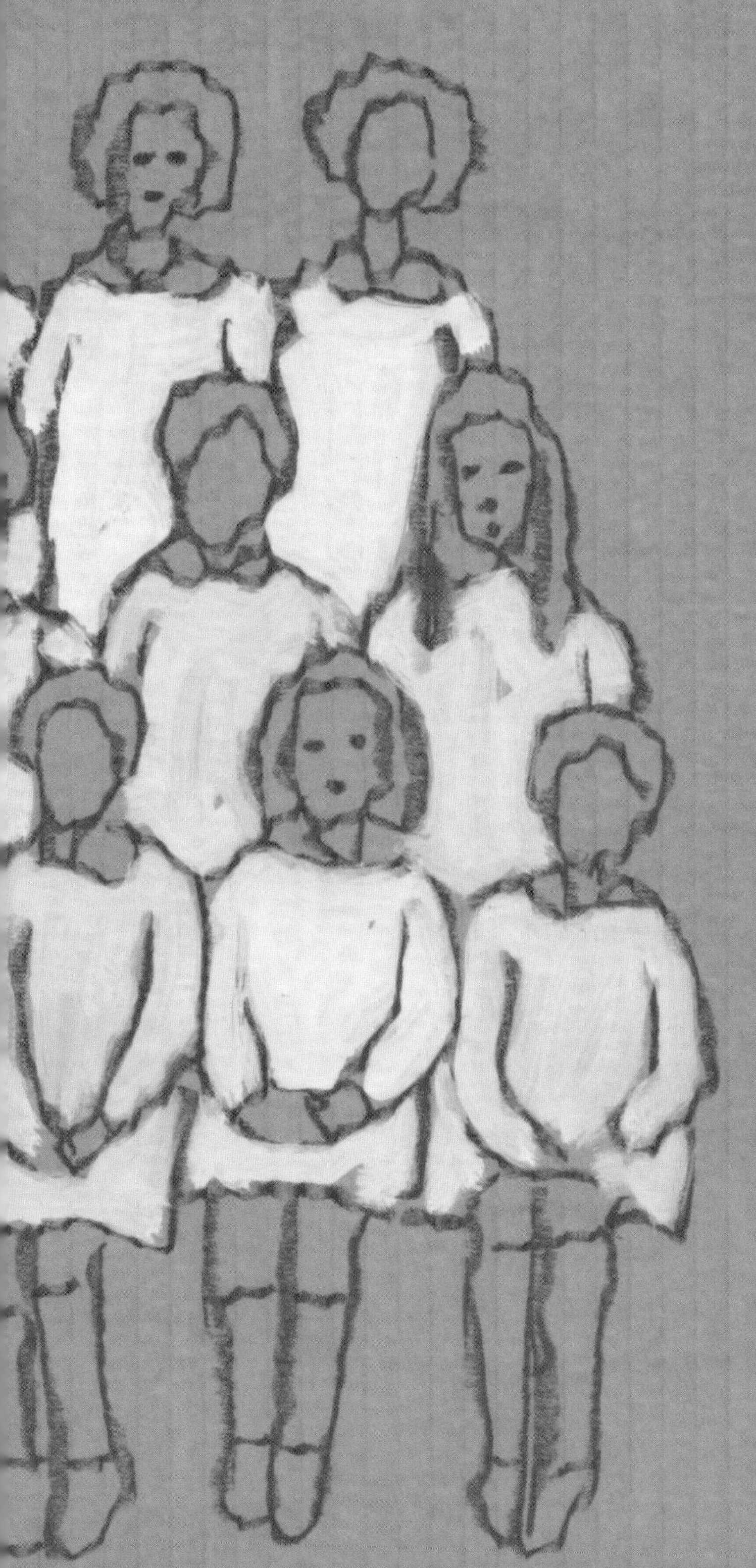

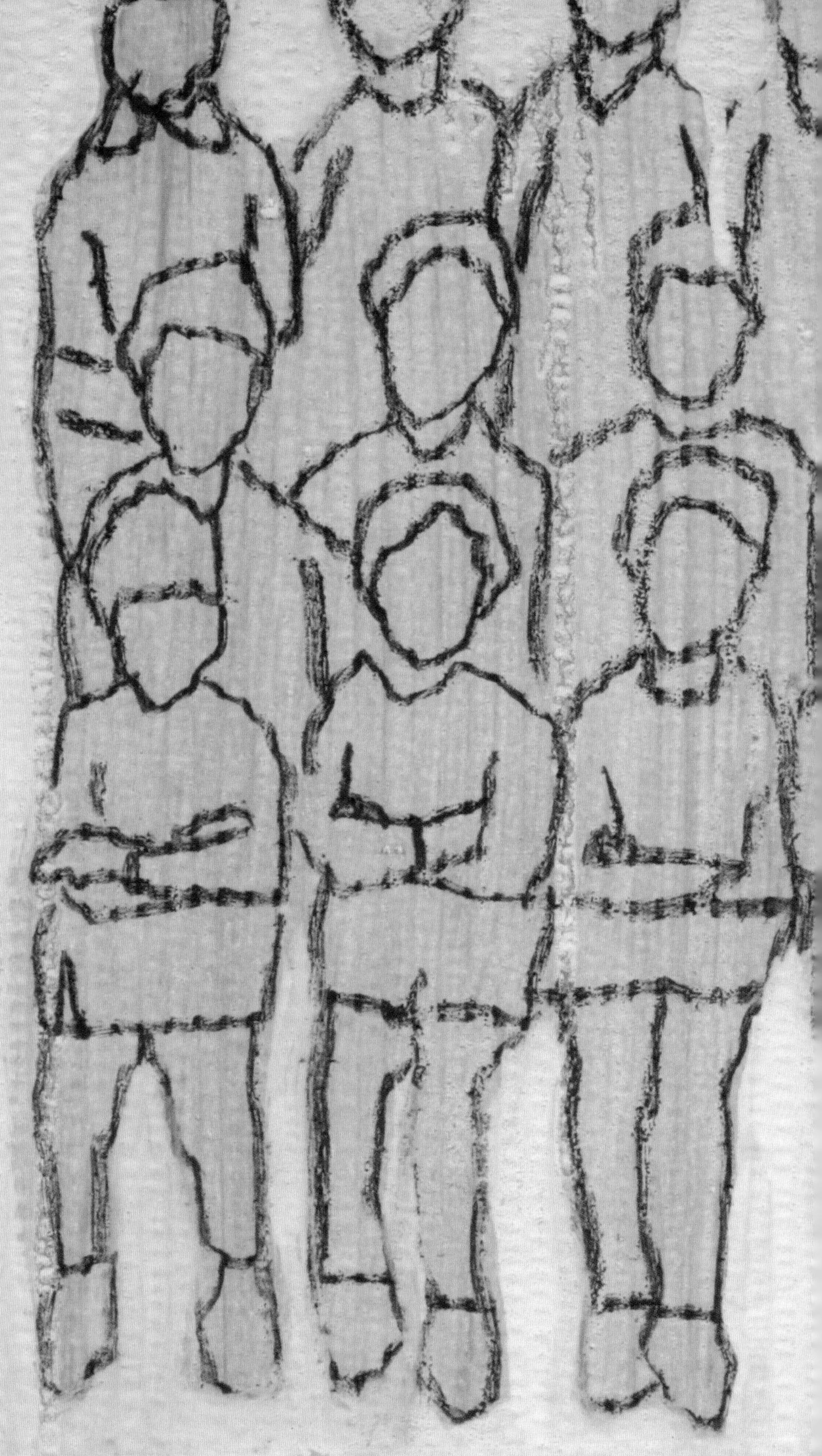

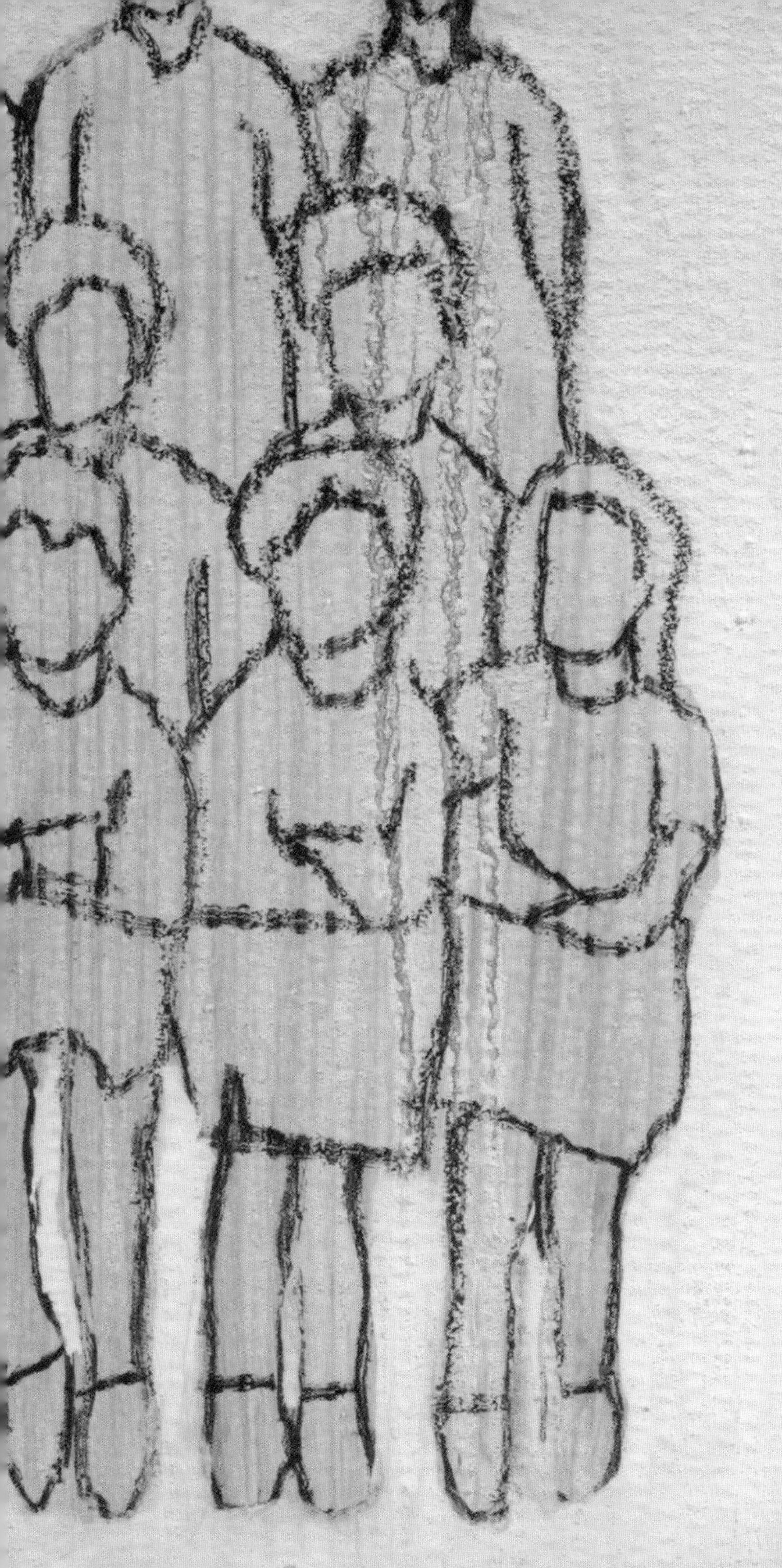

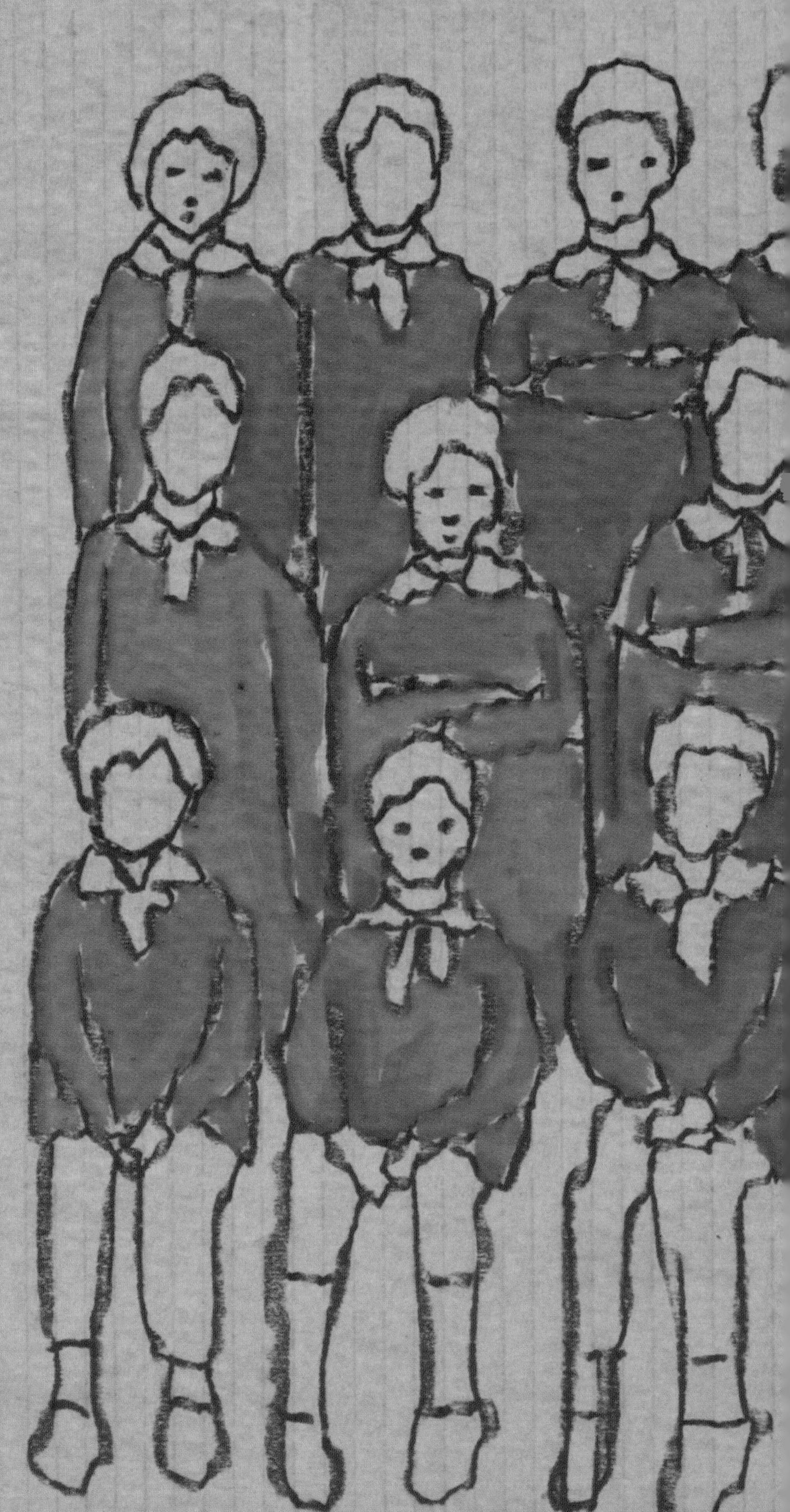

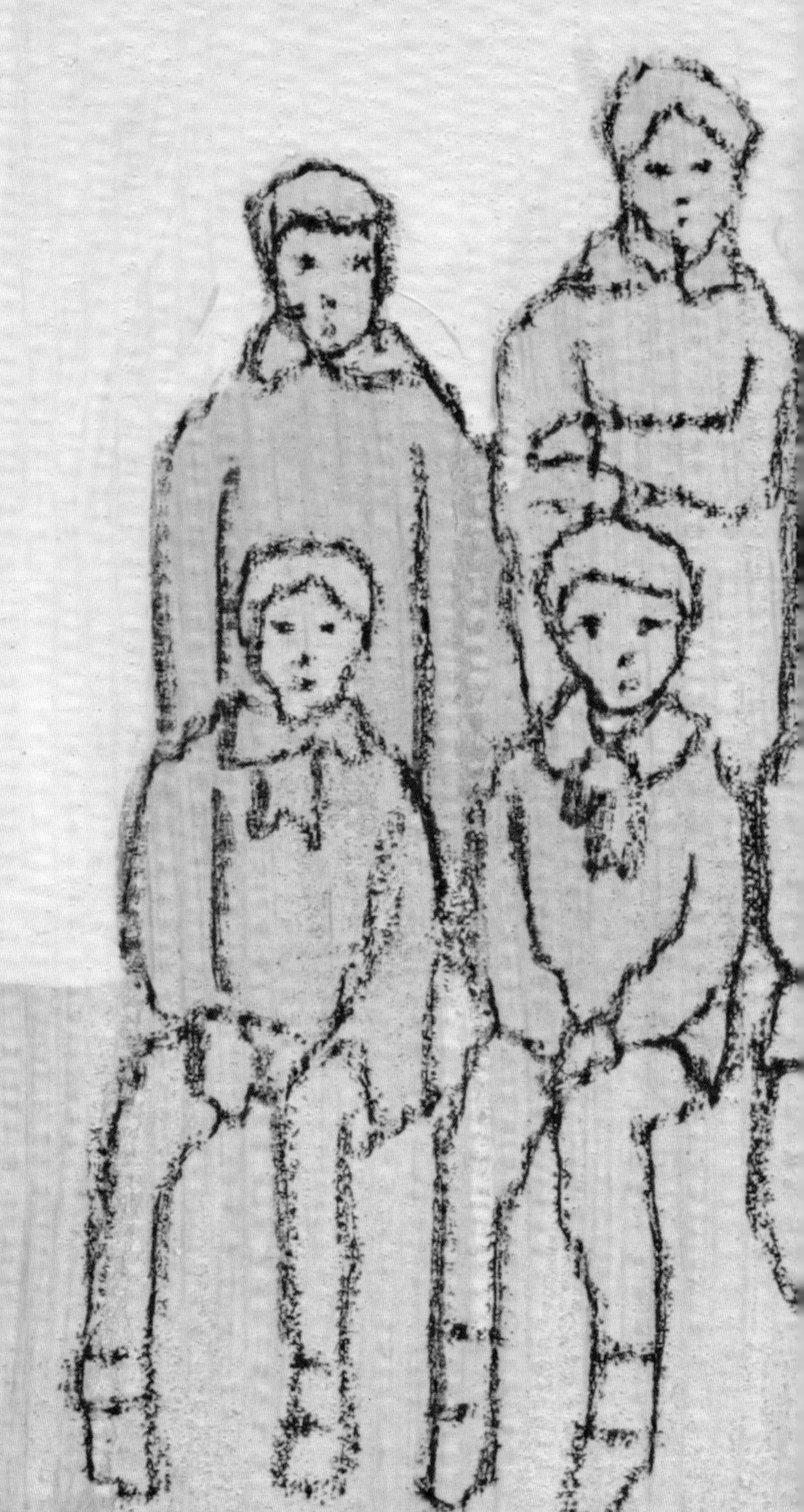

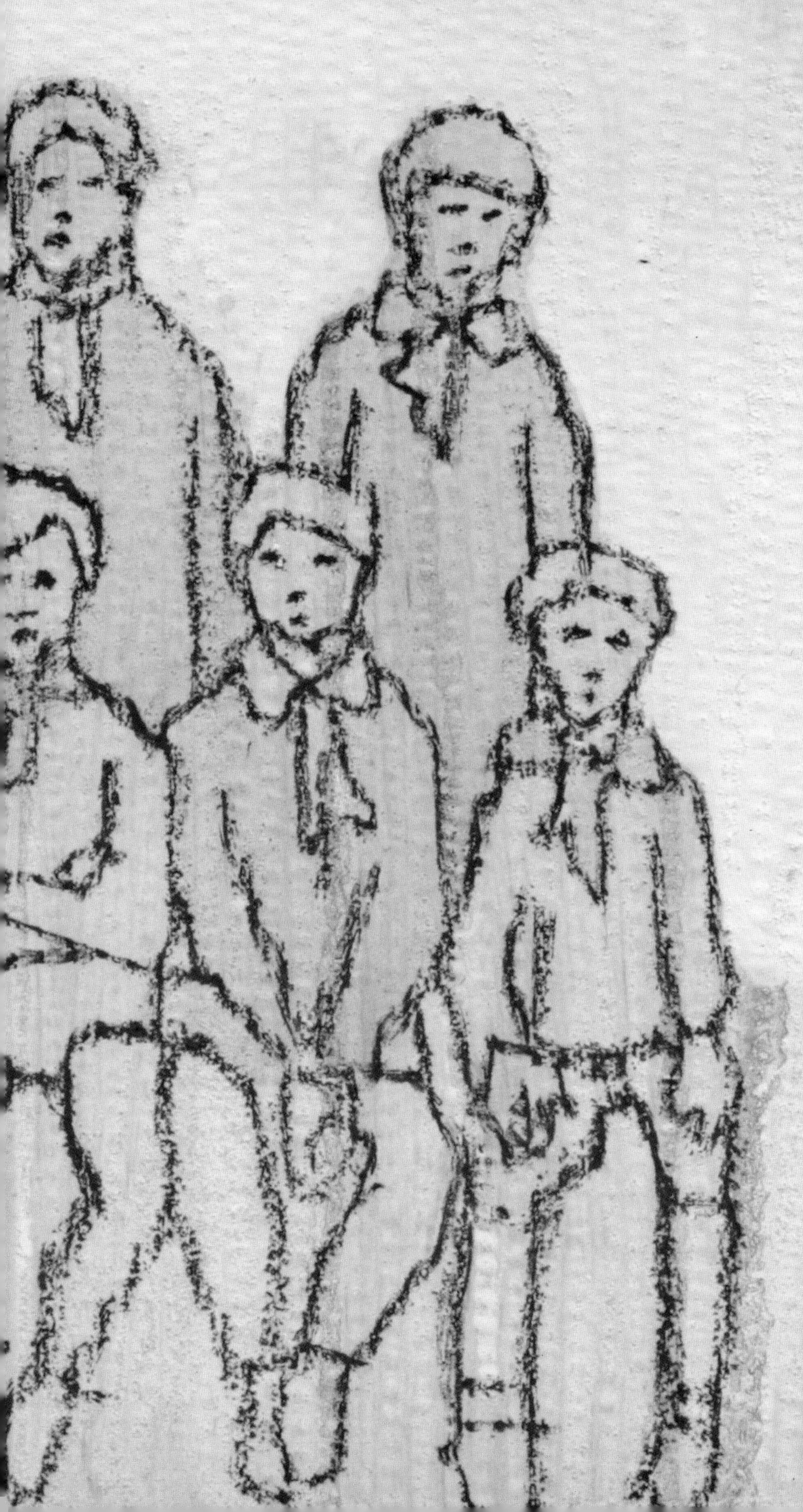

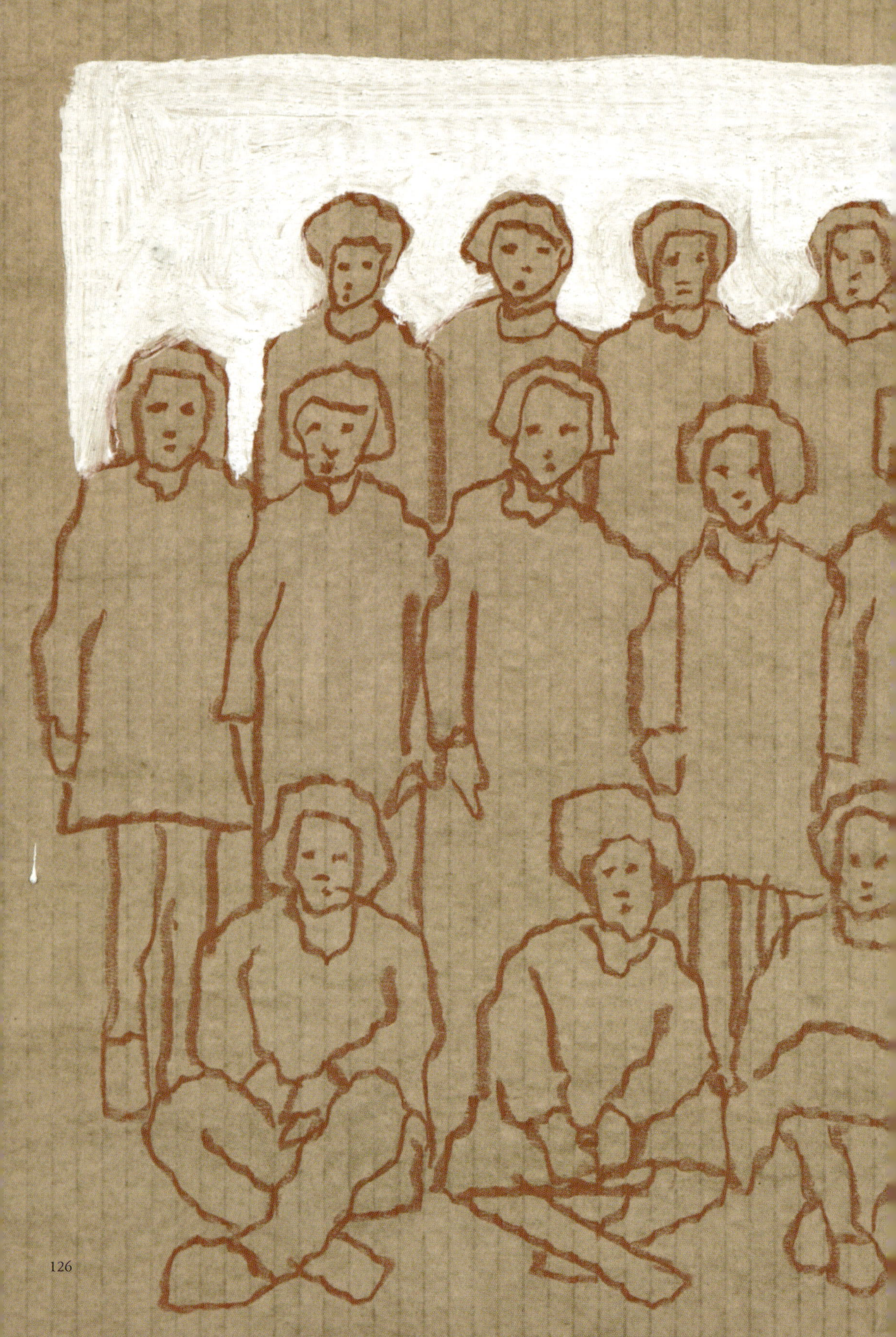

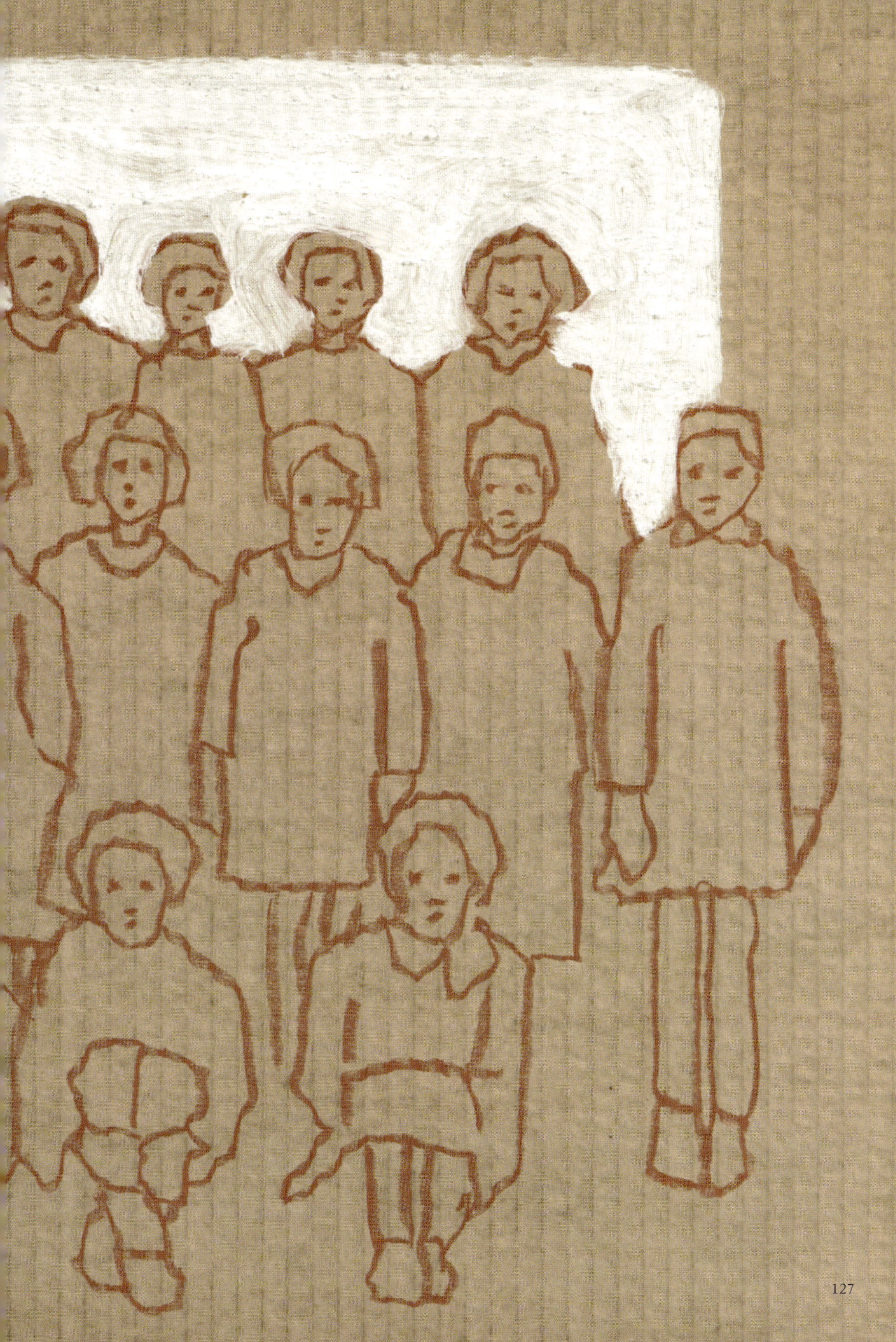

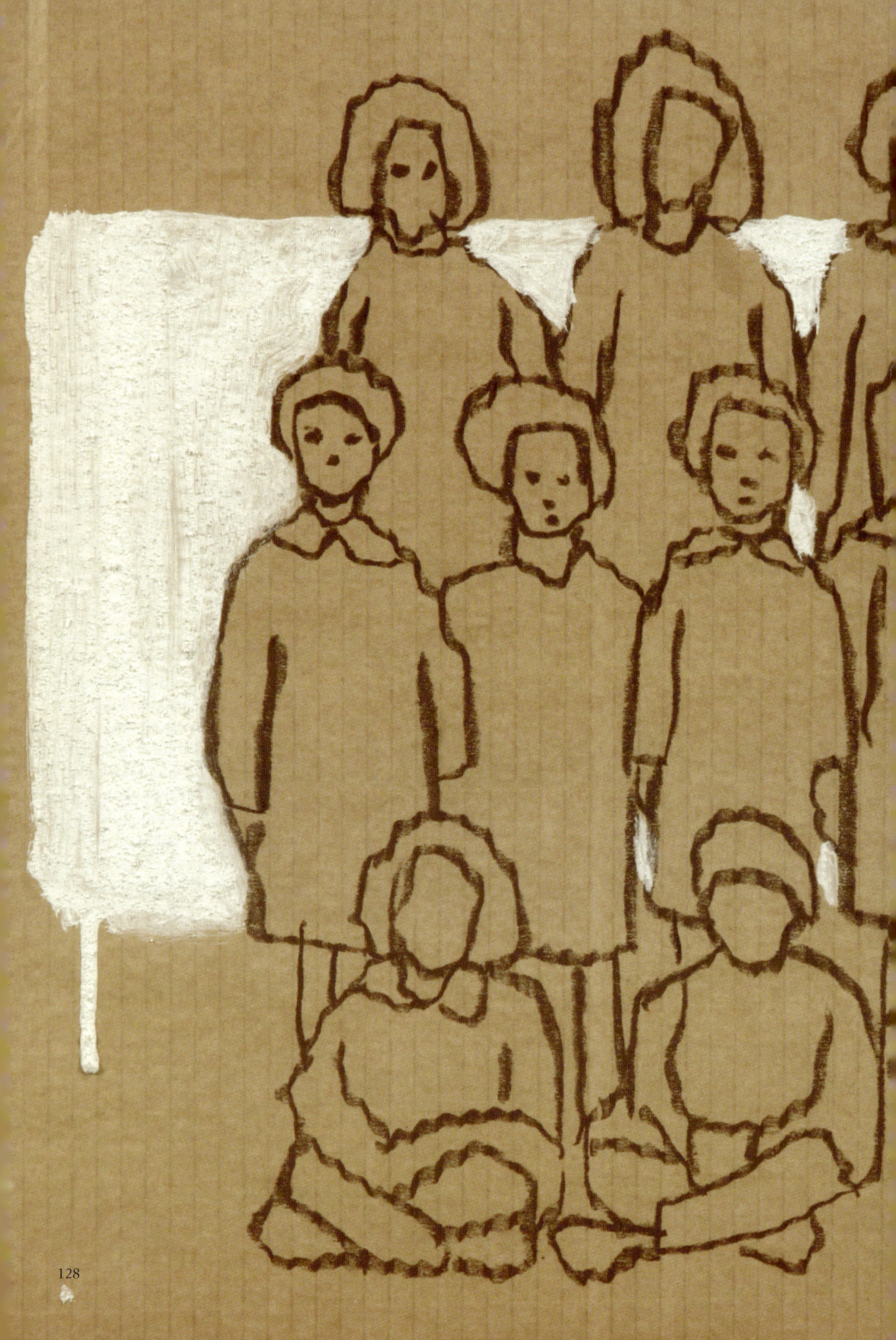

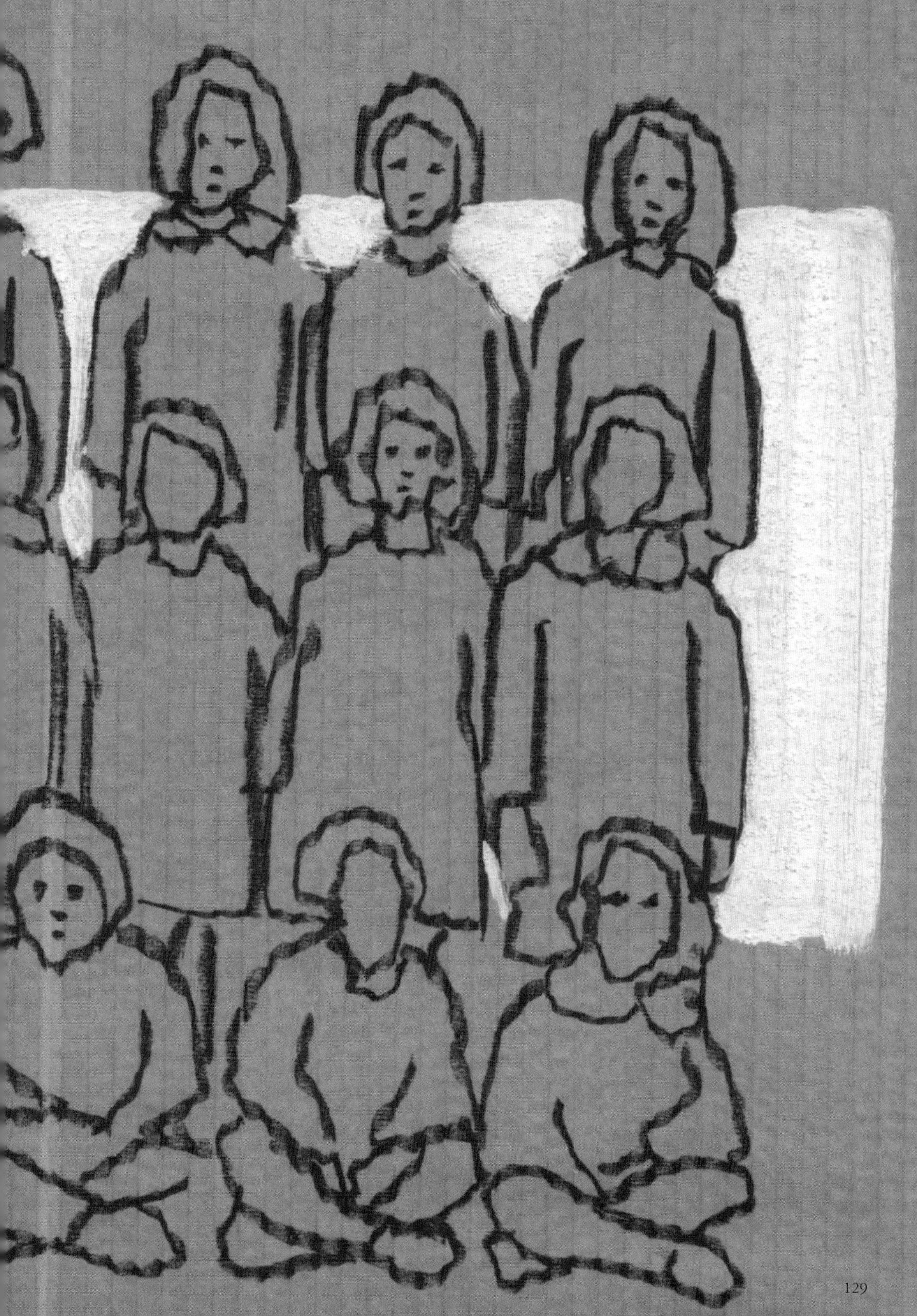

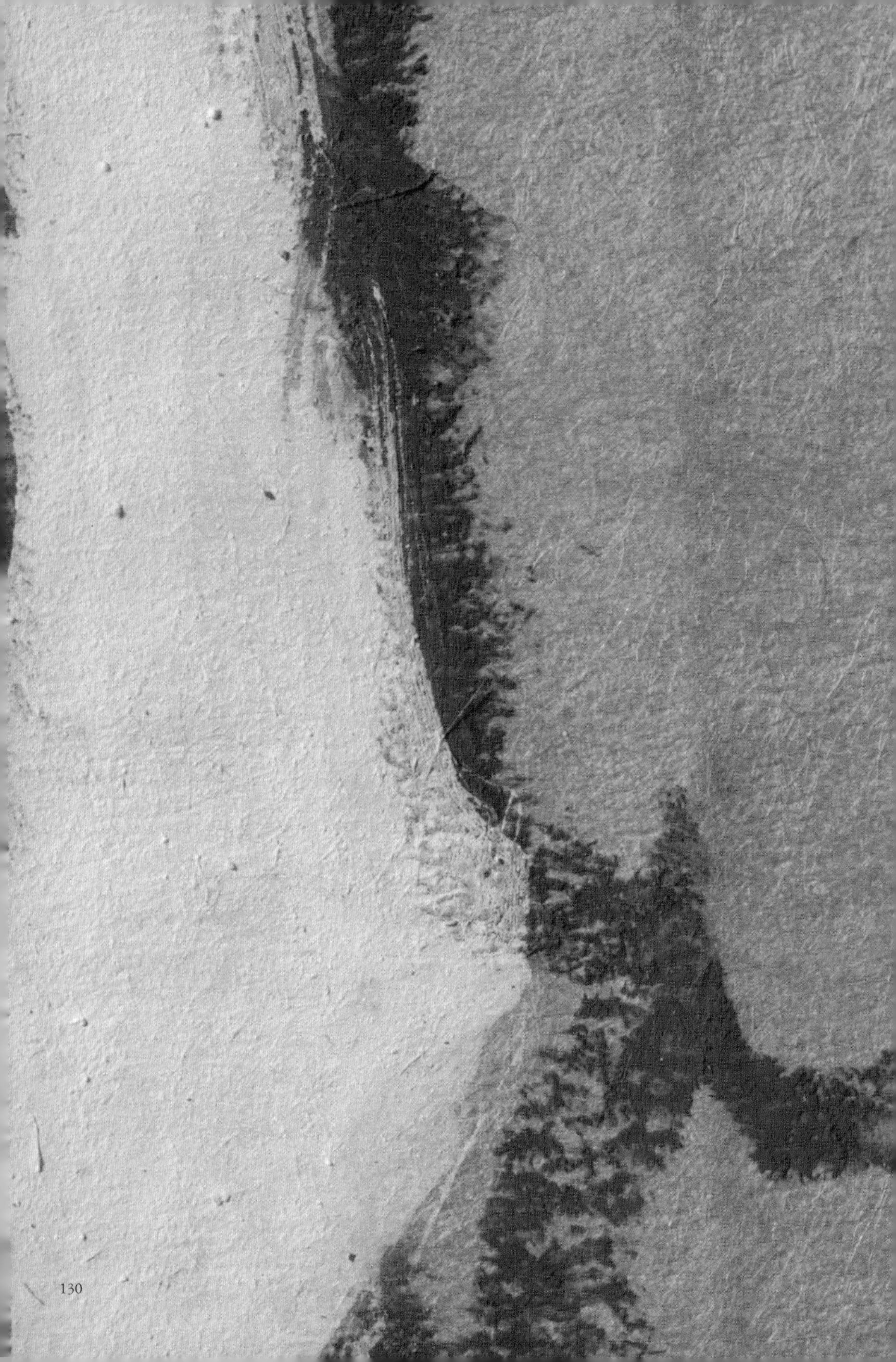

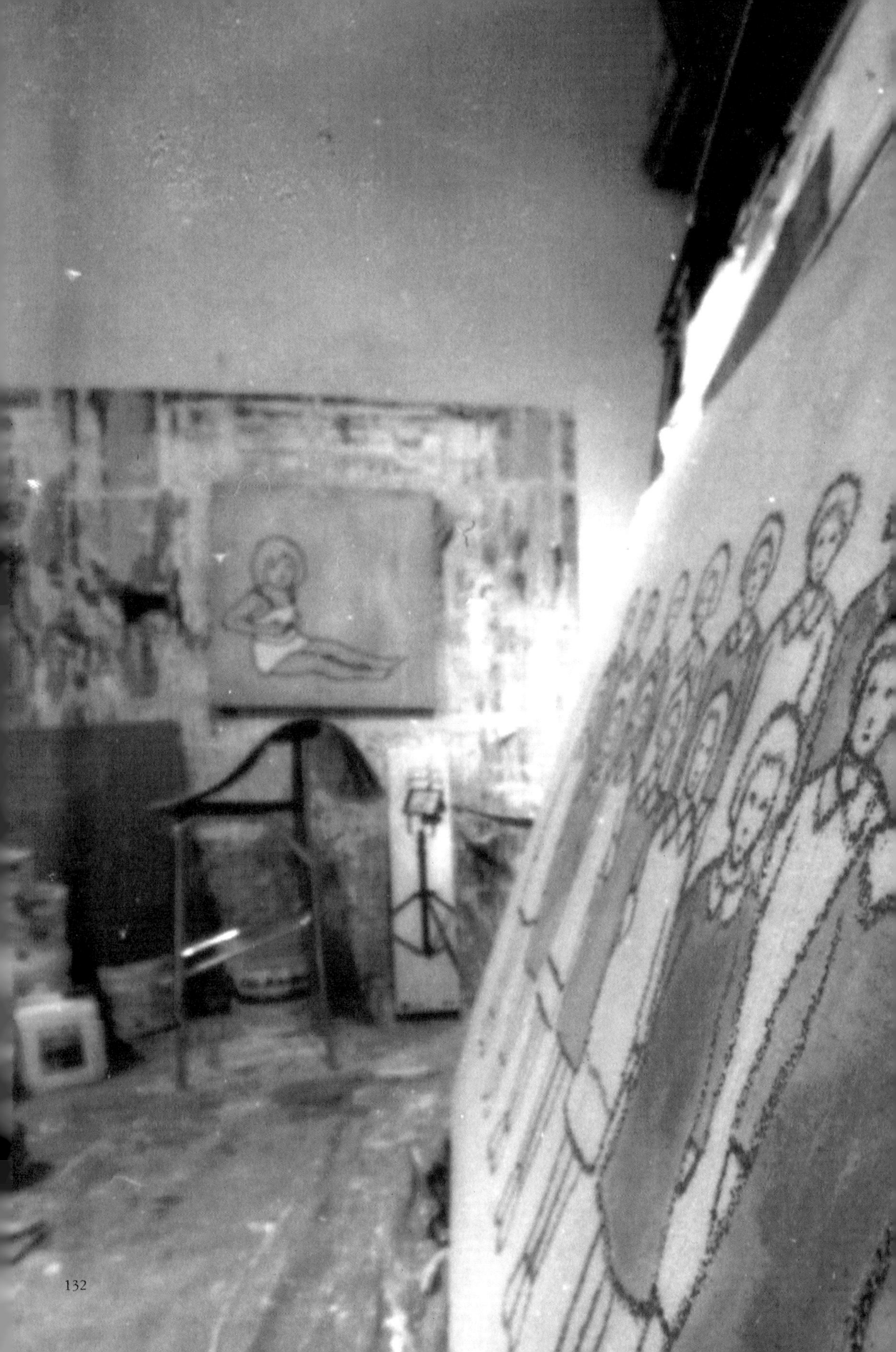

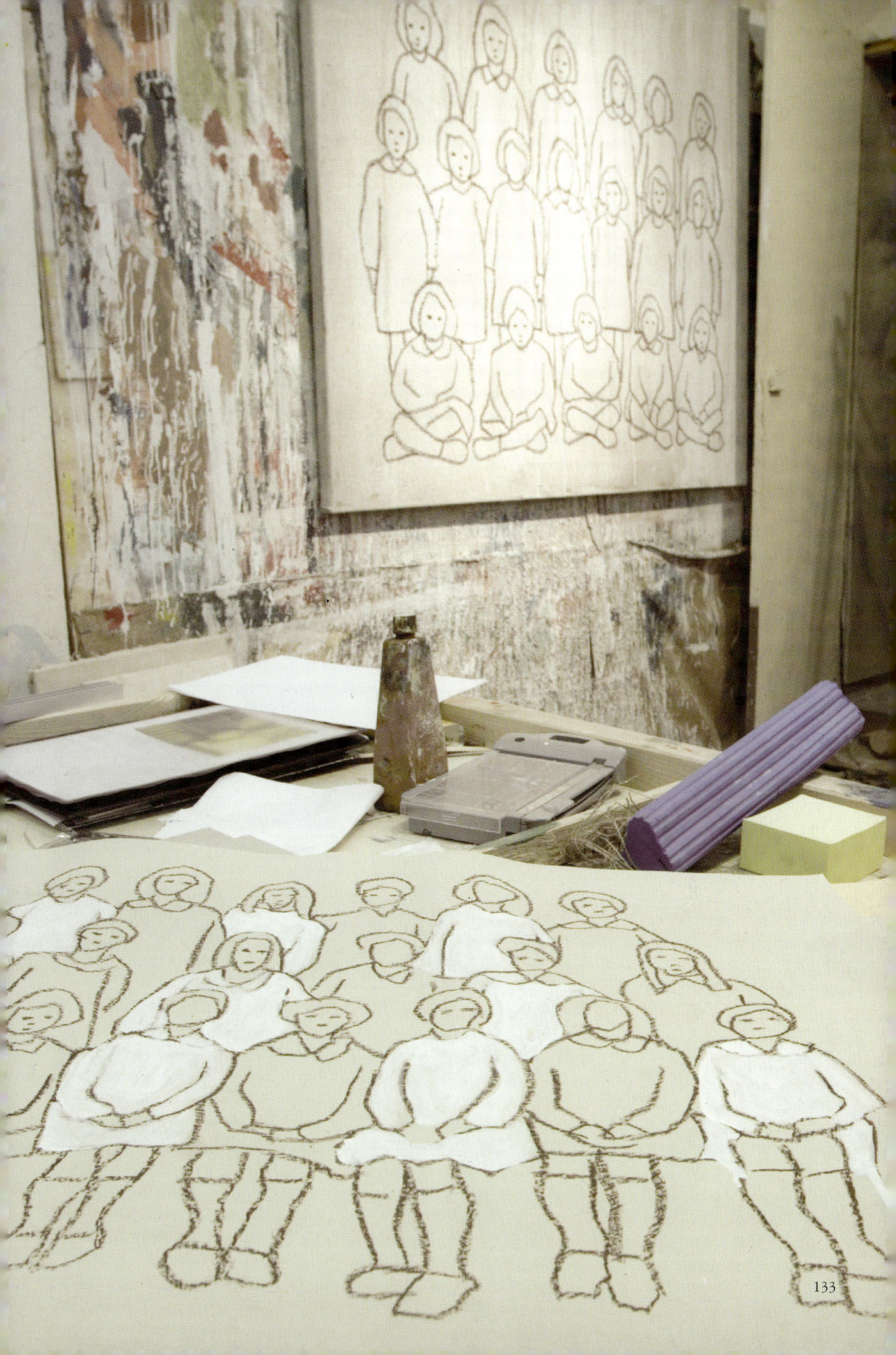

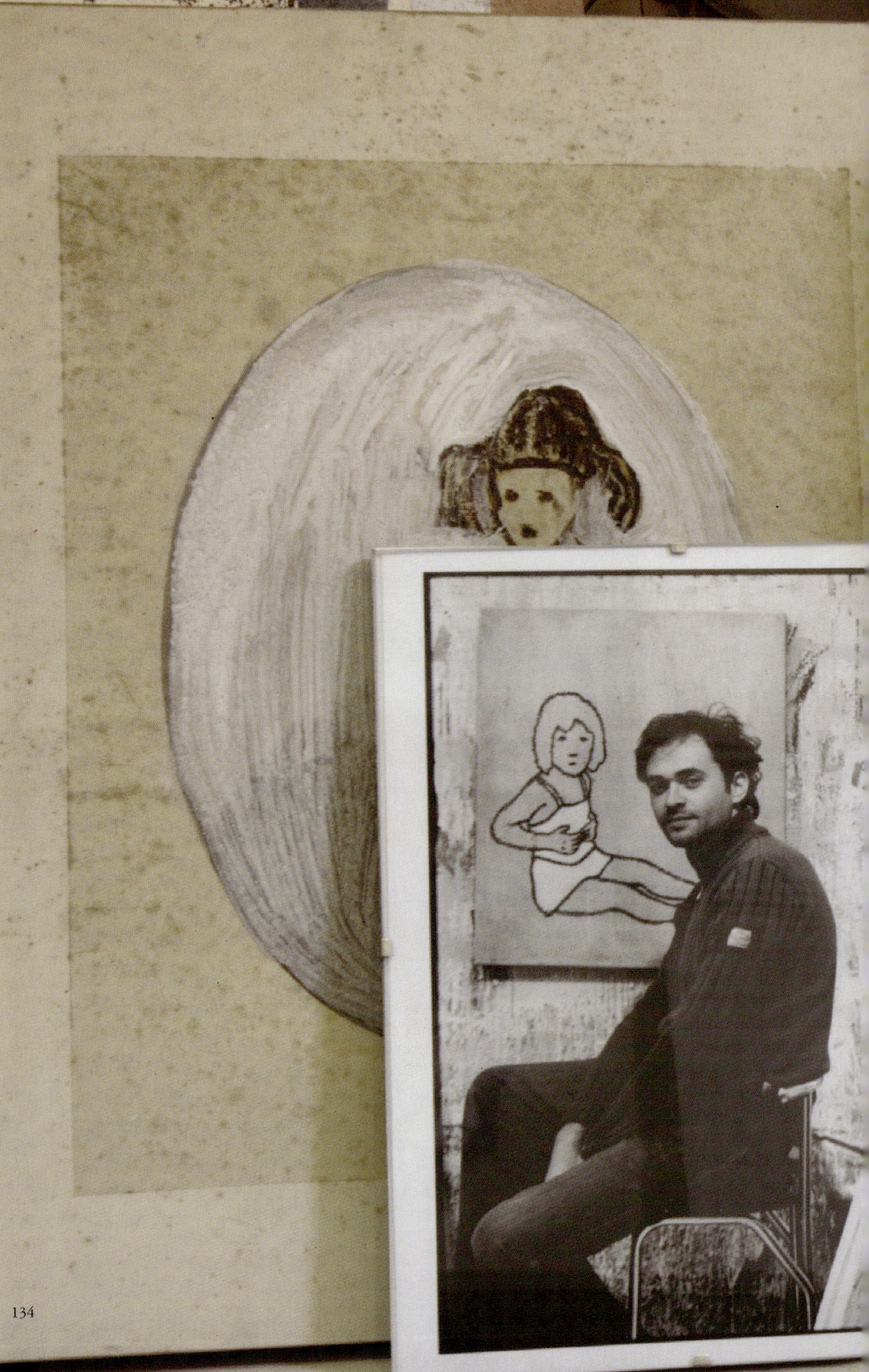

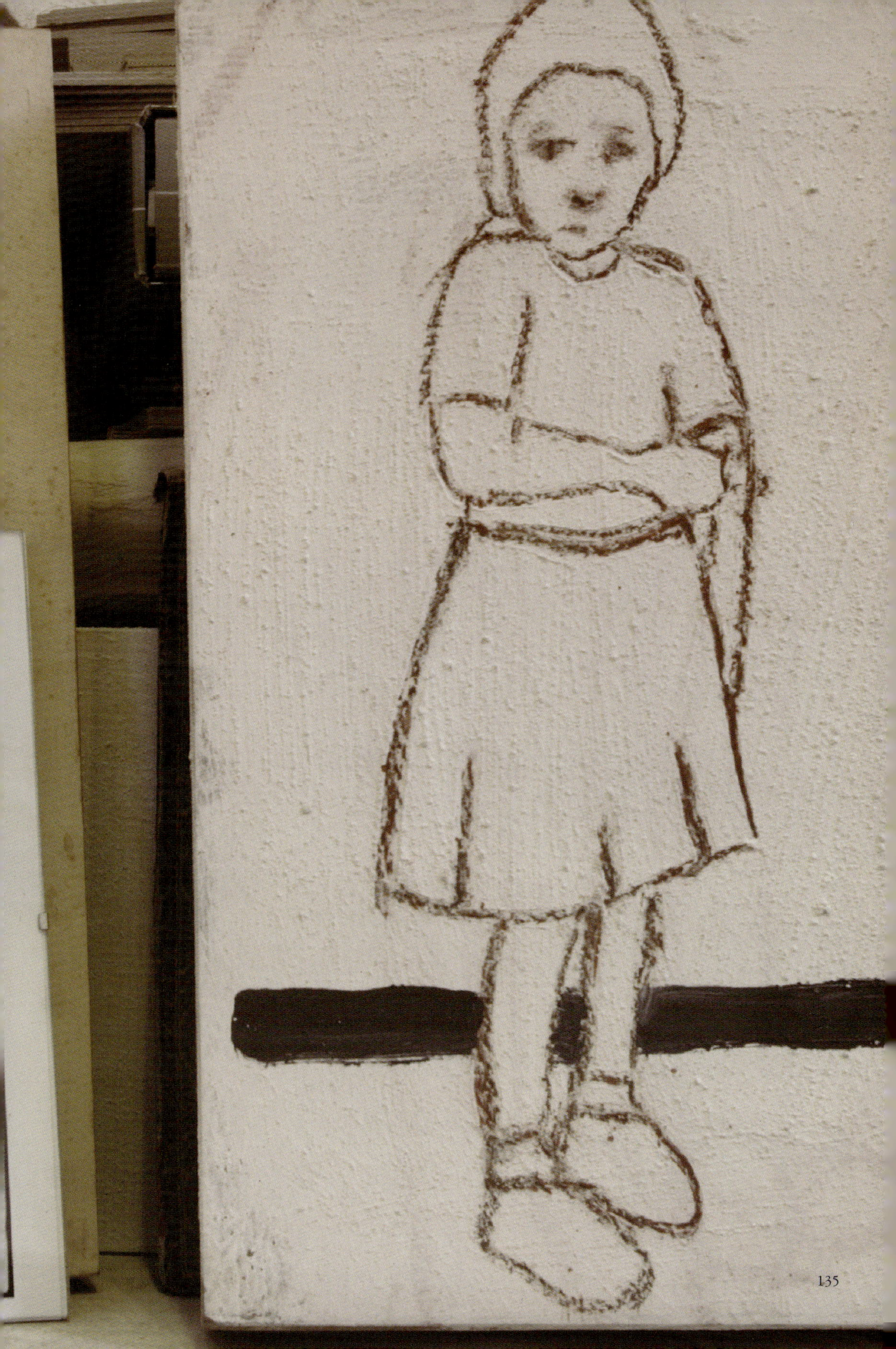

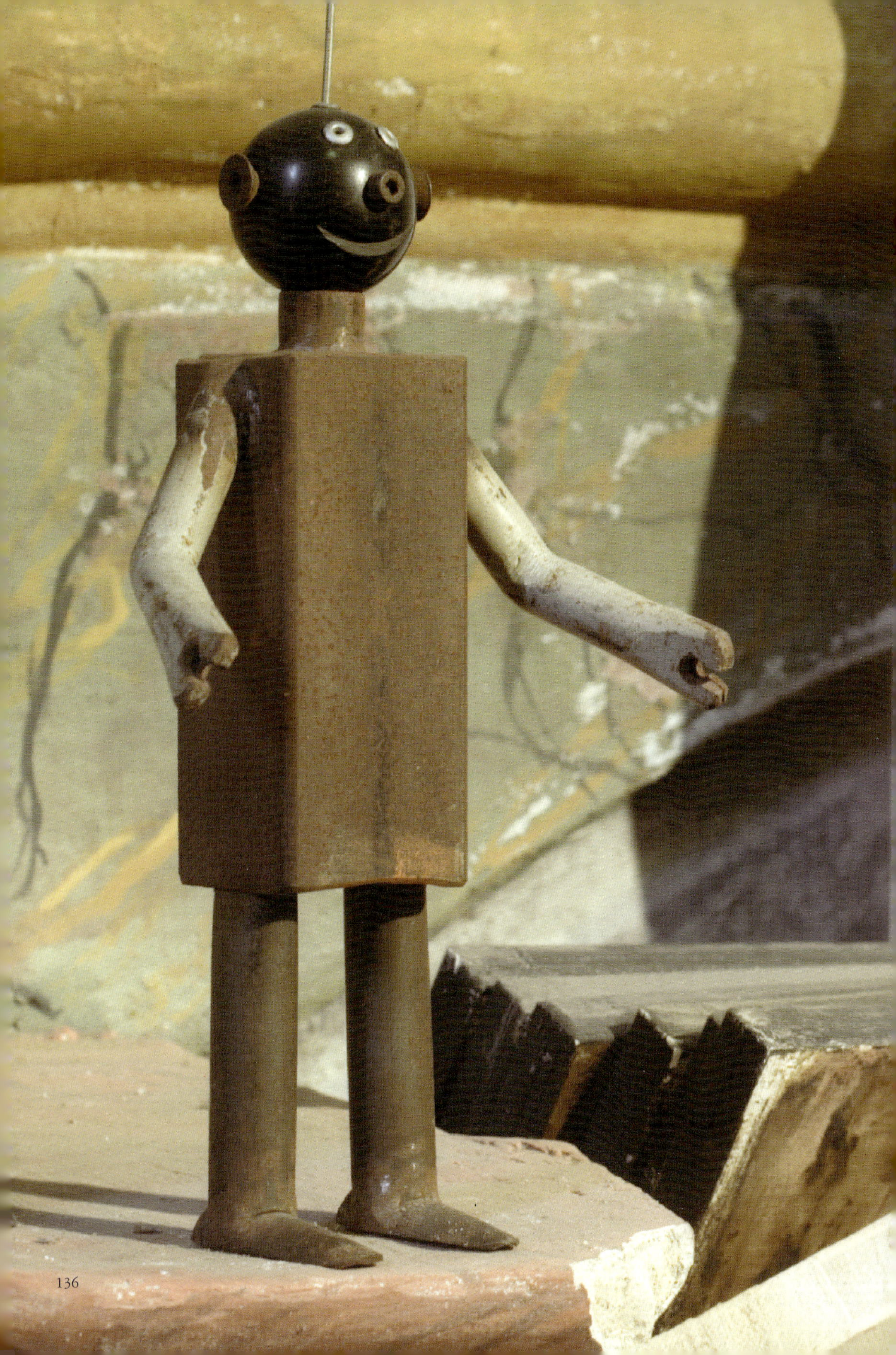

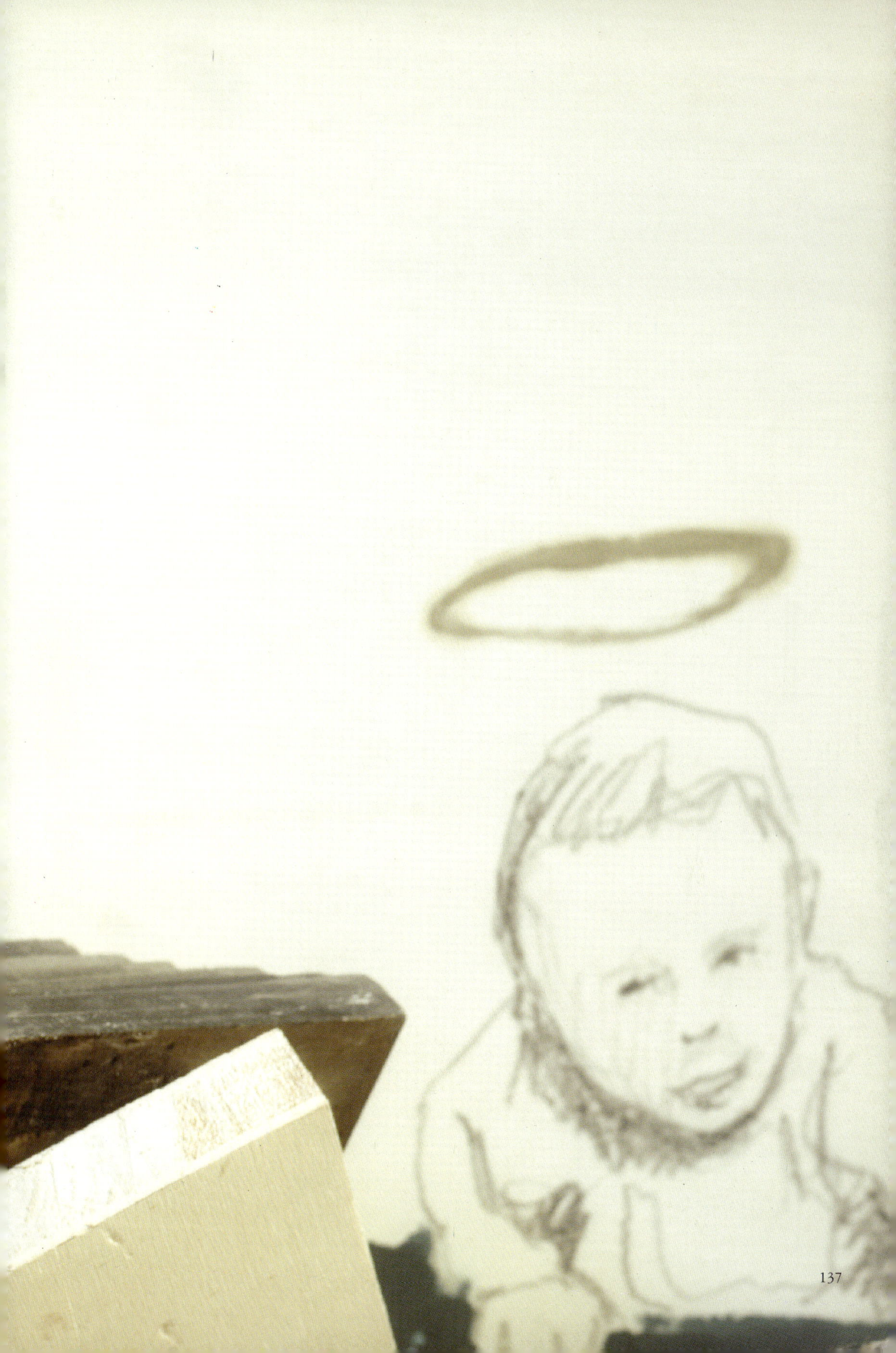

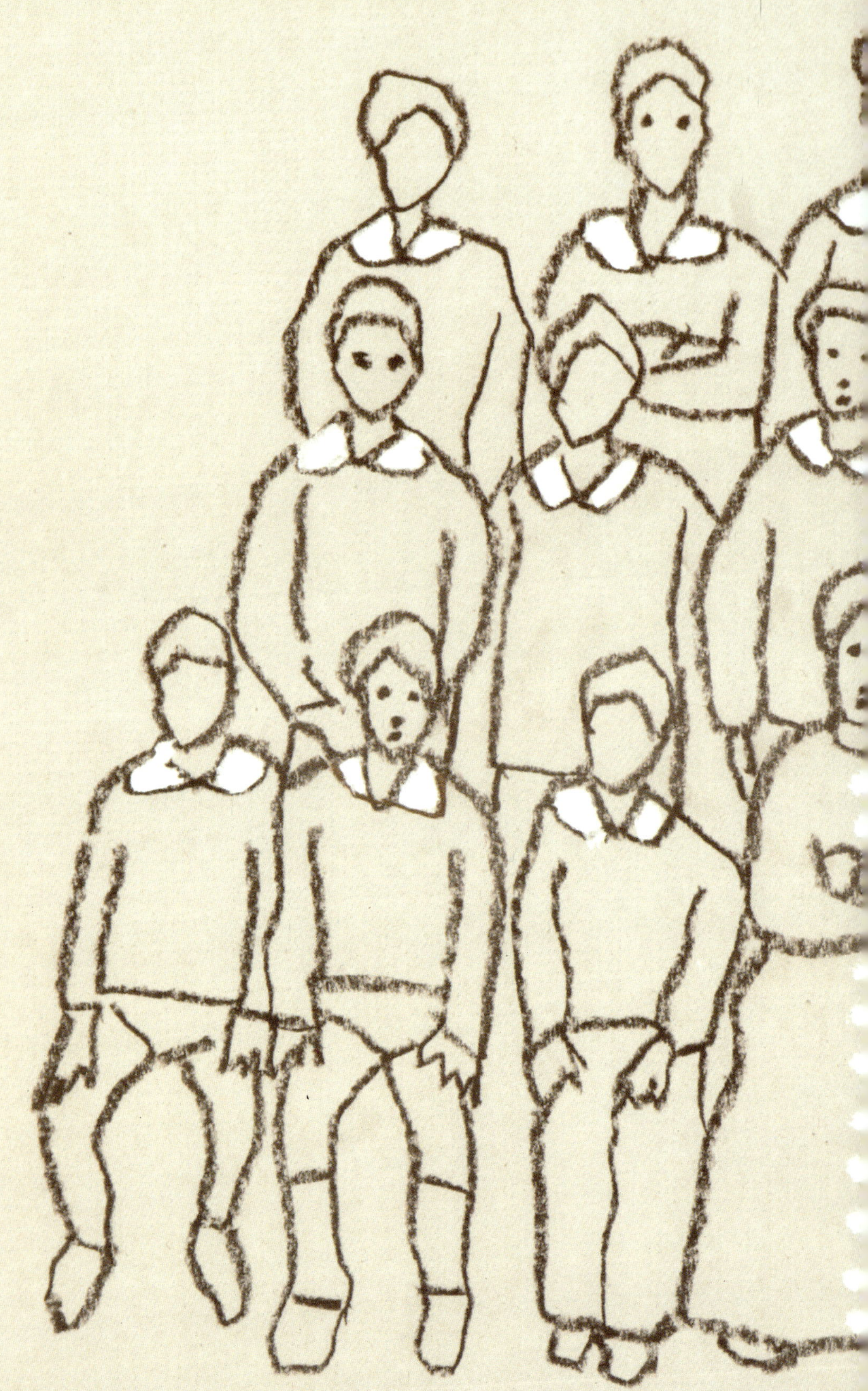

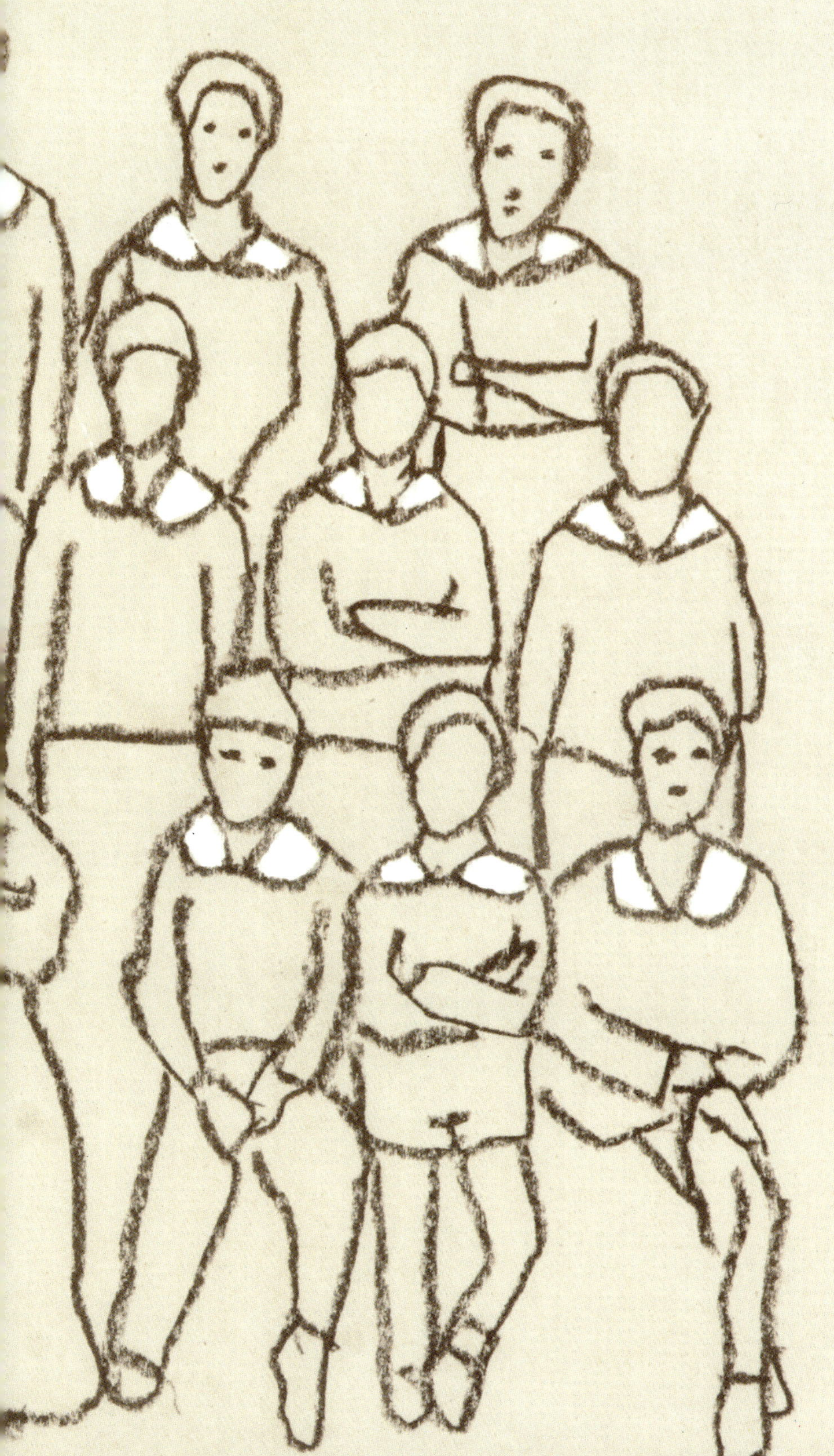

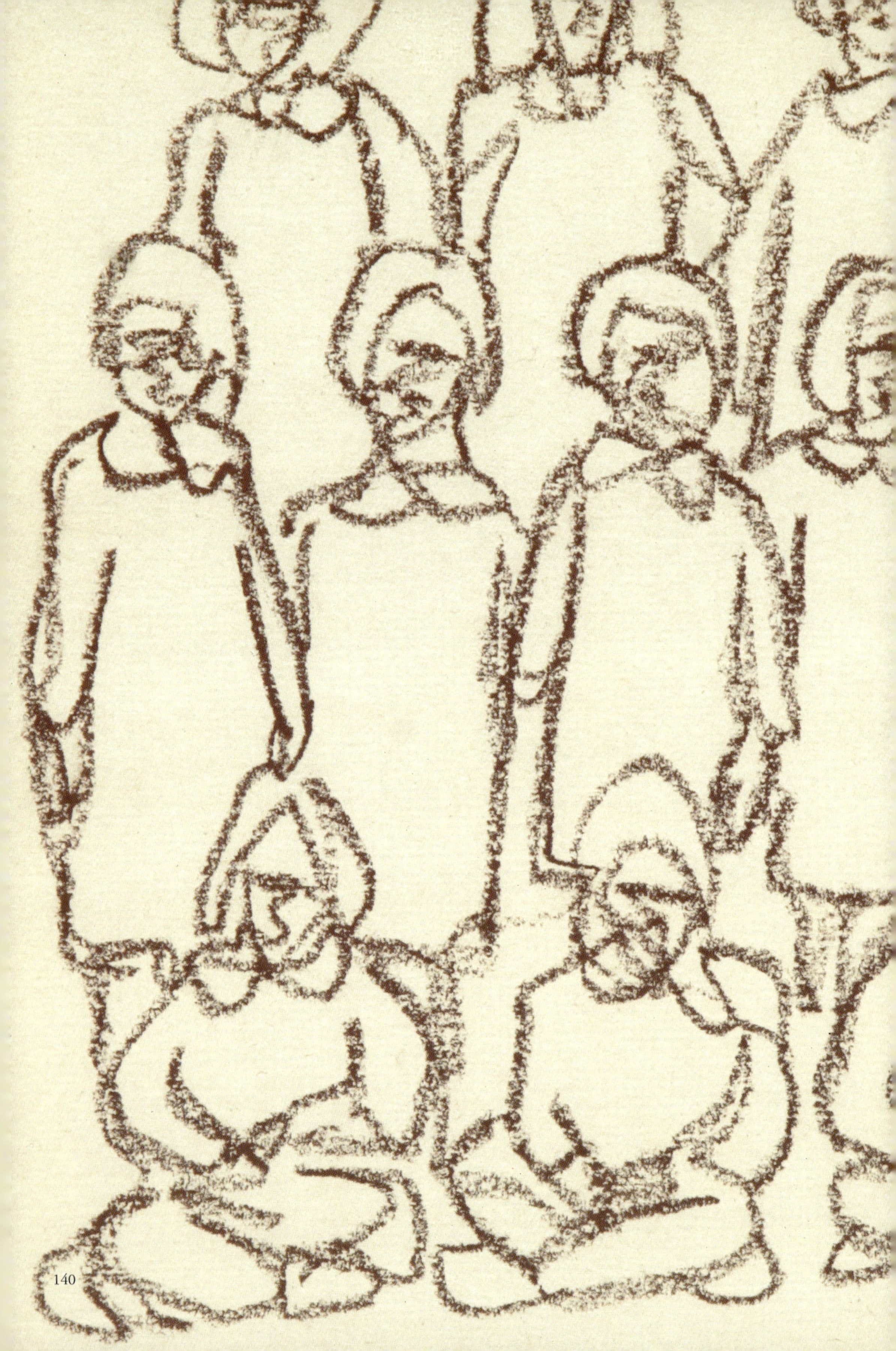

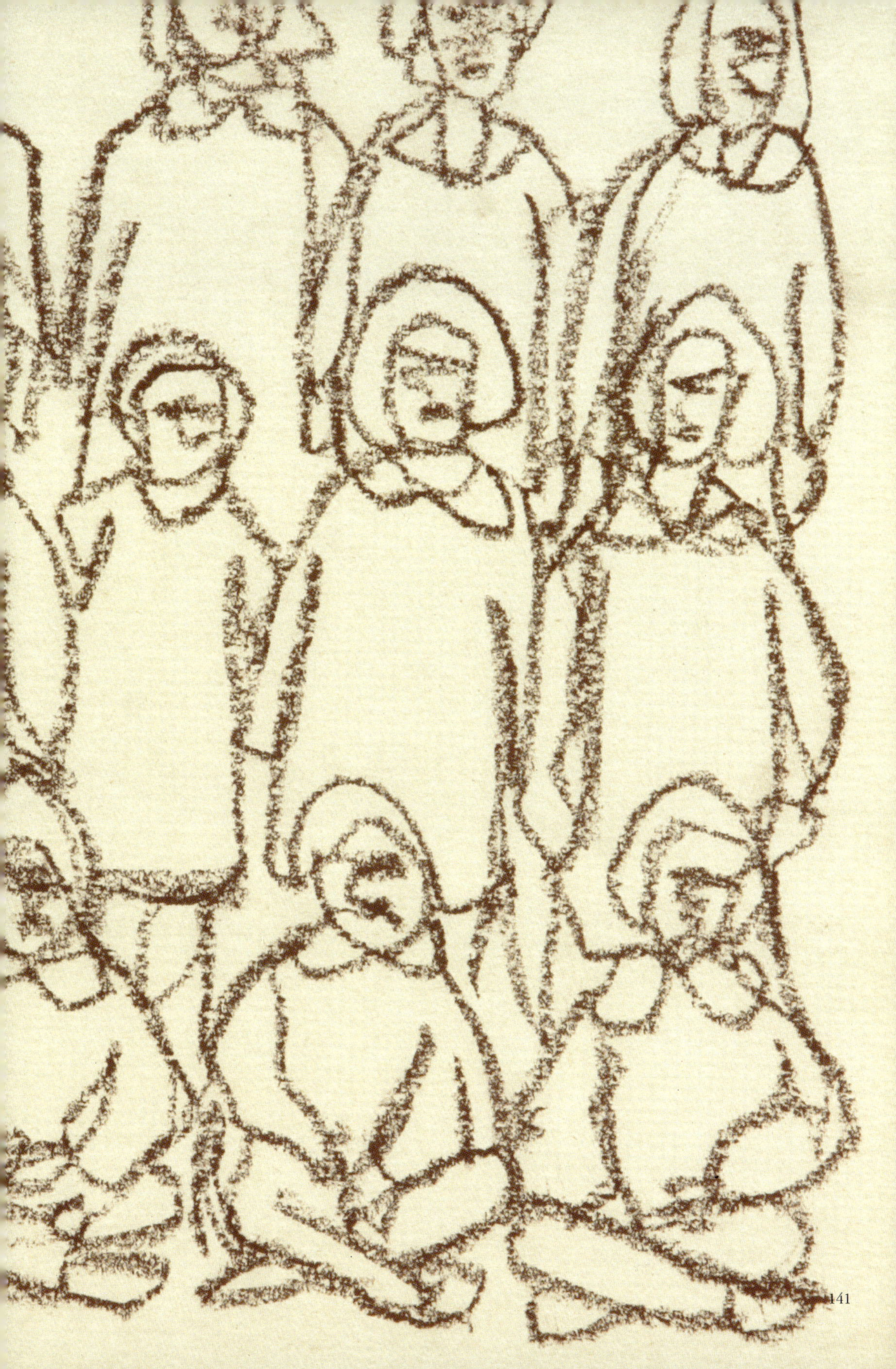

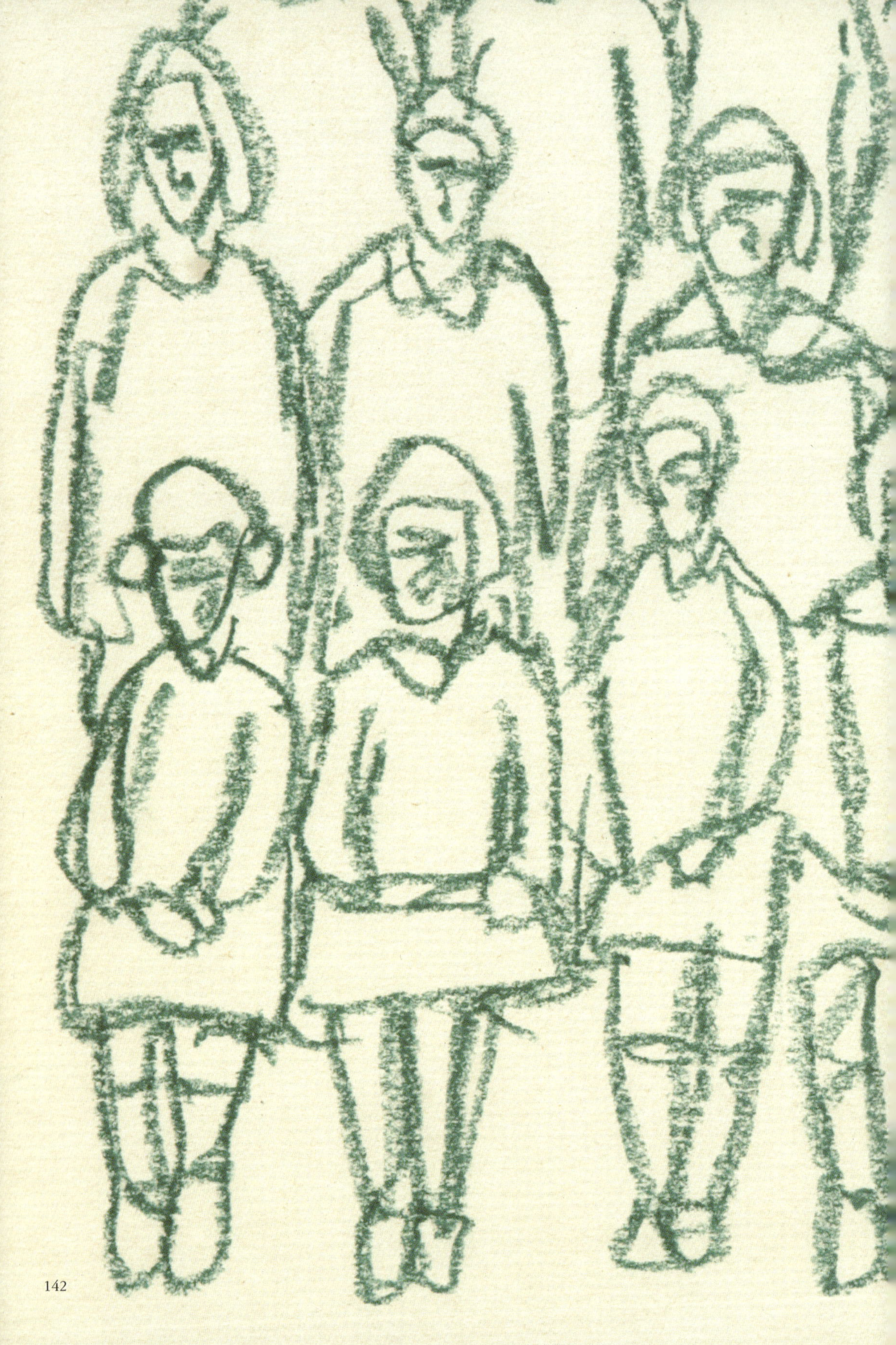

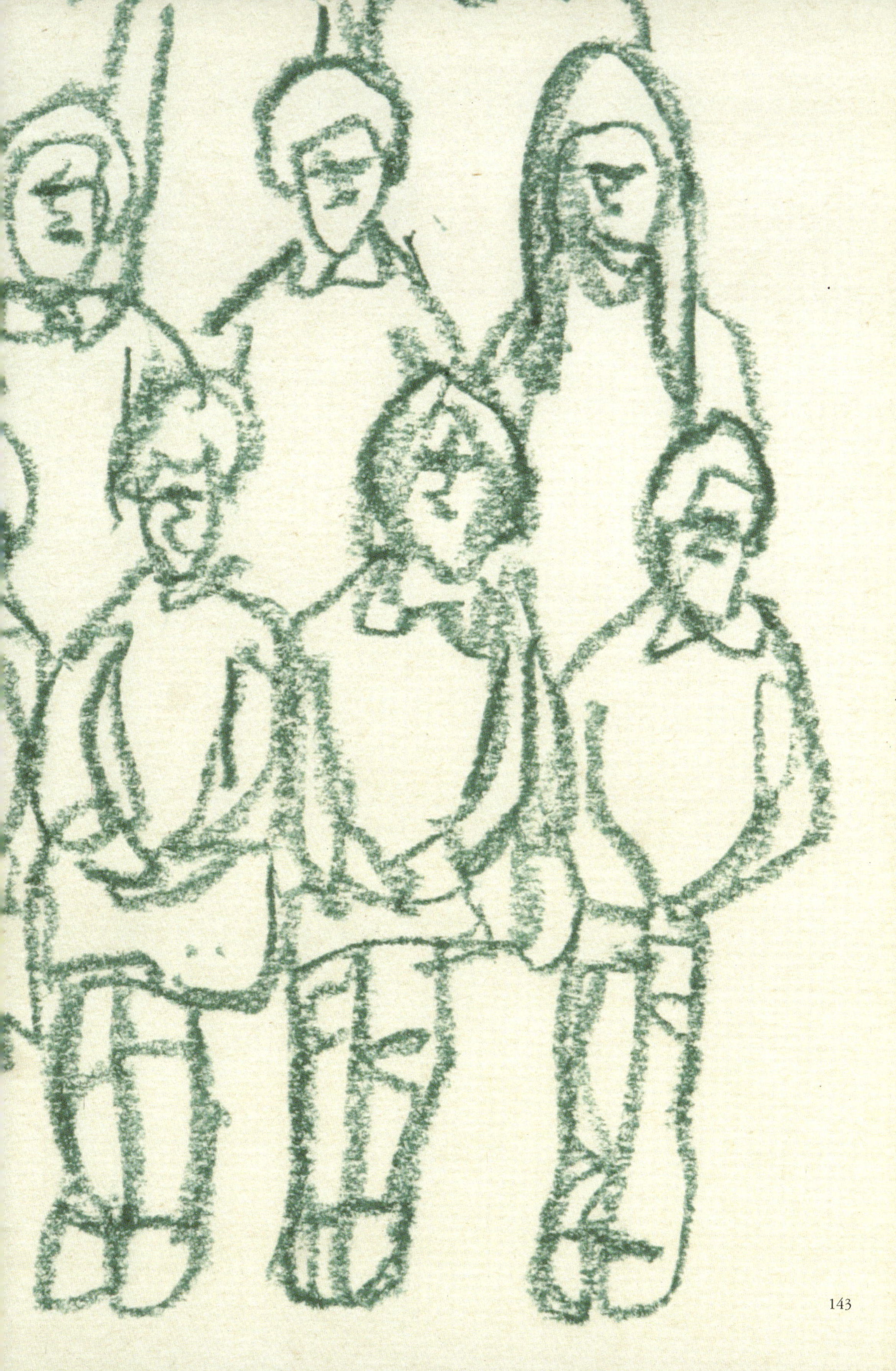

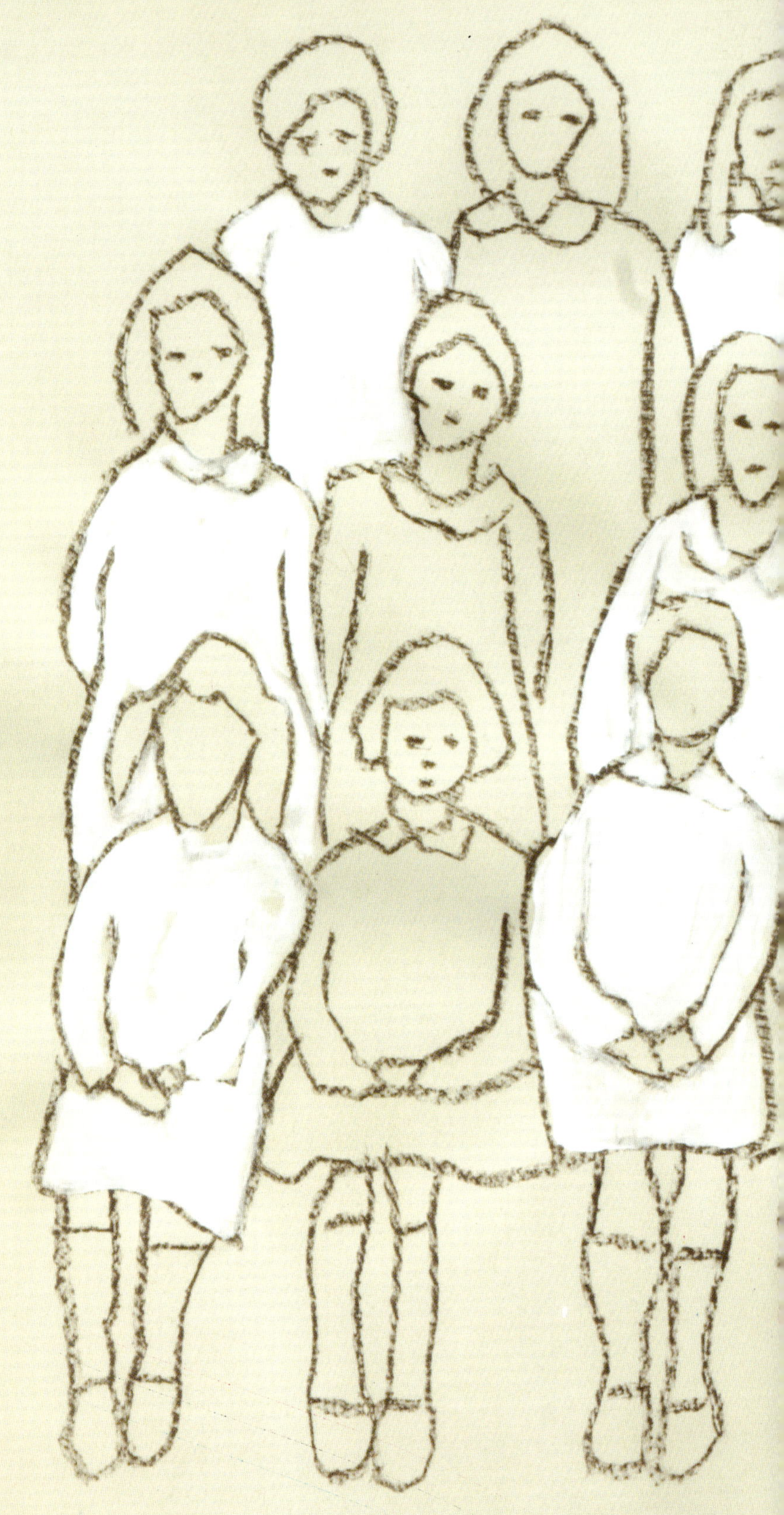

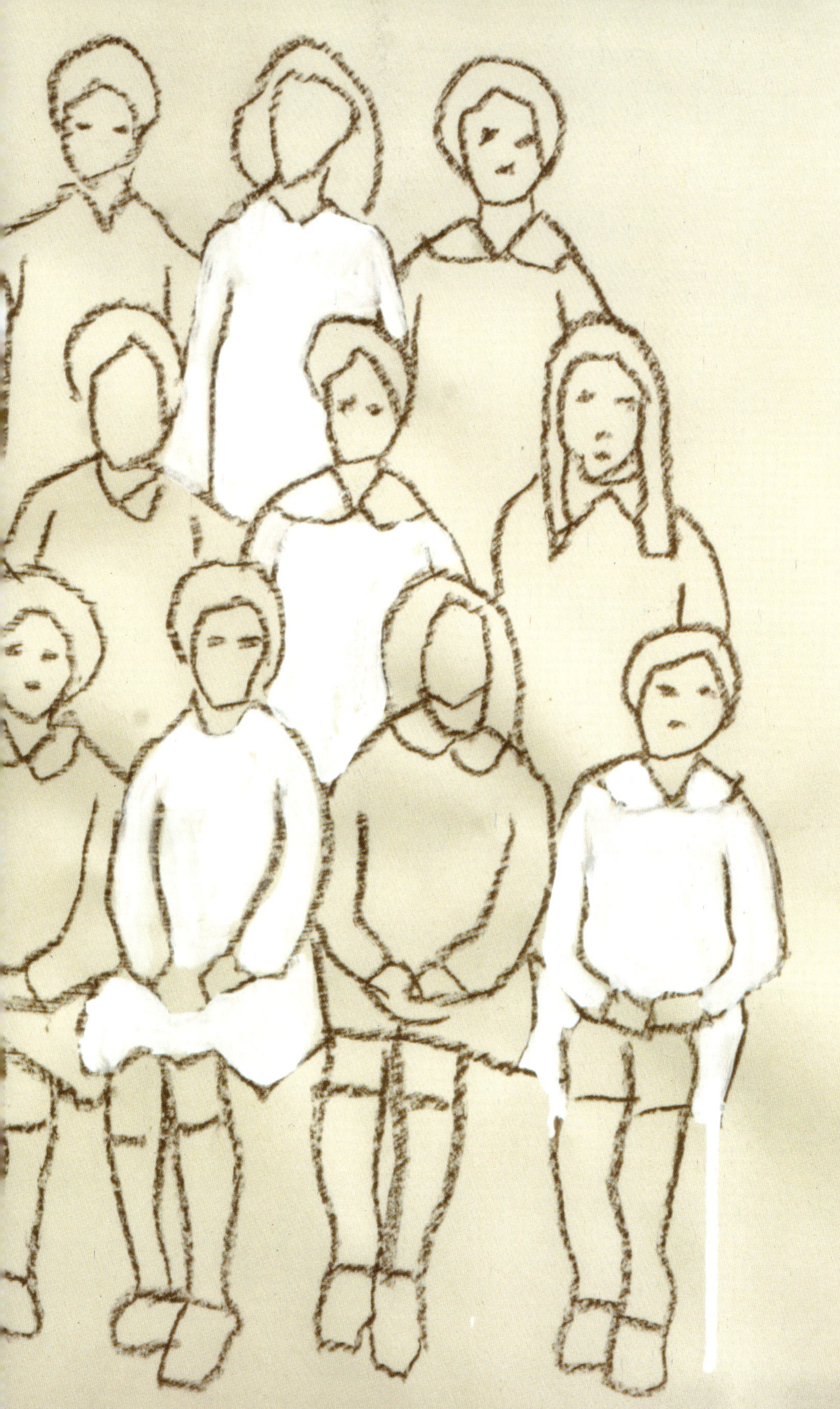

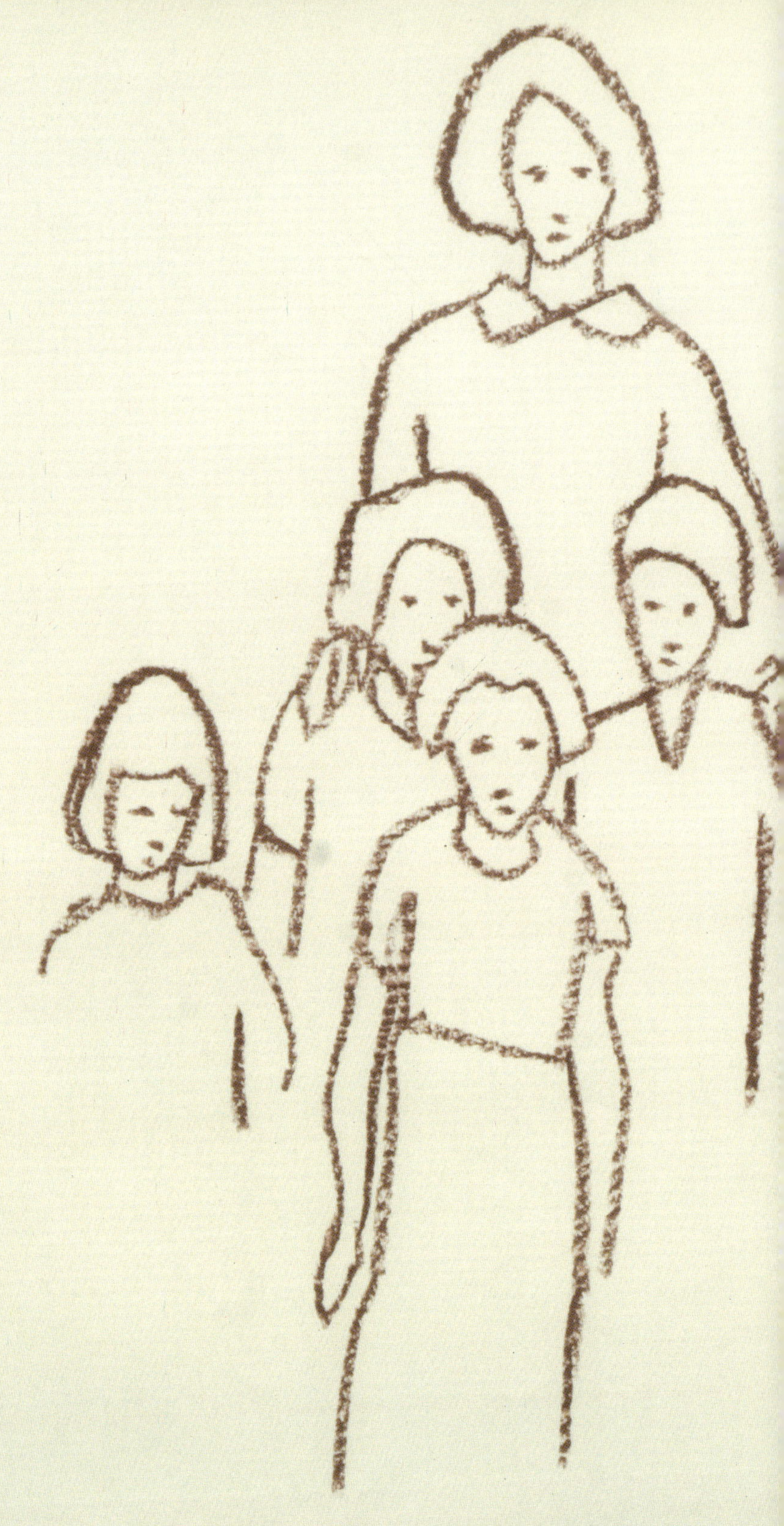

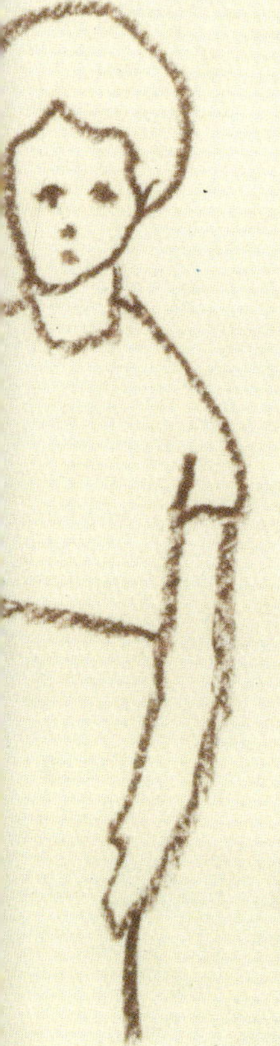

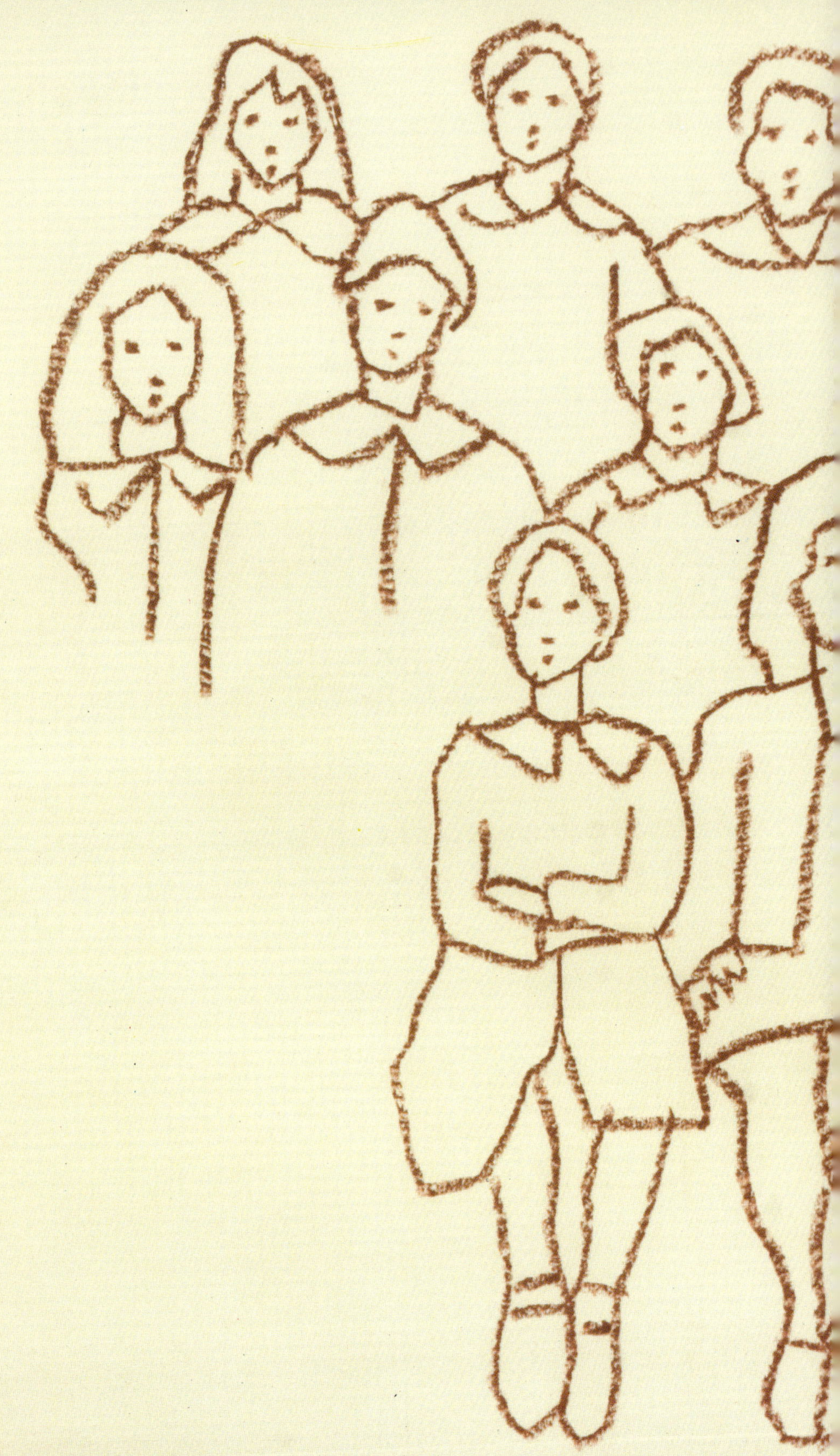

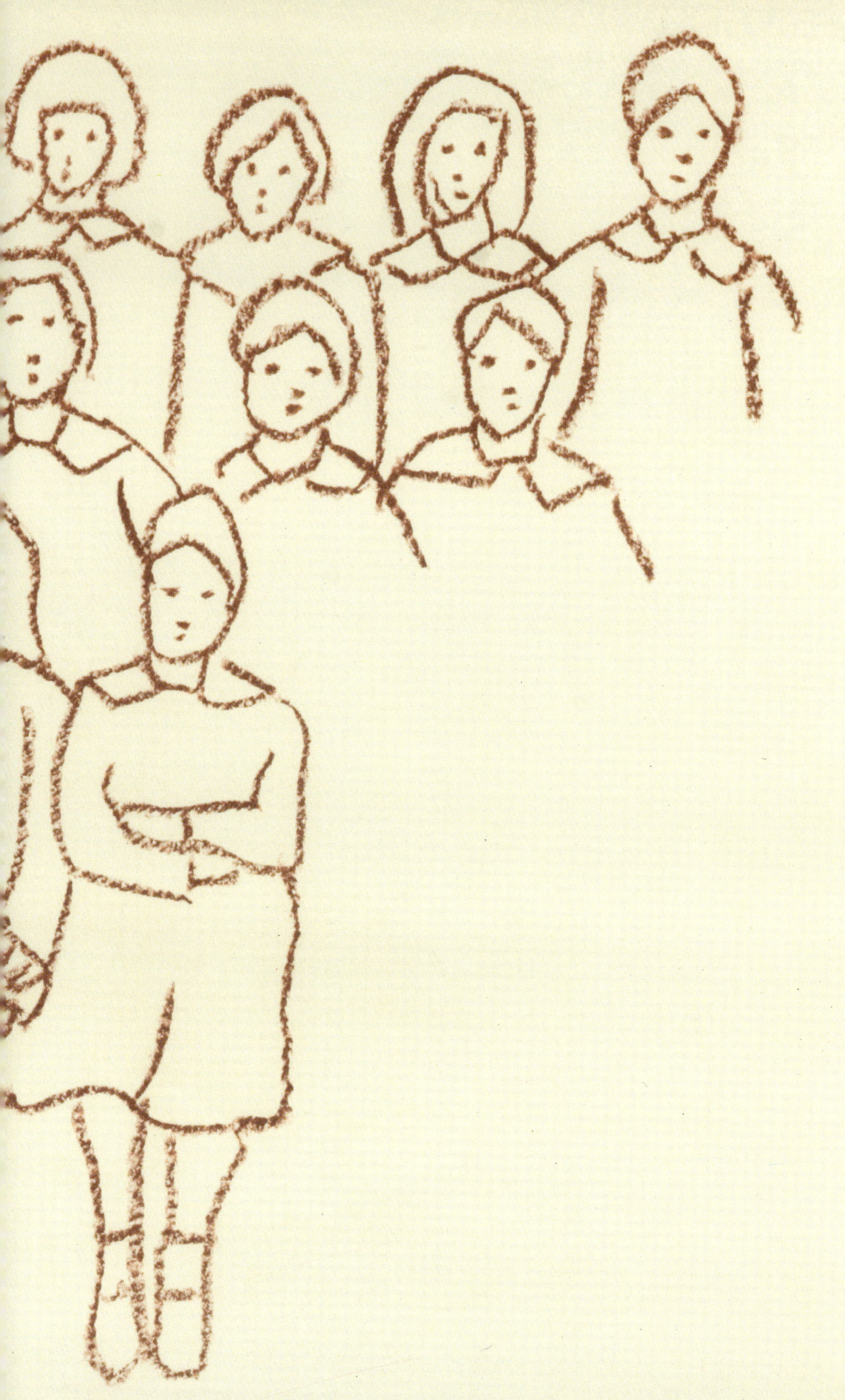

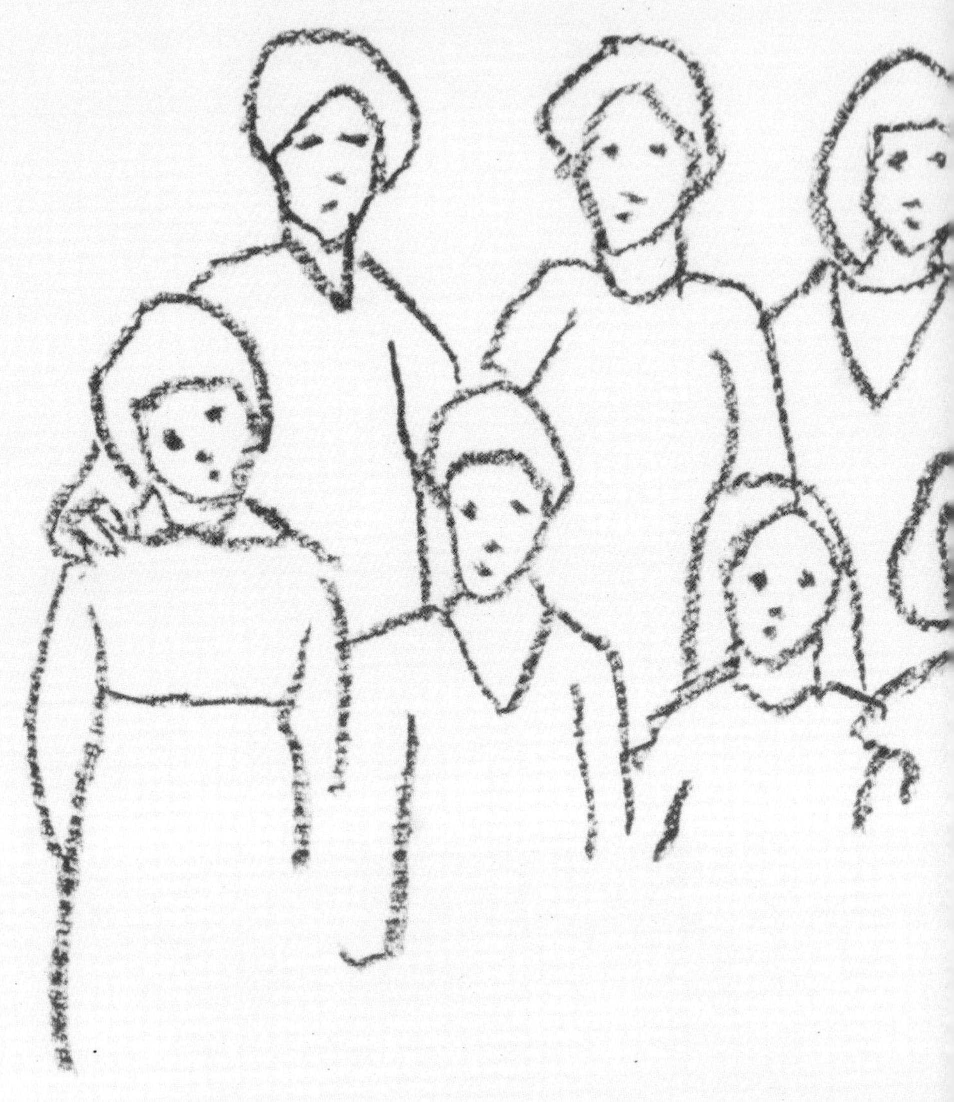

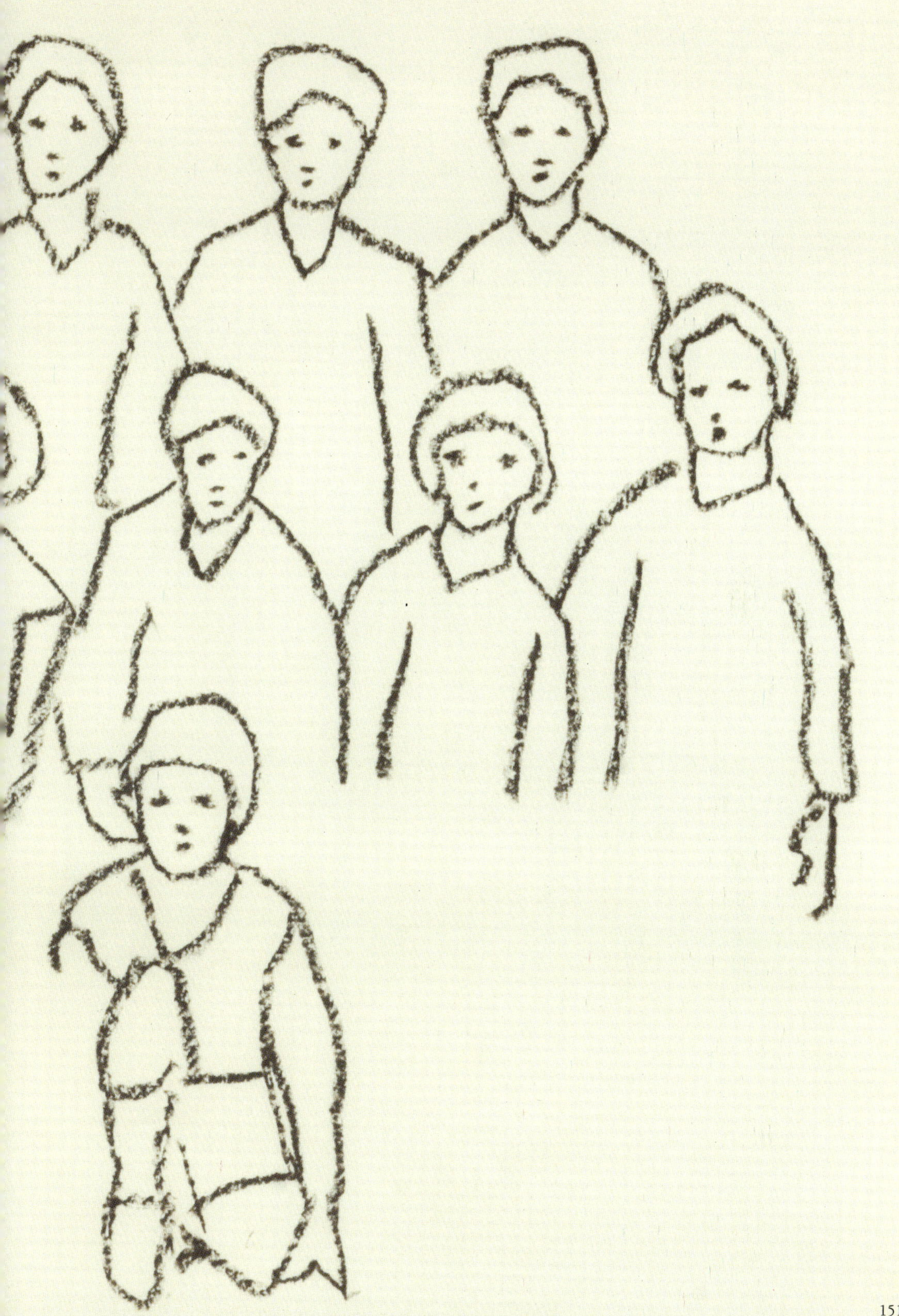

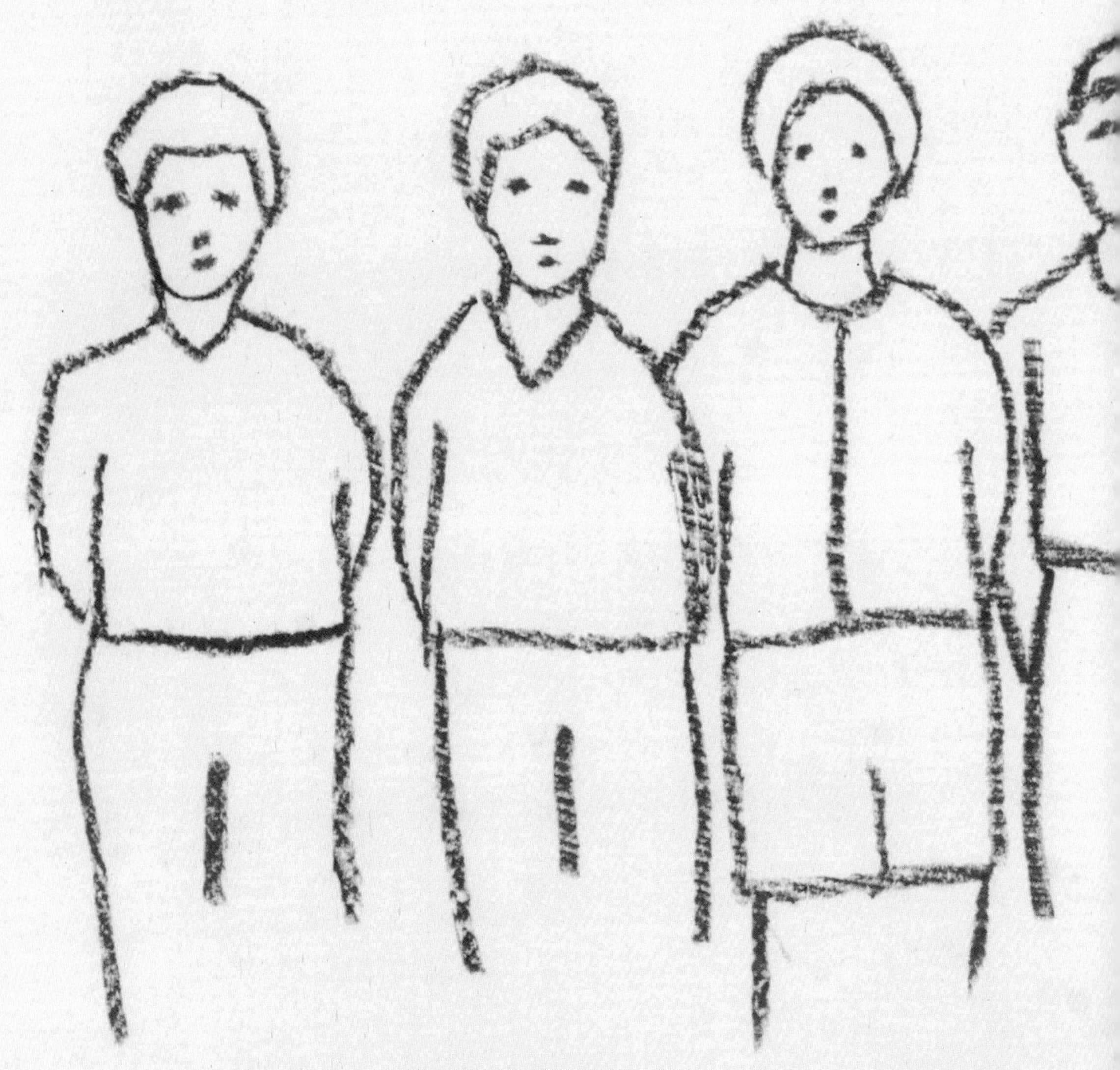

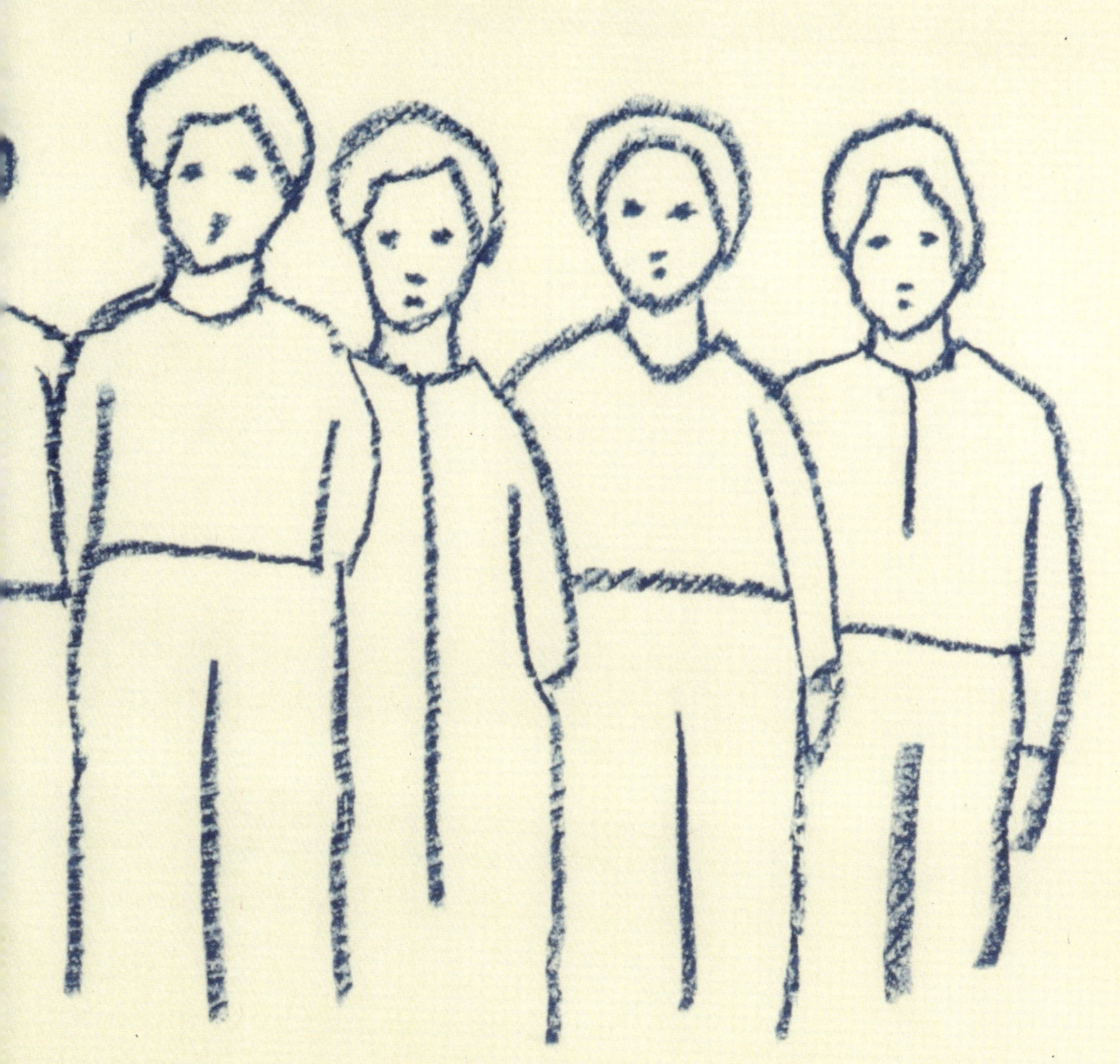

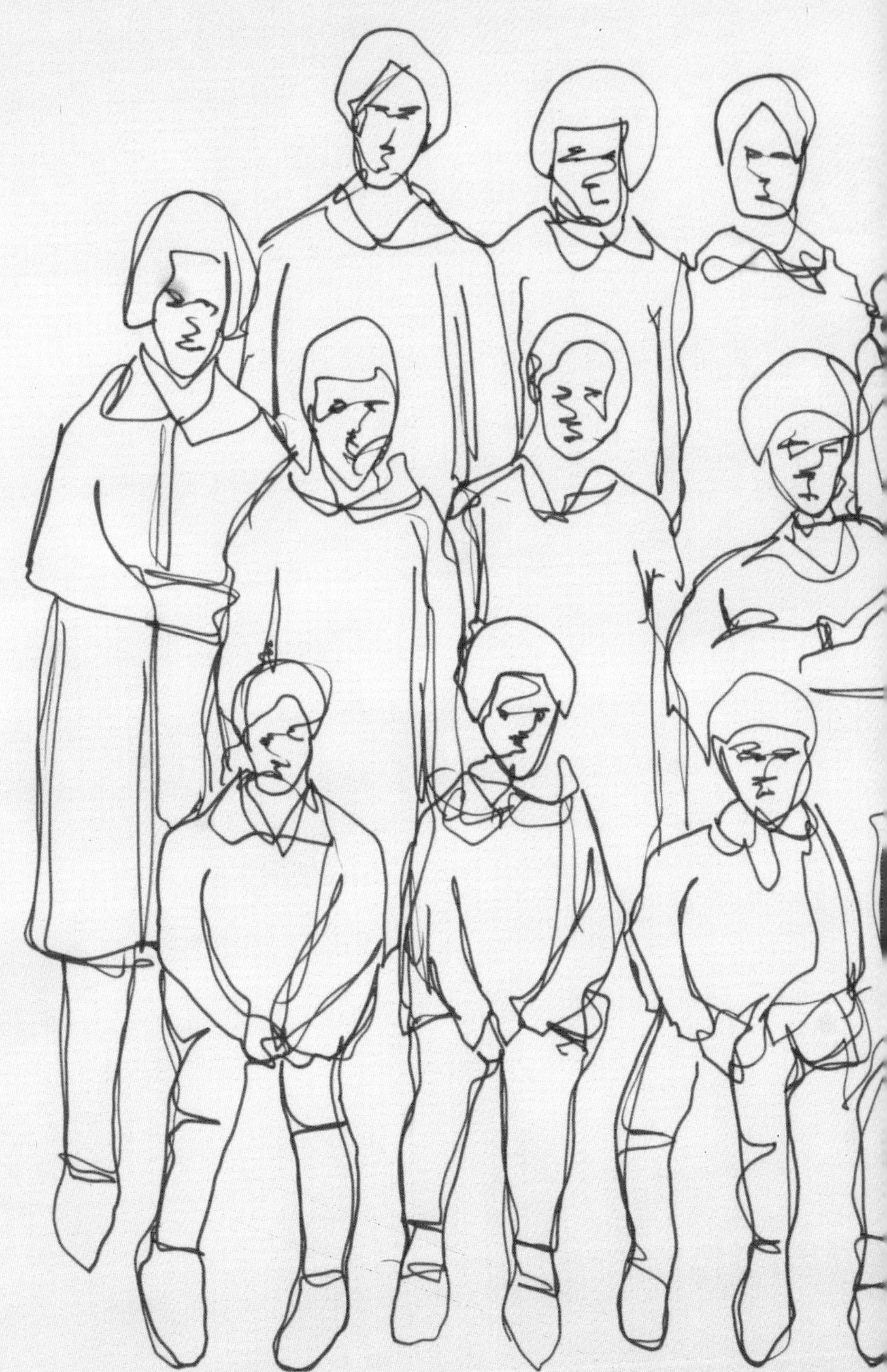

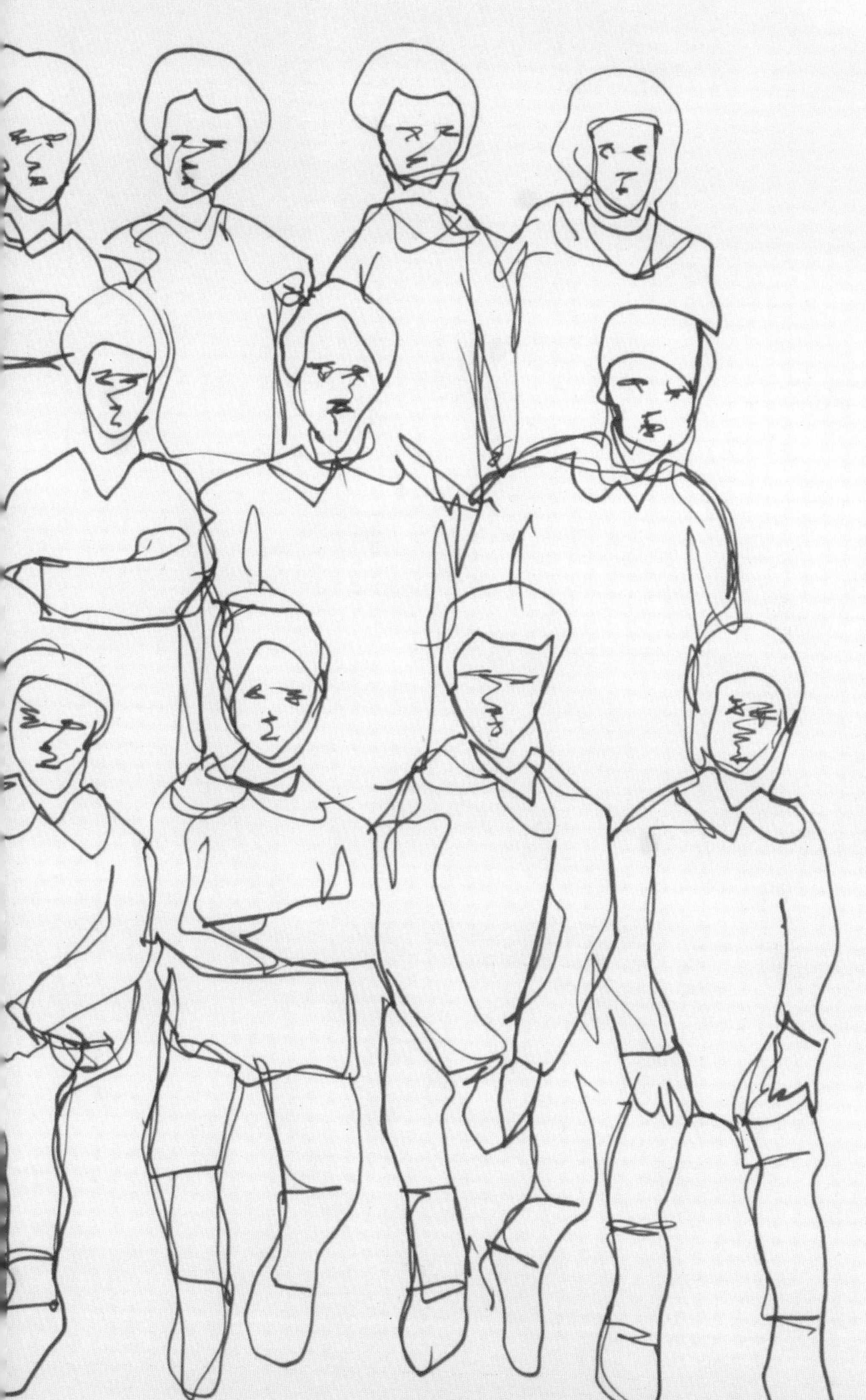

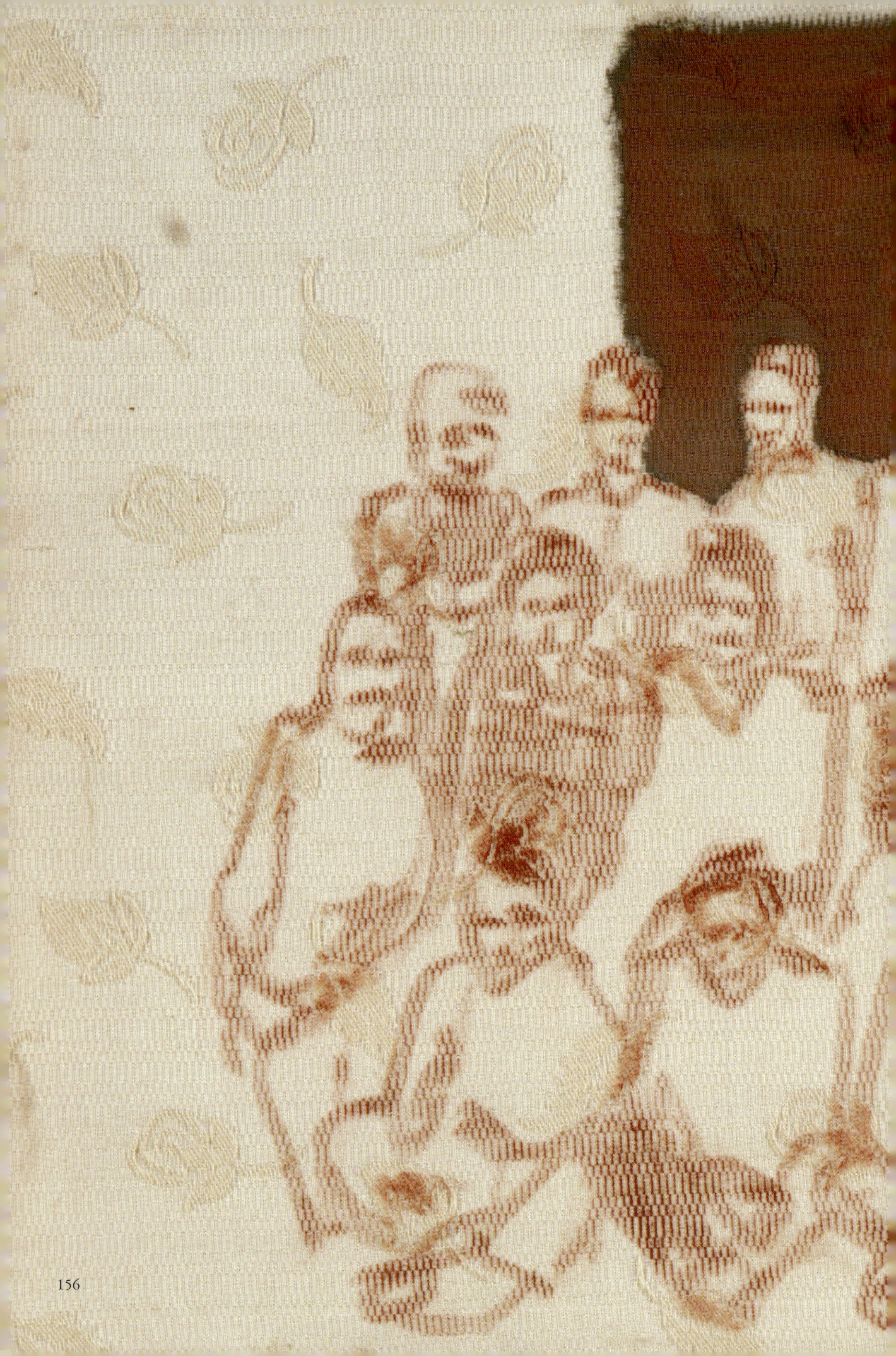

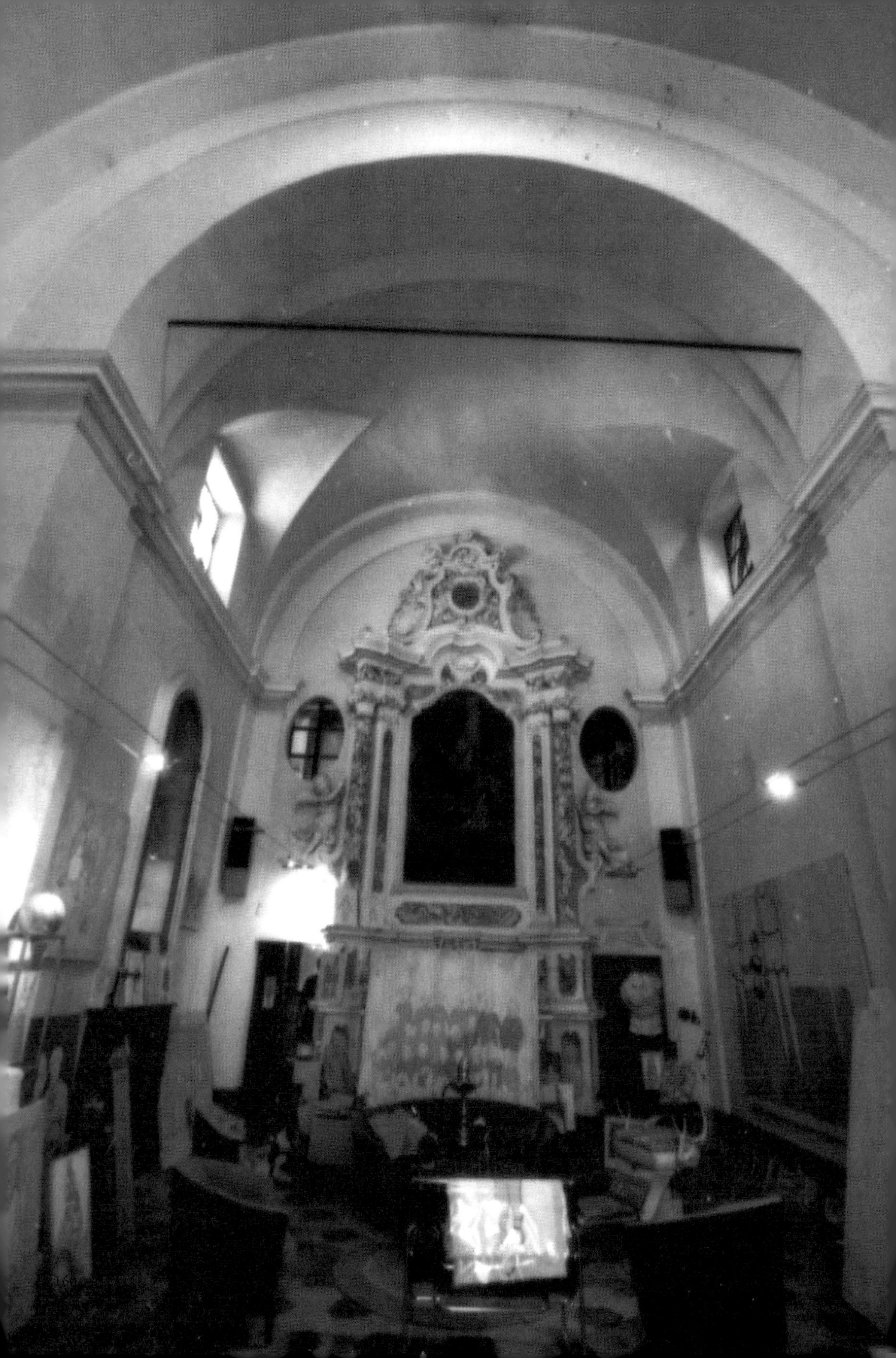

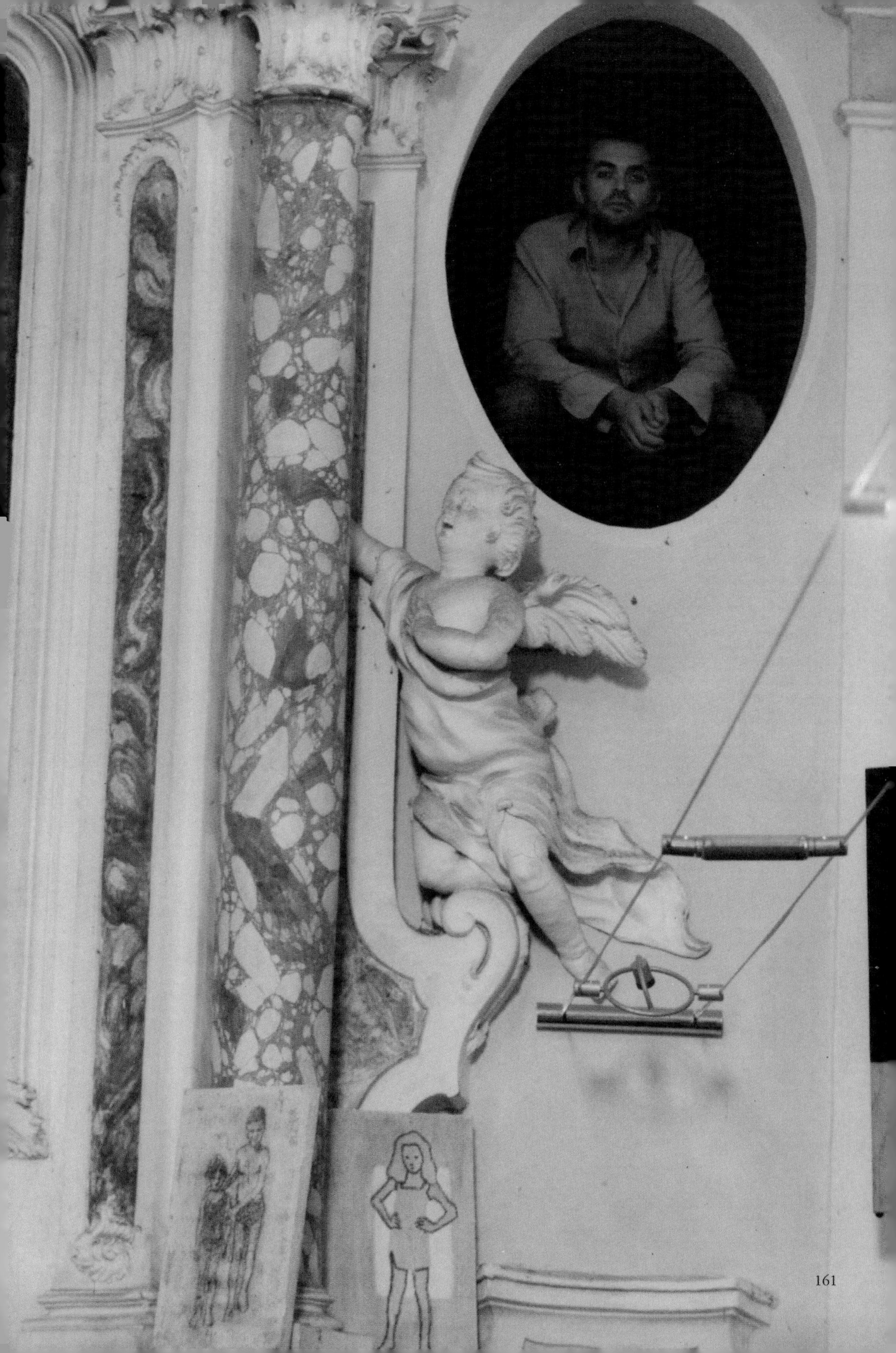

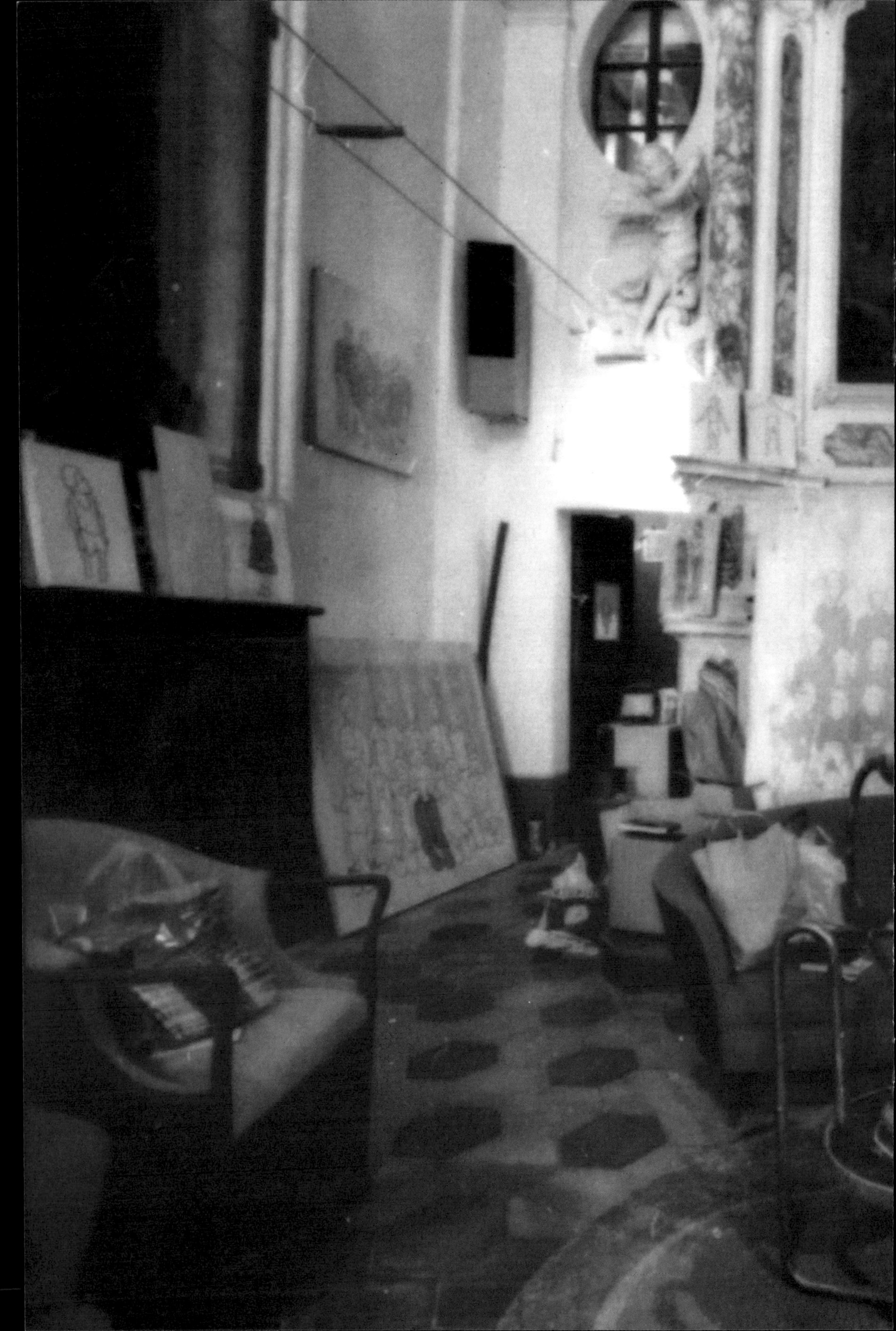

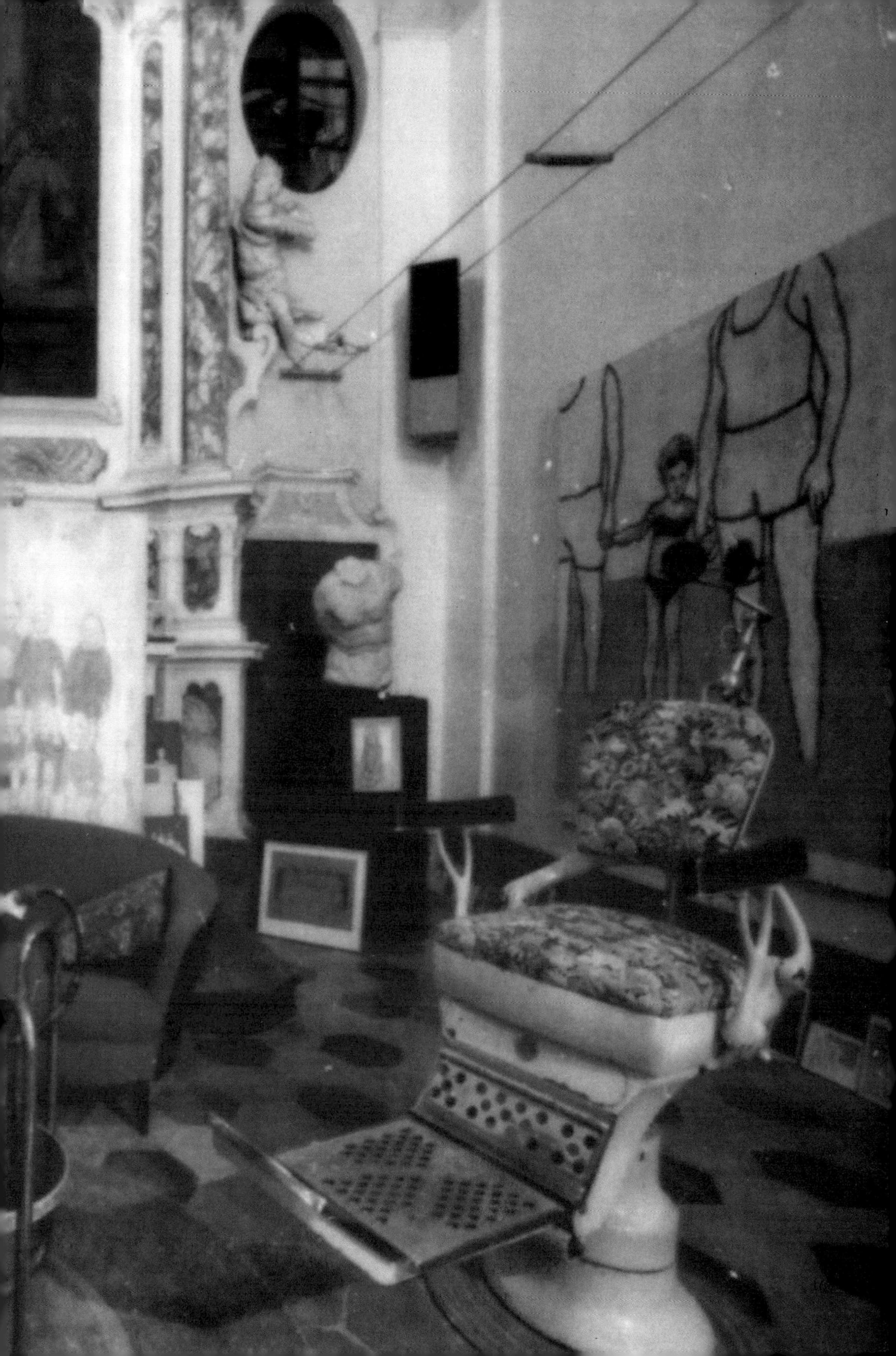

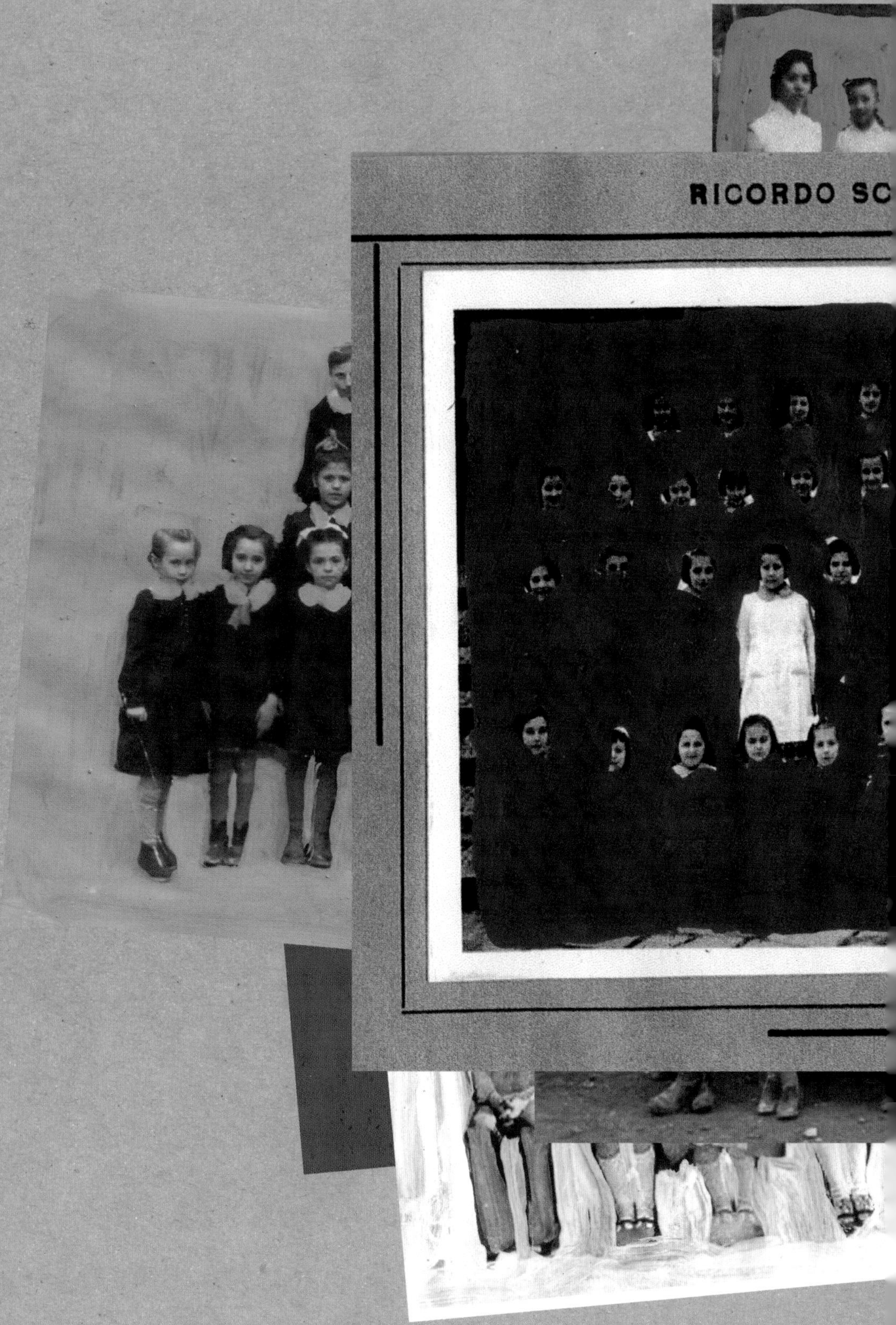

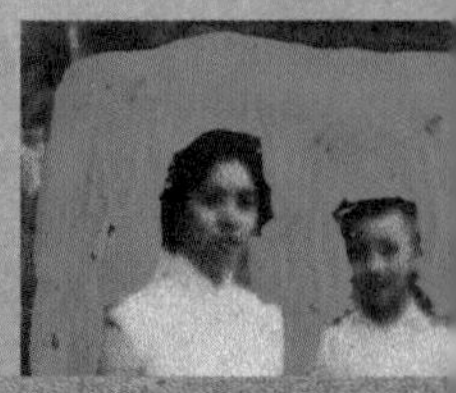

164

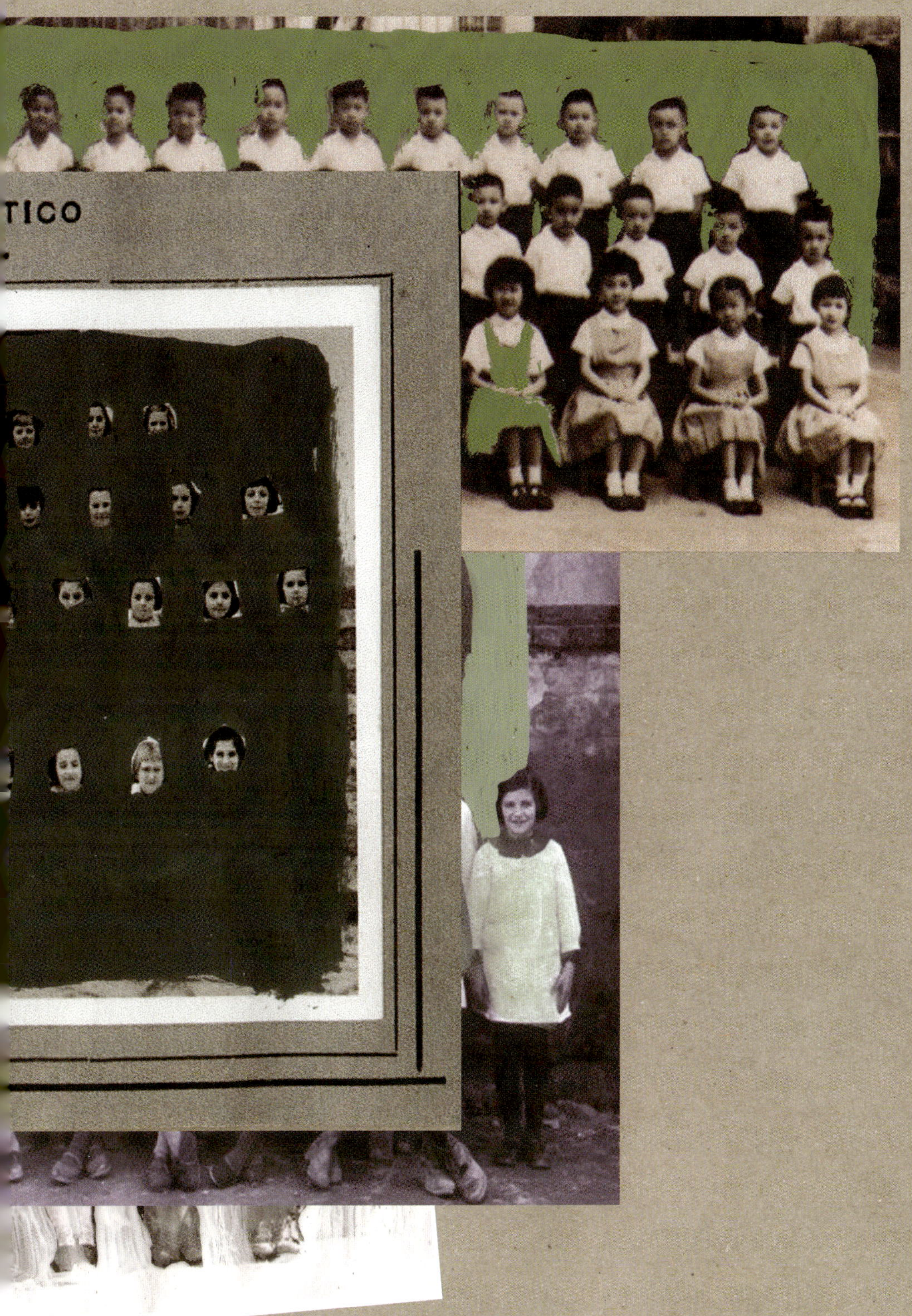

TICO

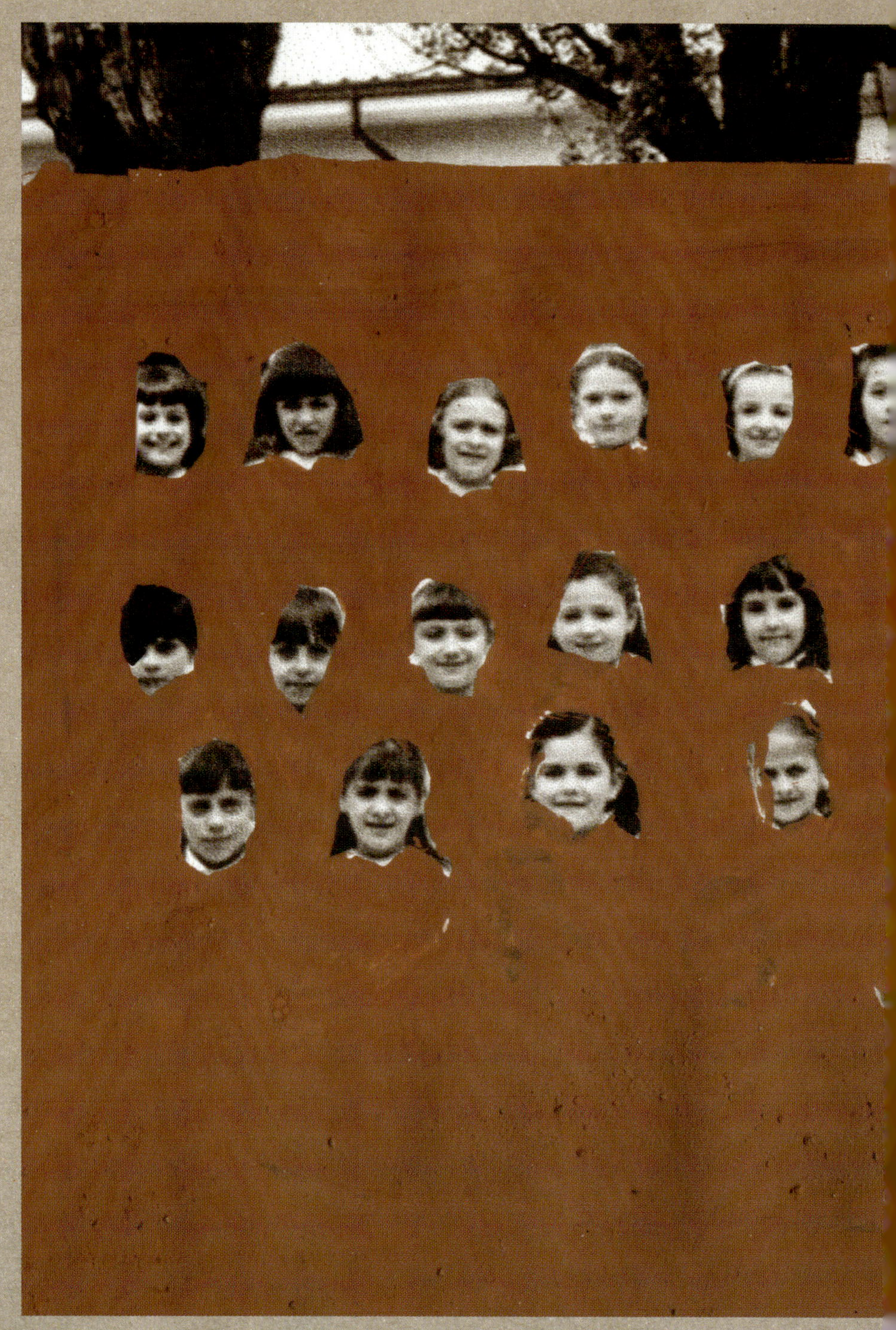

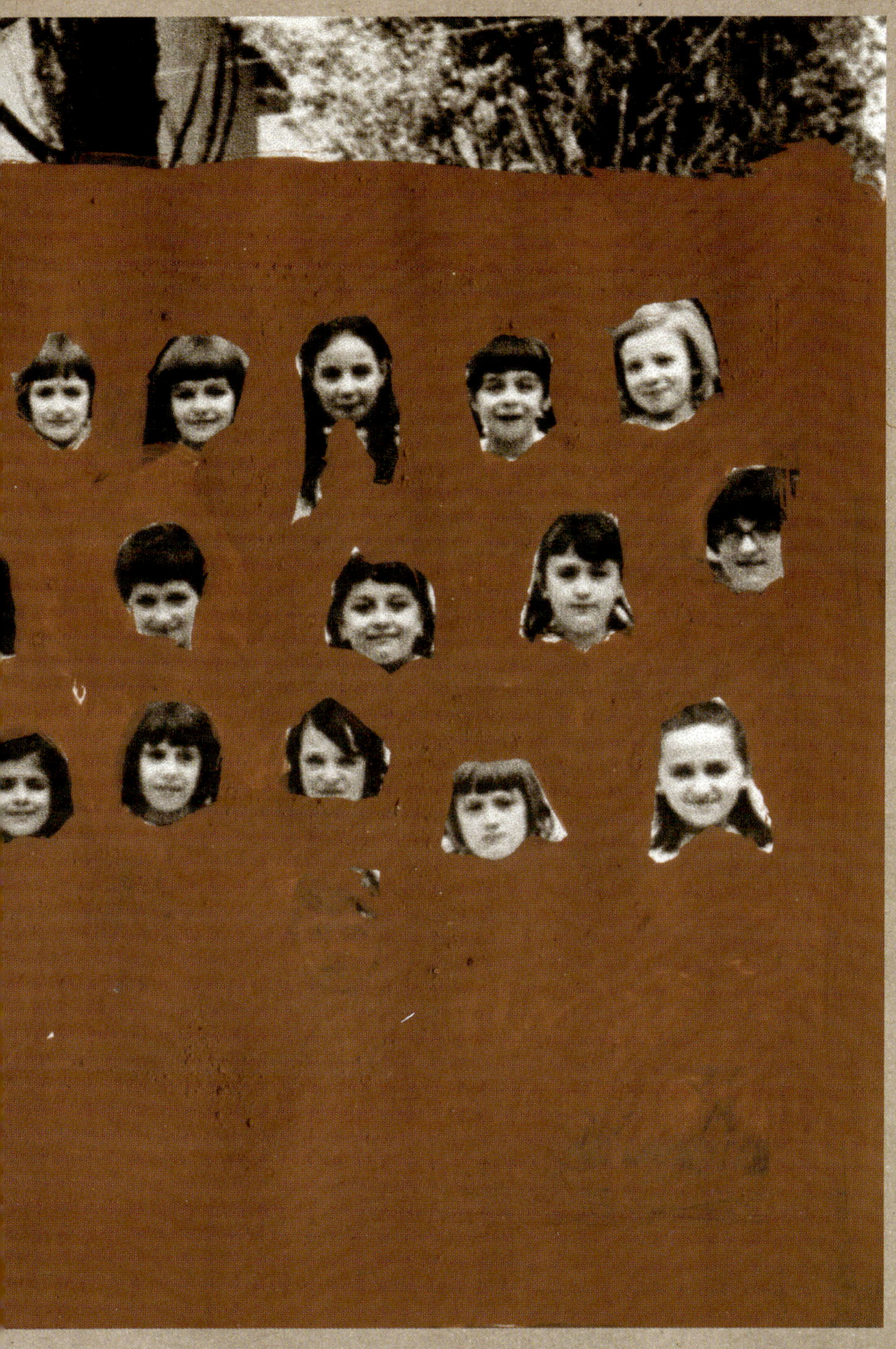

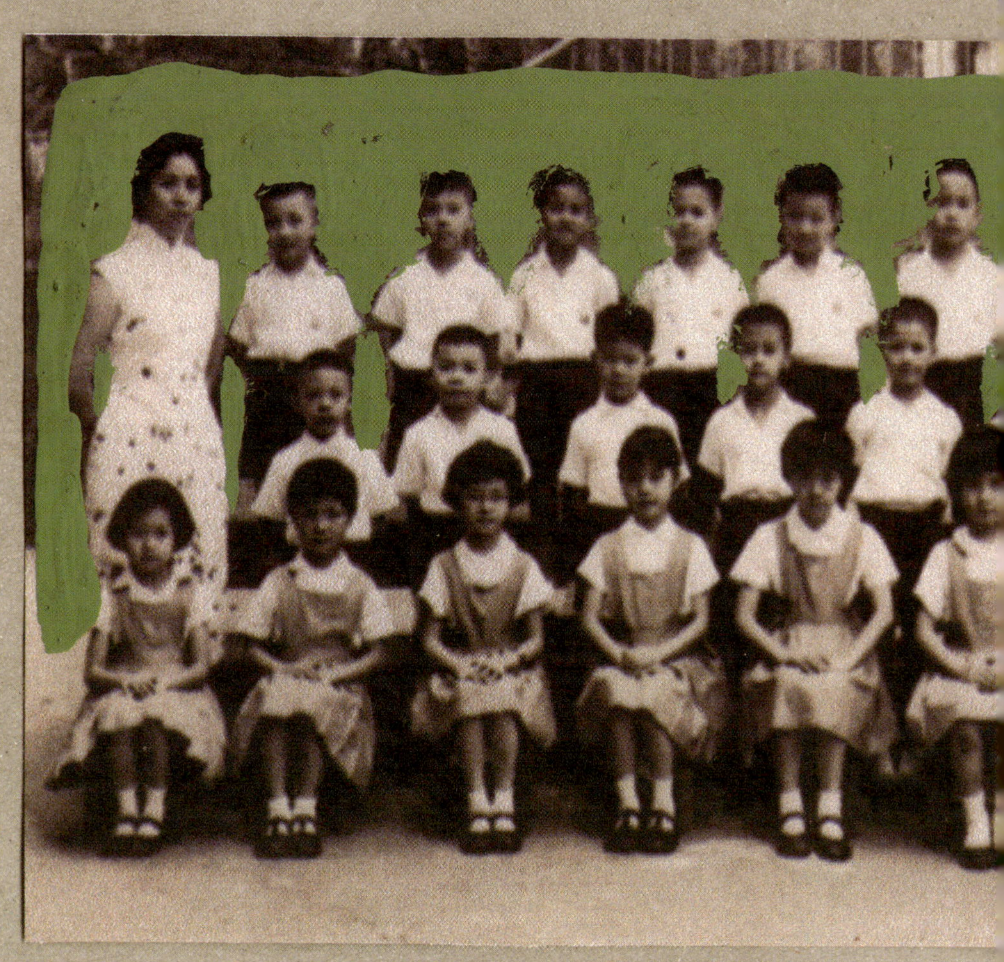

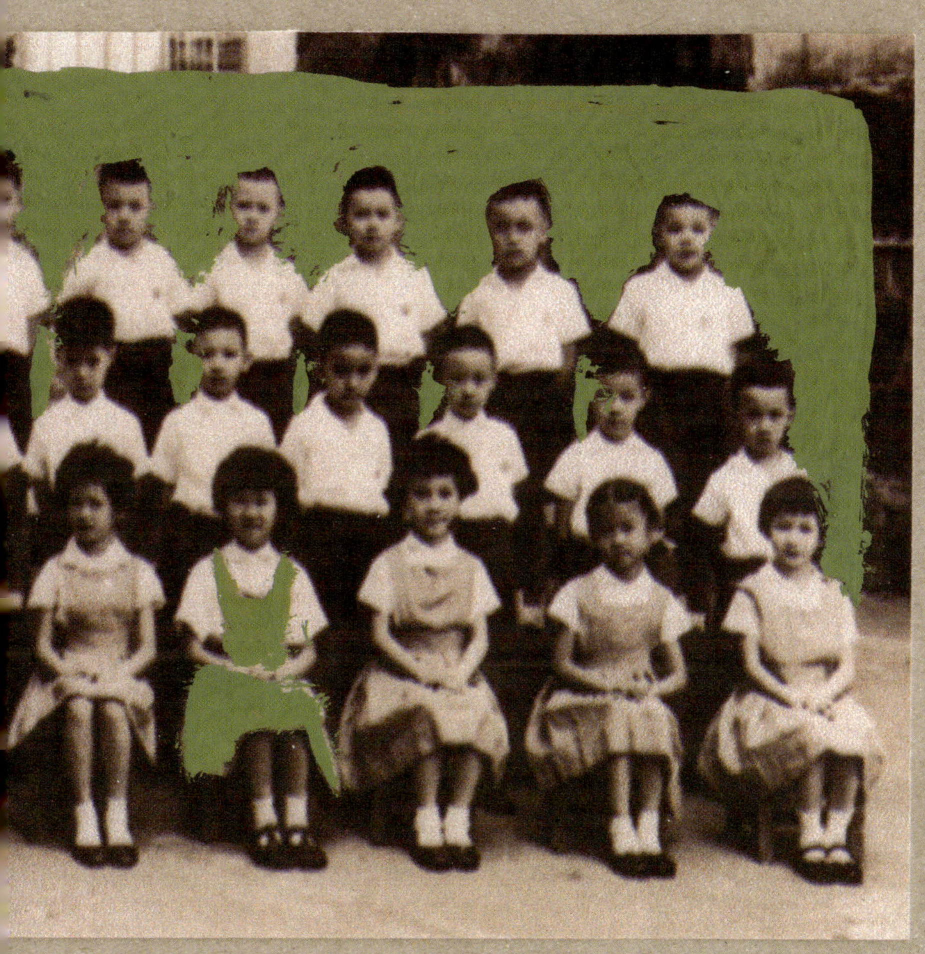

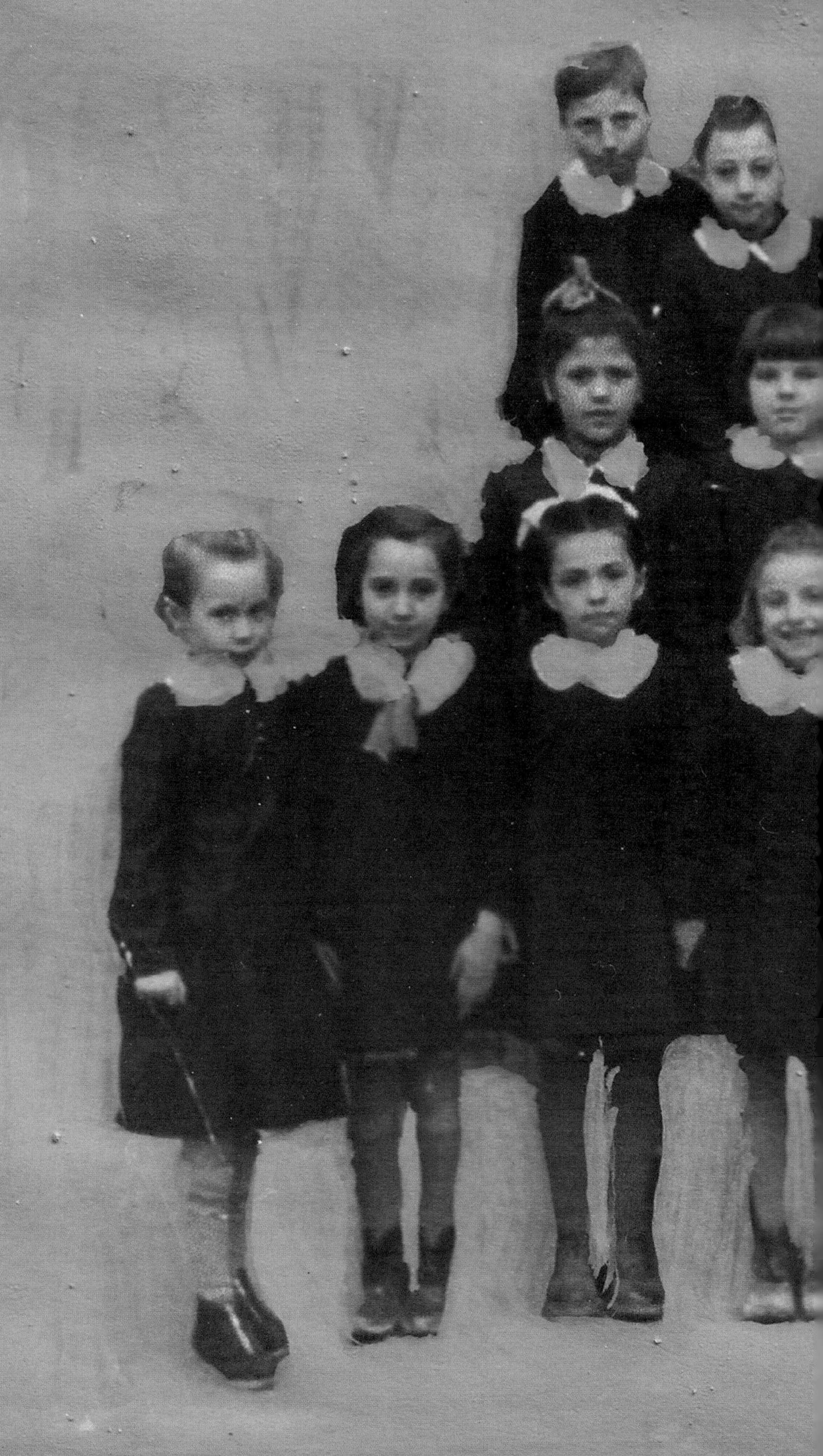

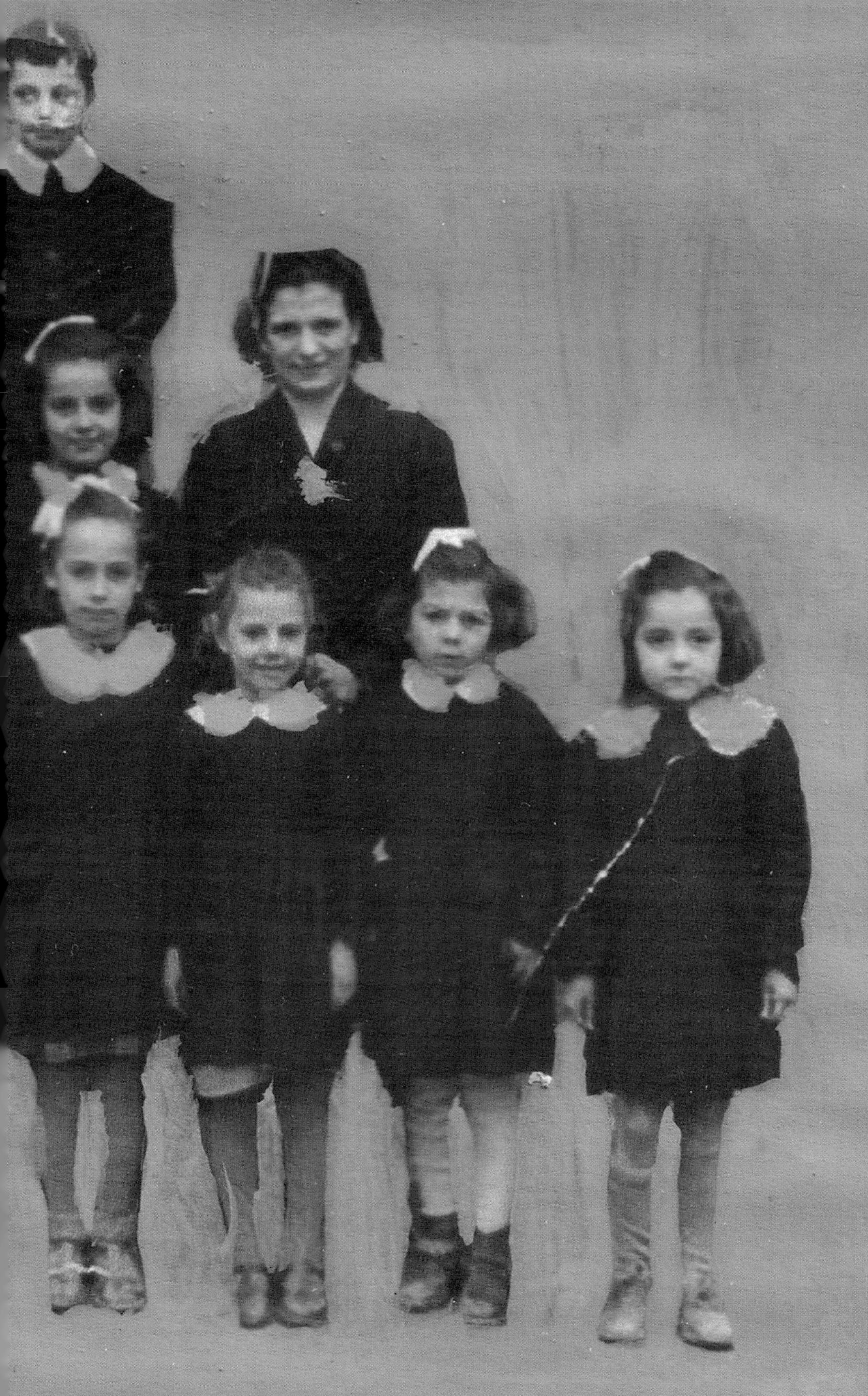

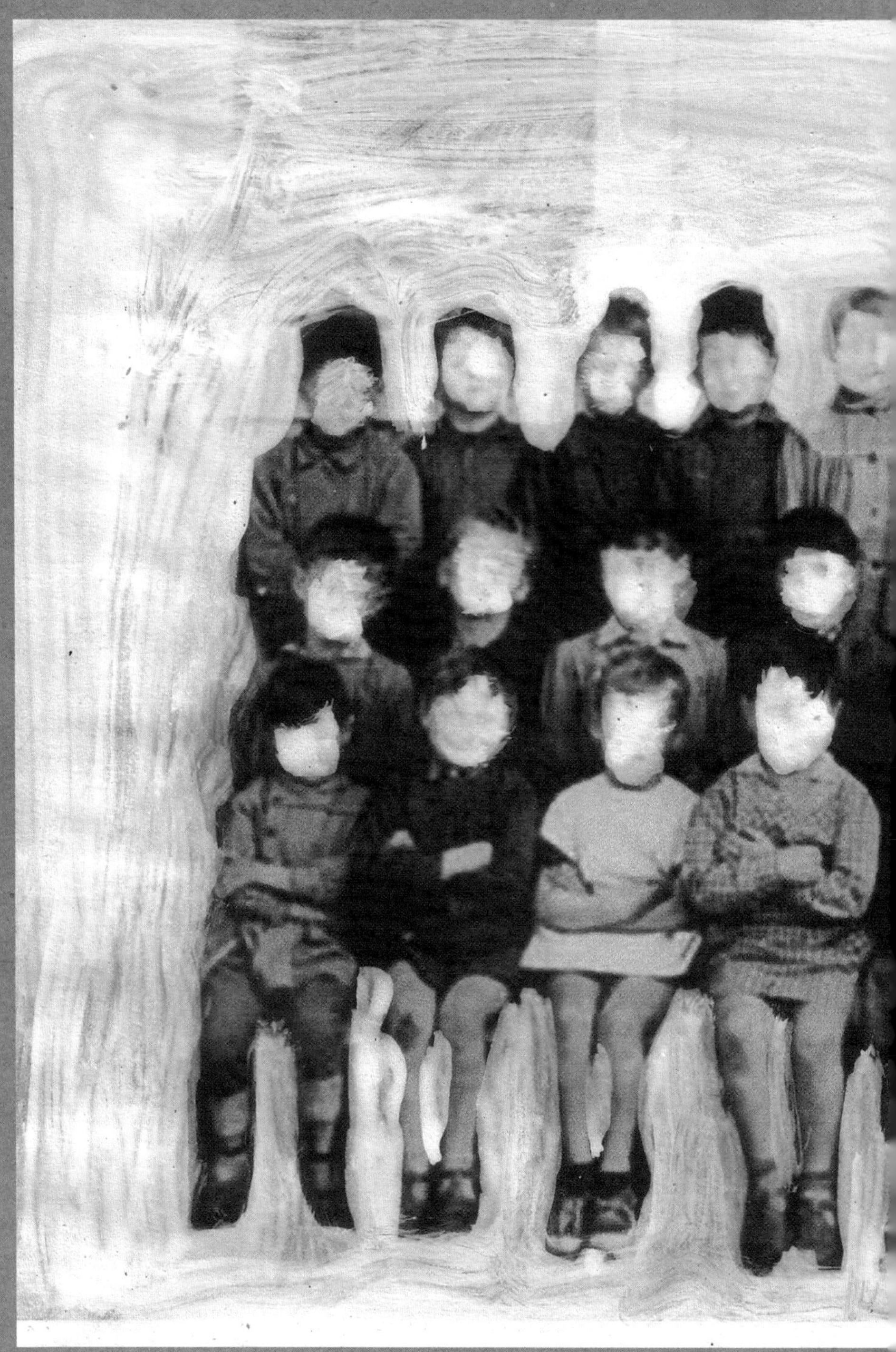

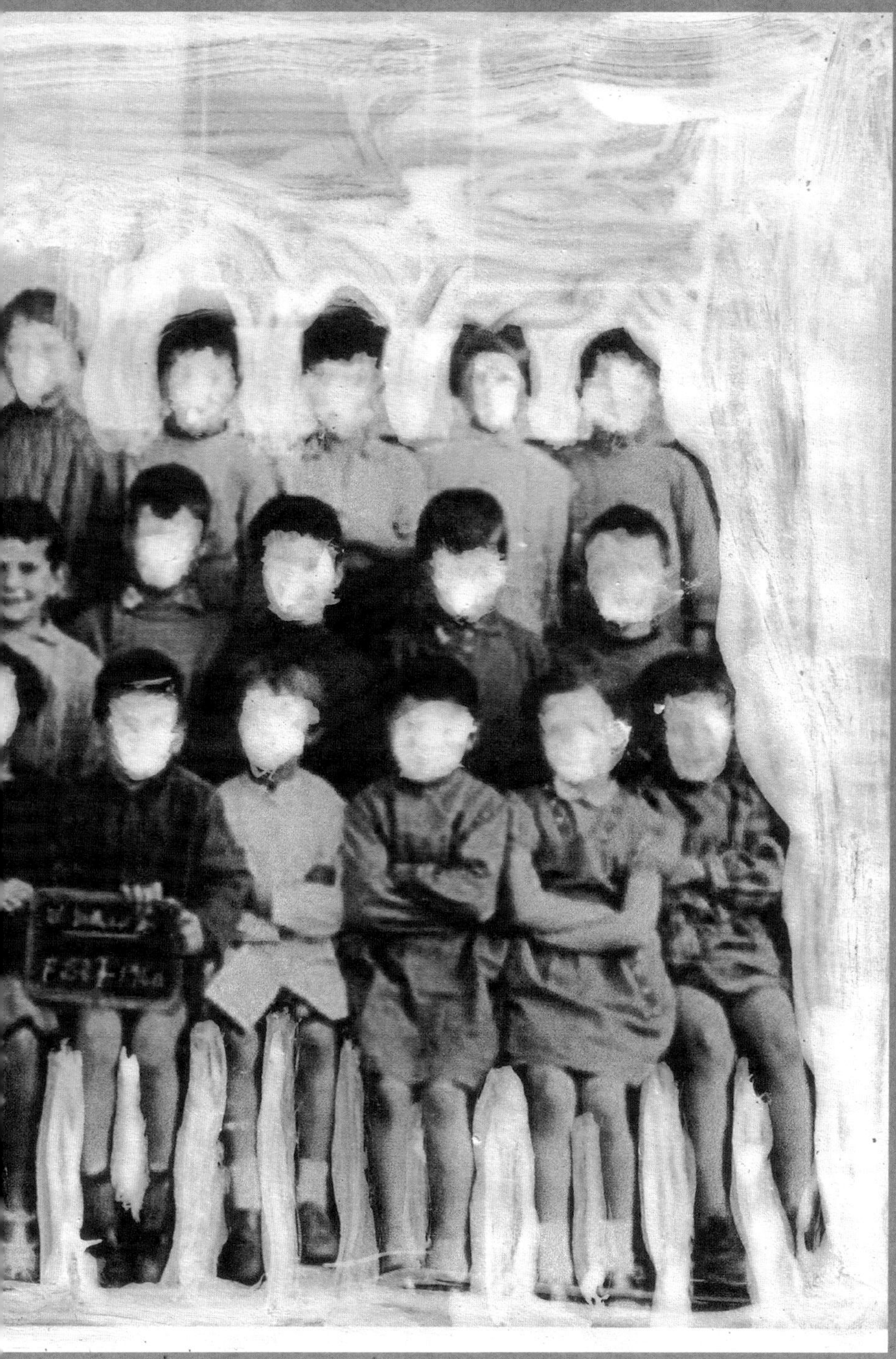

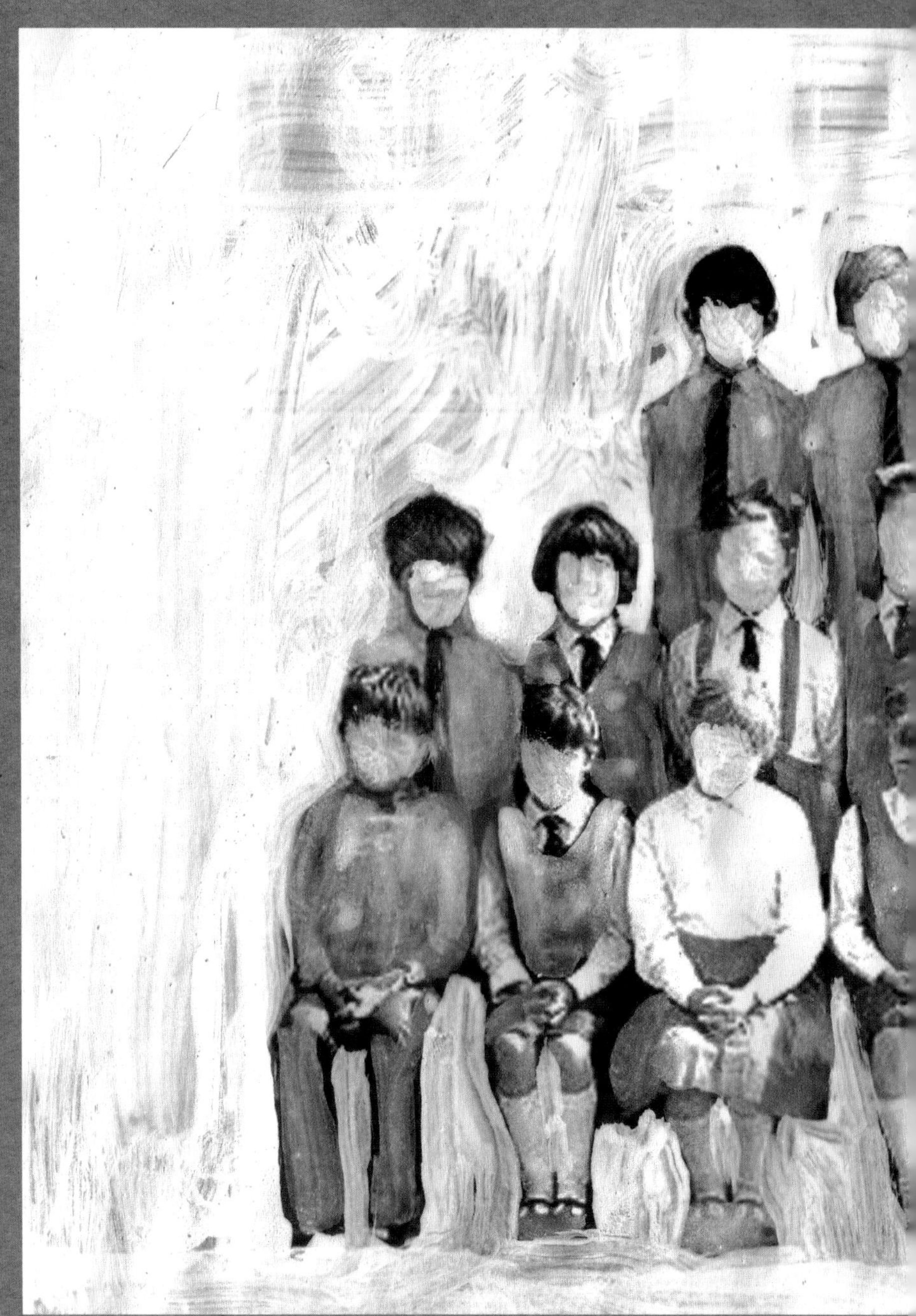

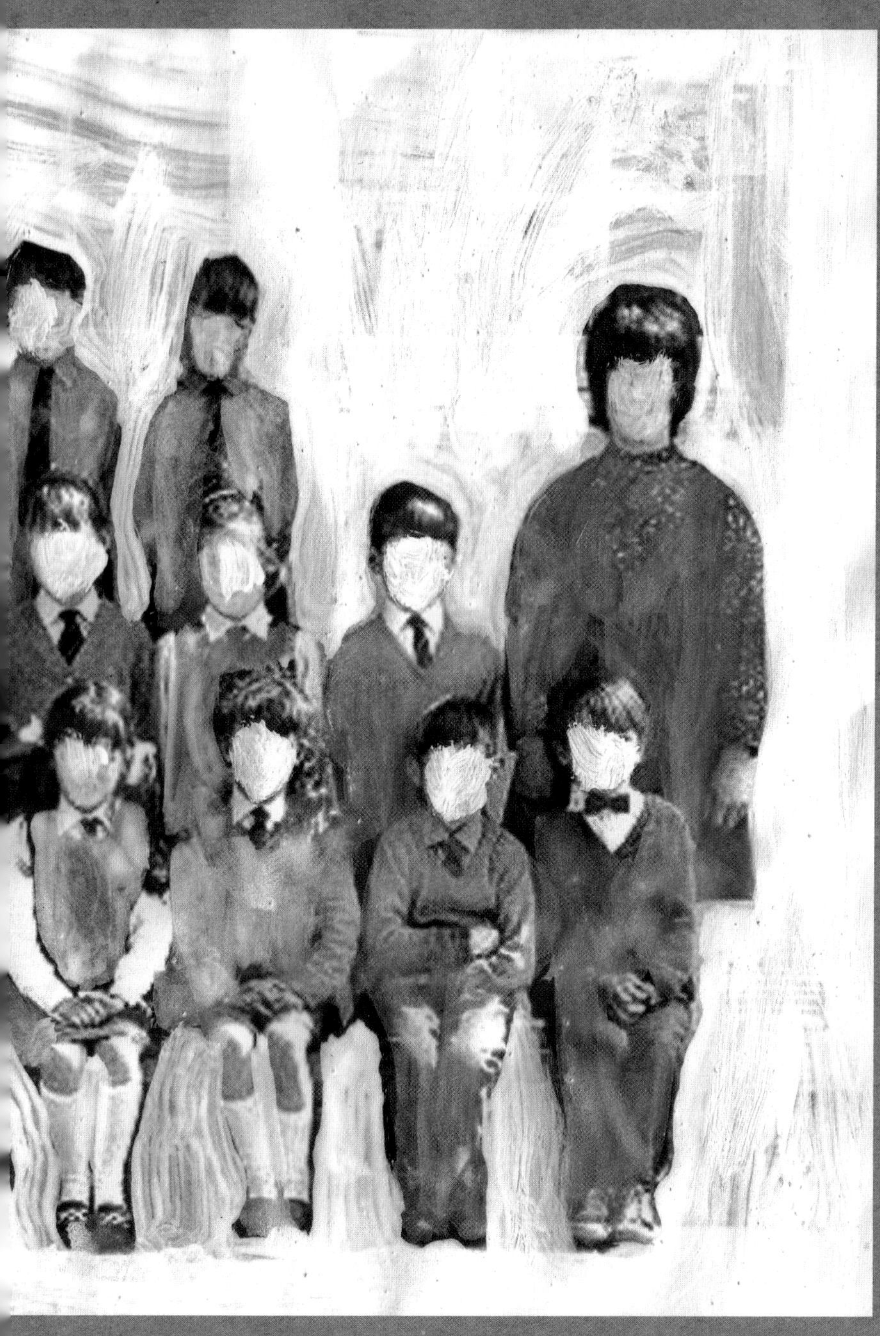

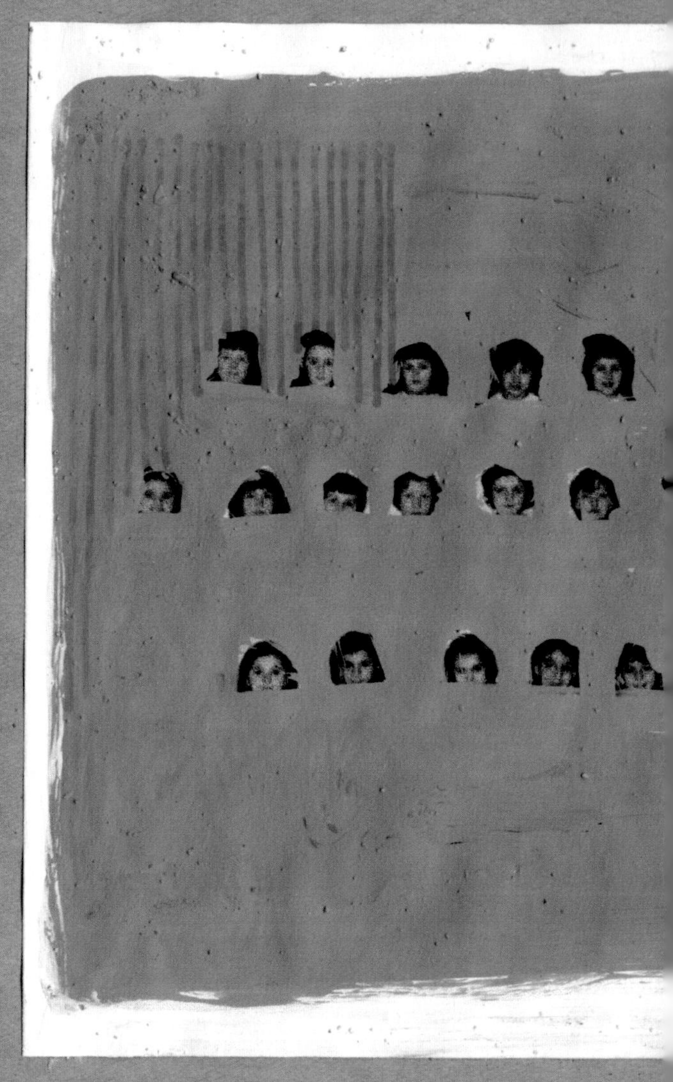

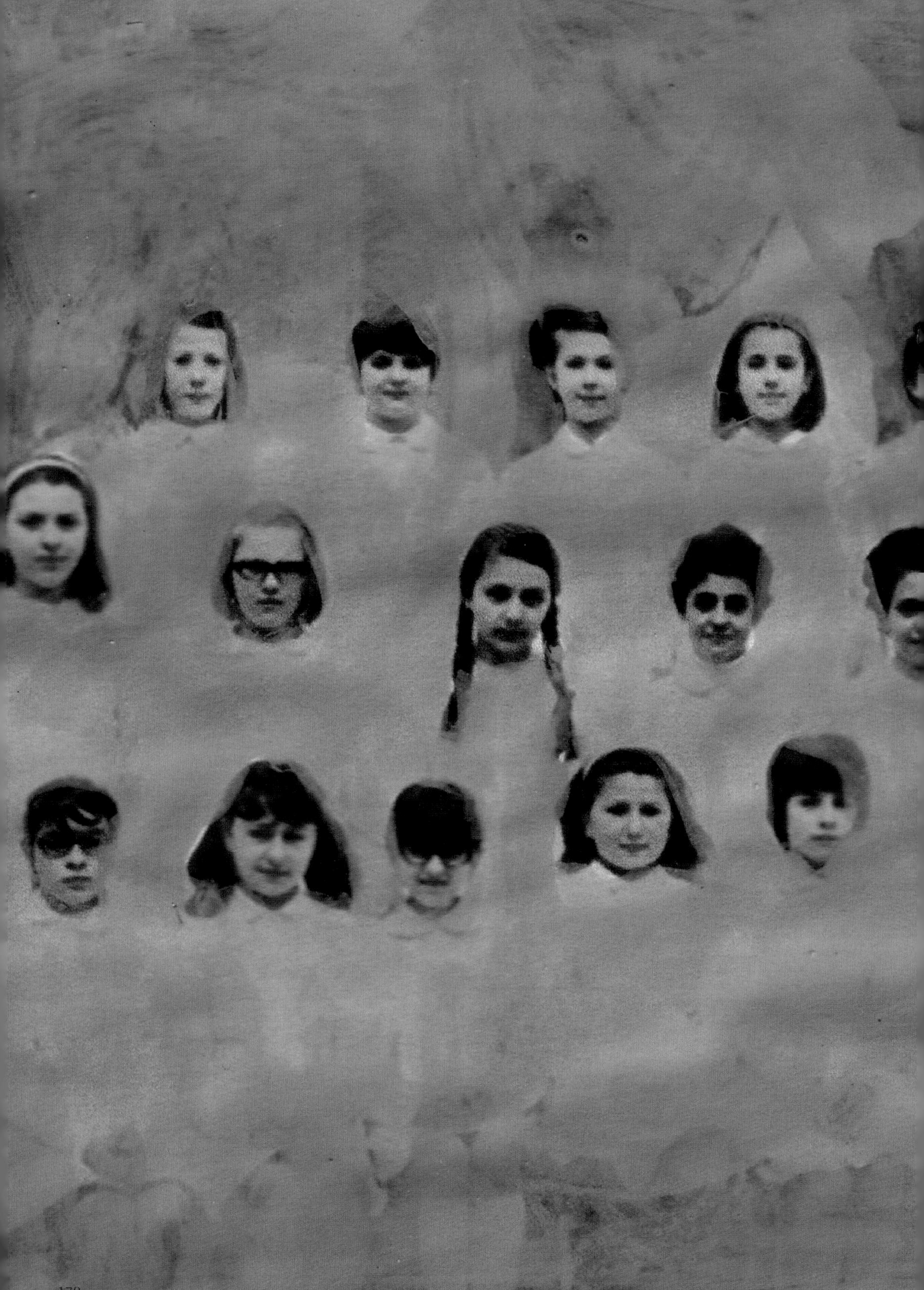

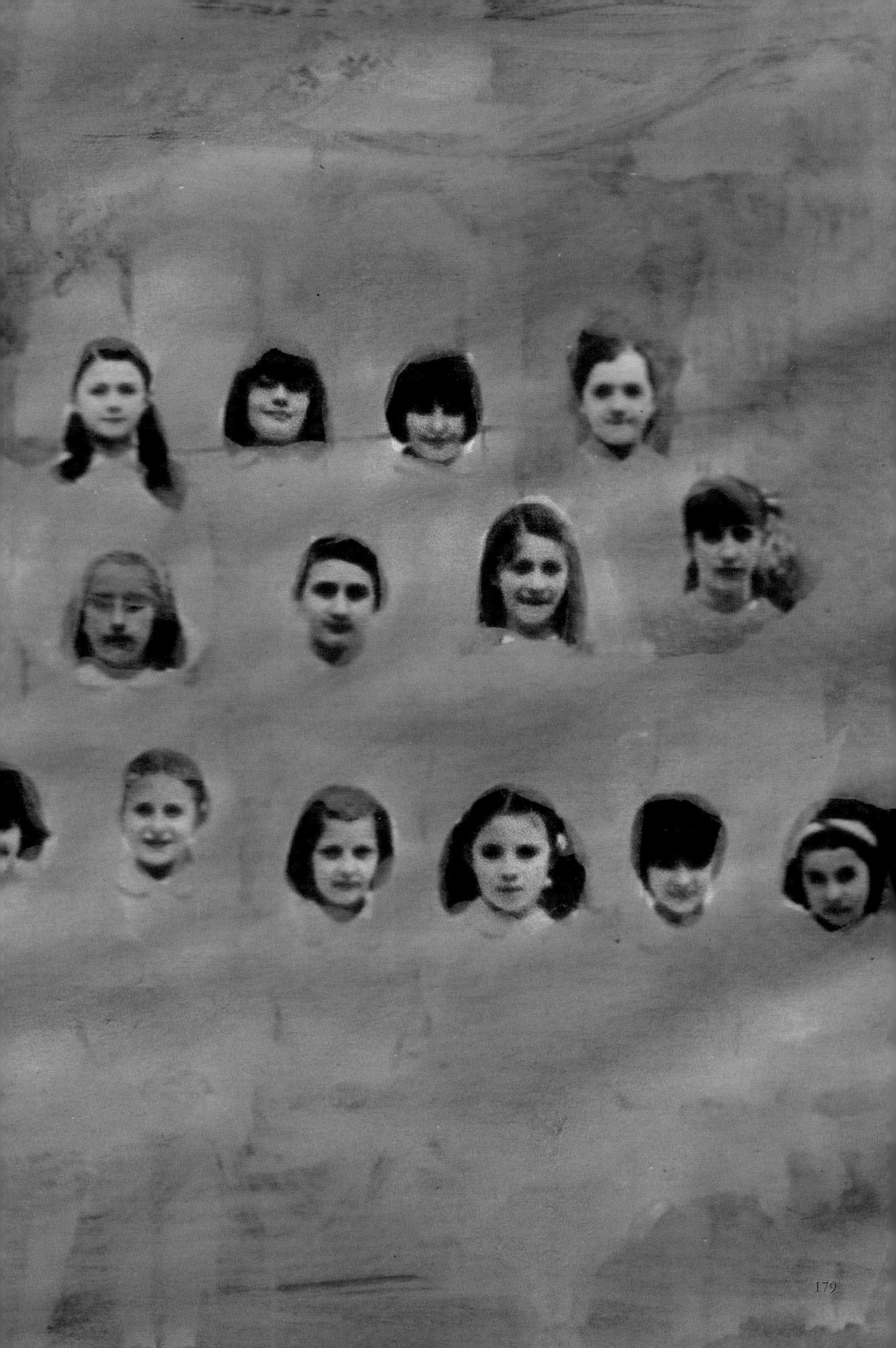

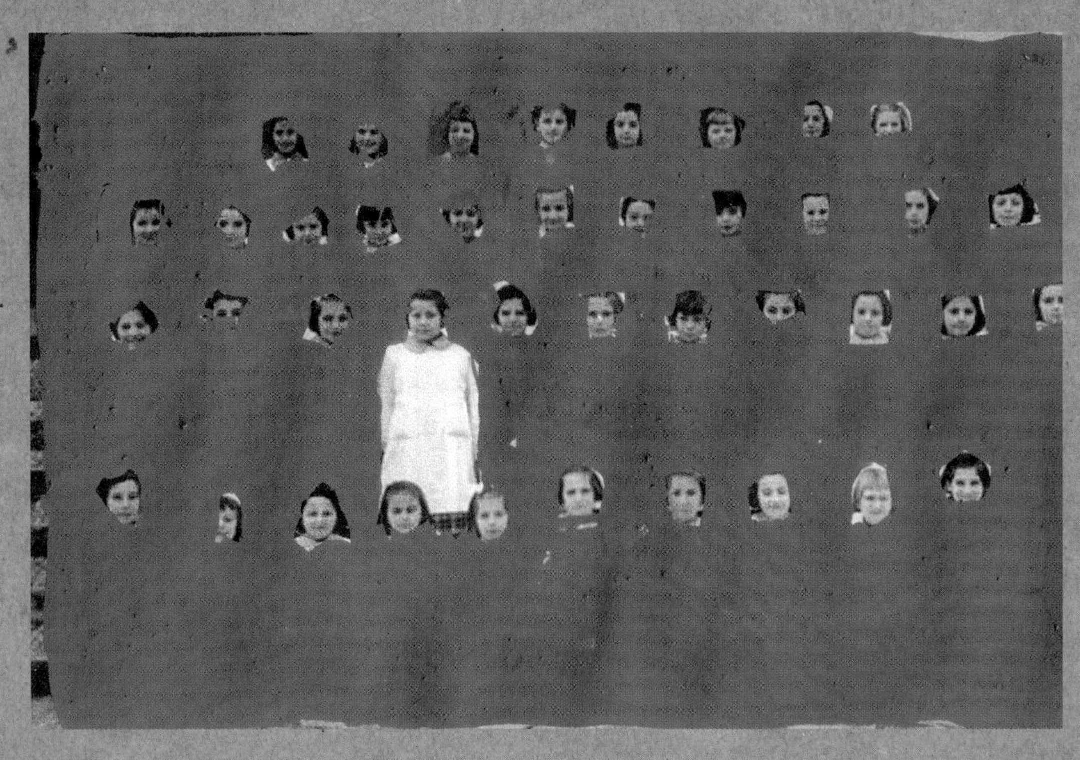

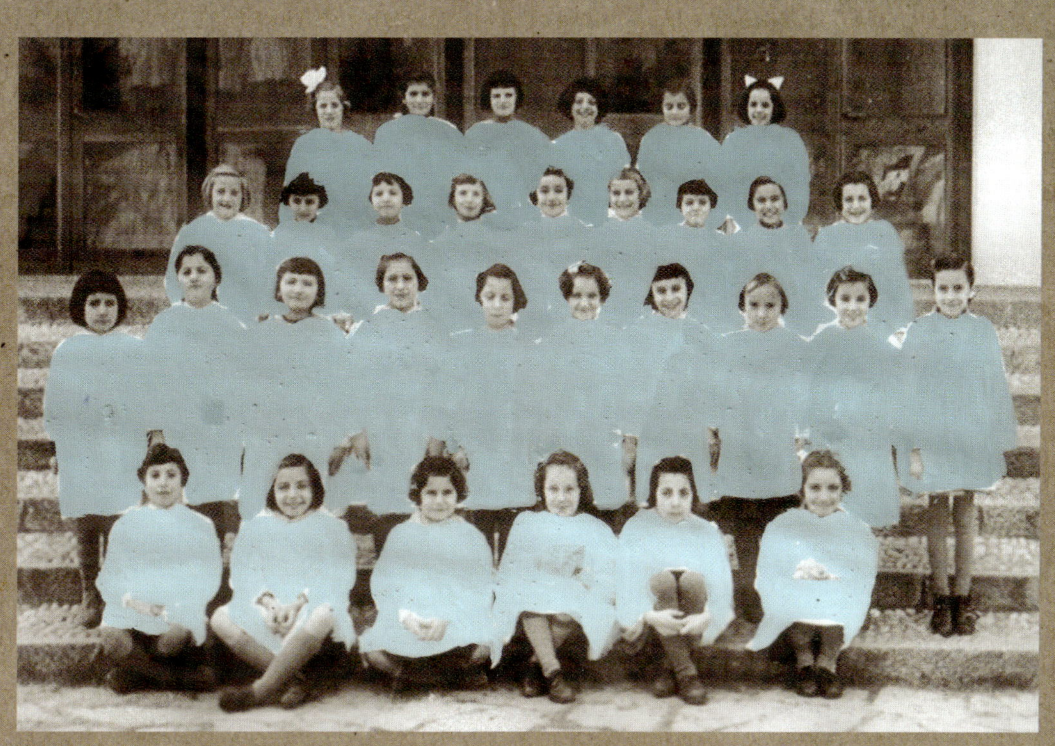

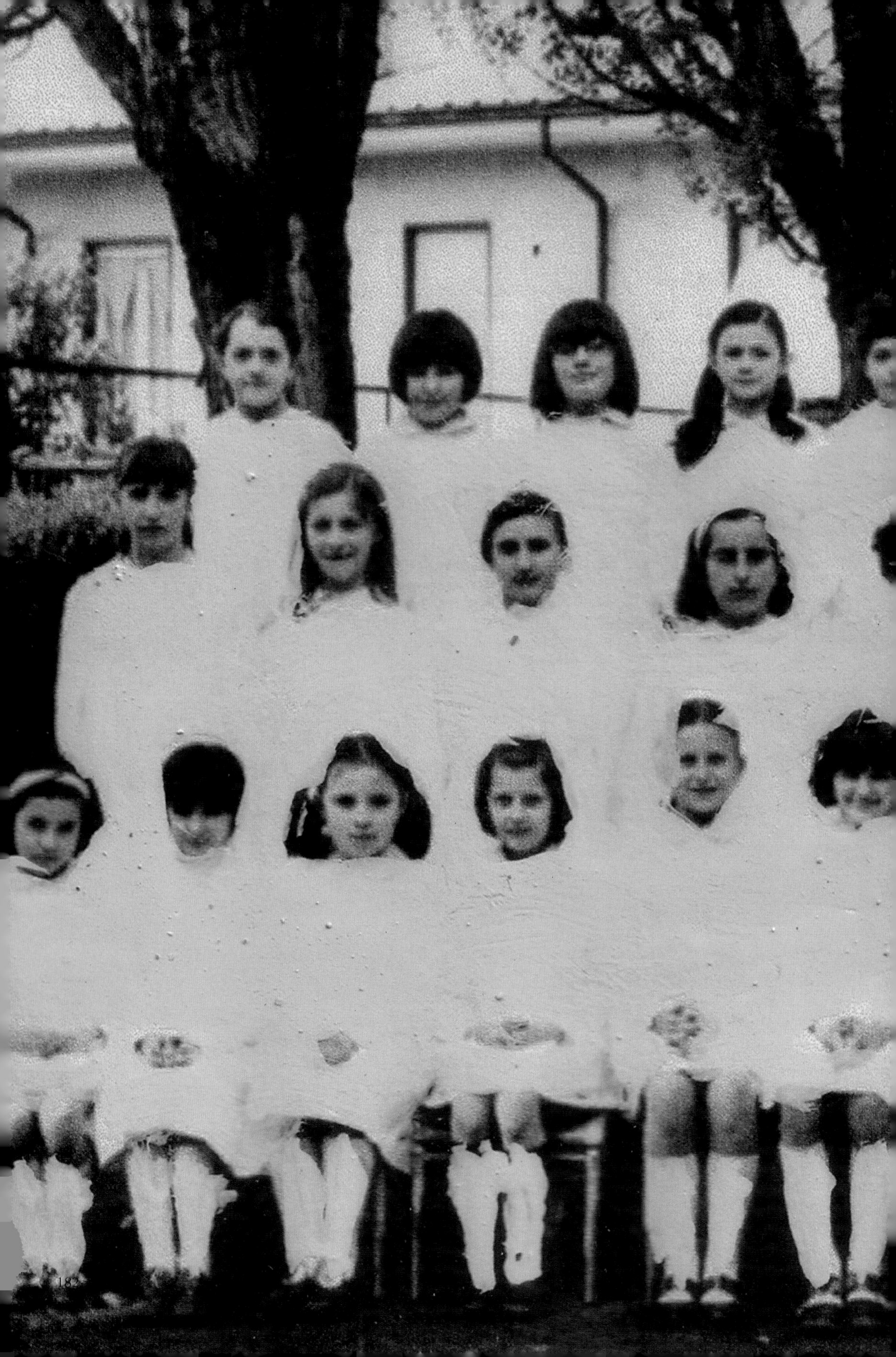

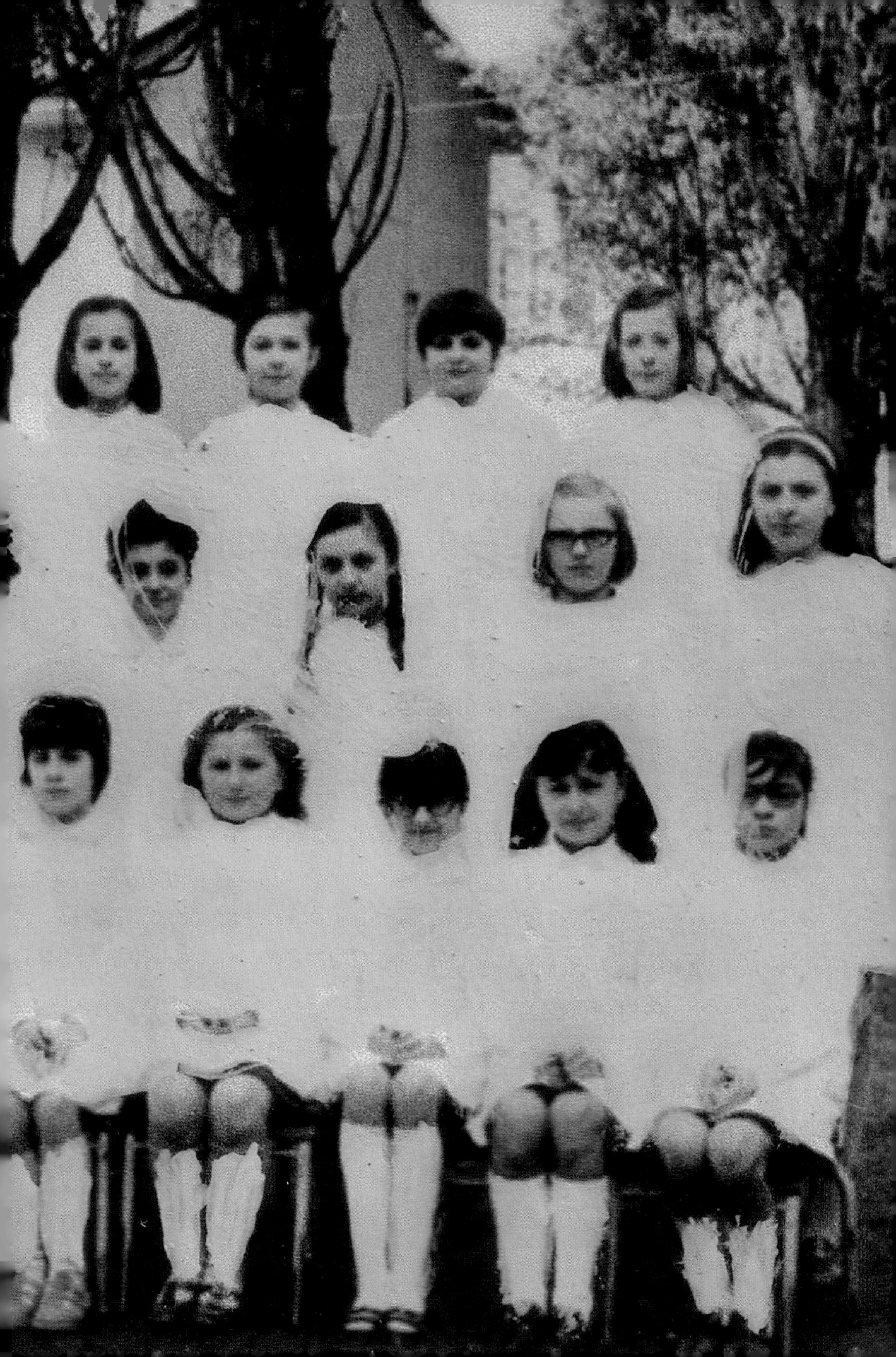

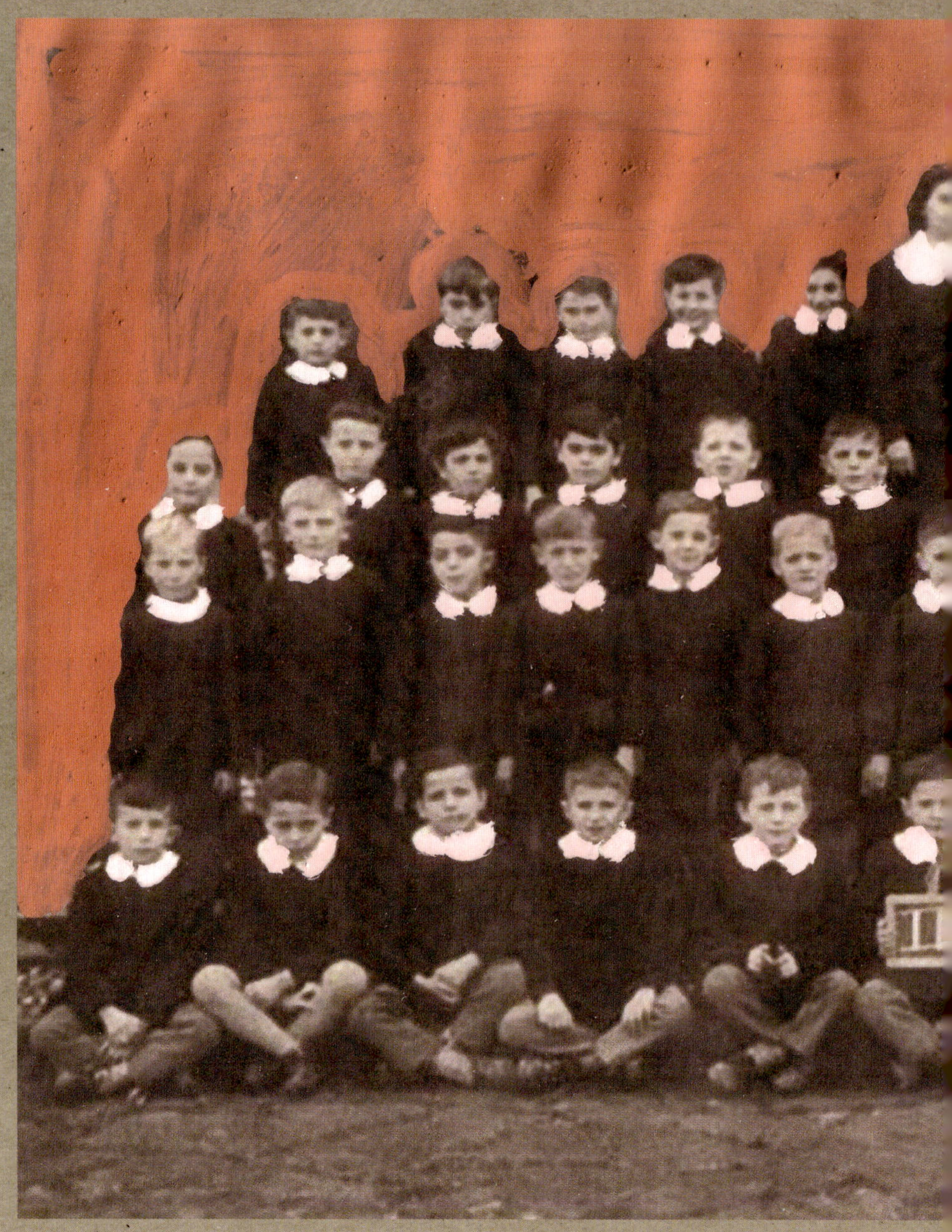

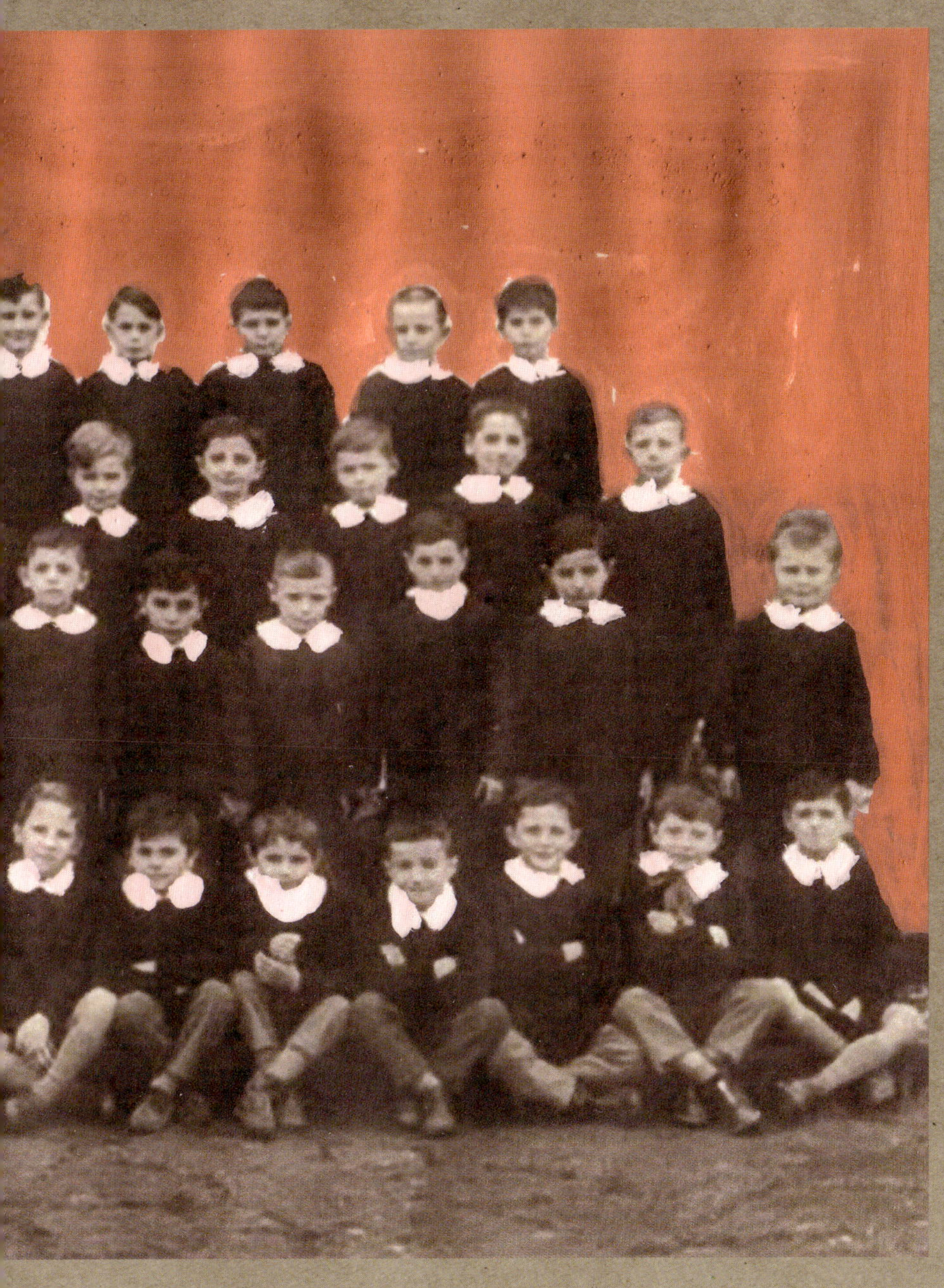

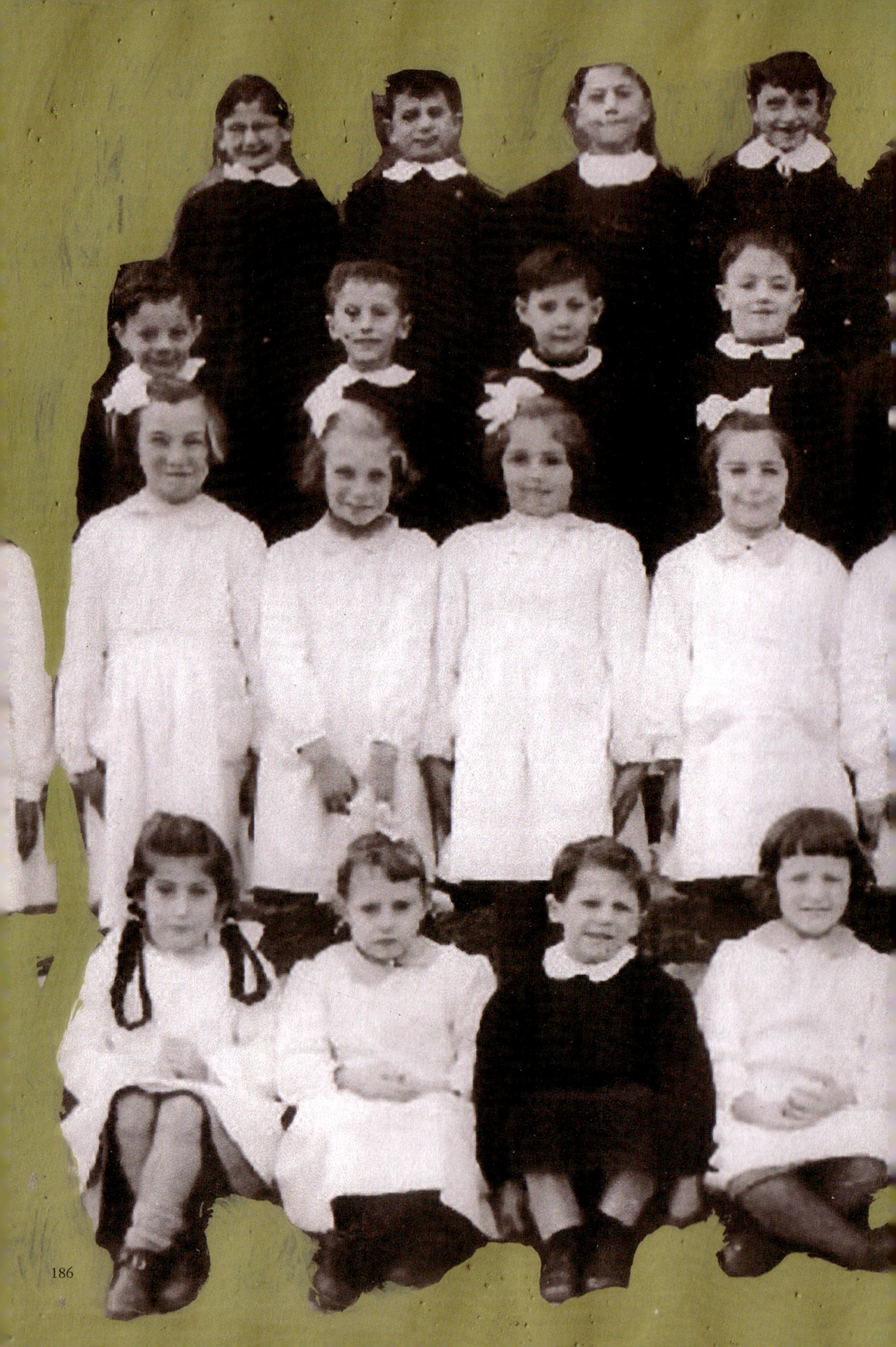

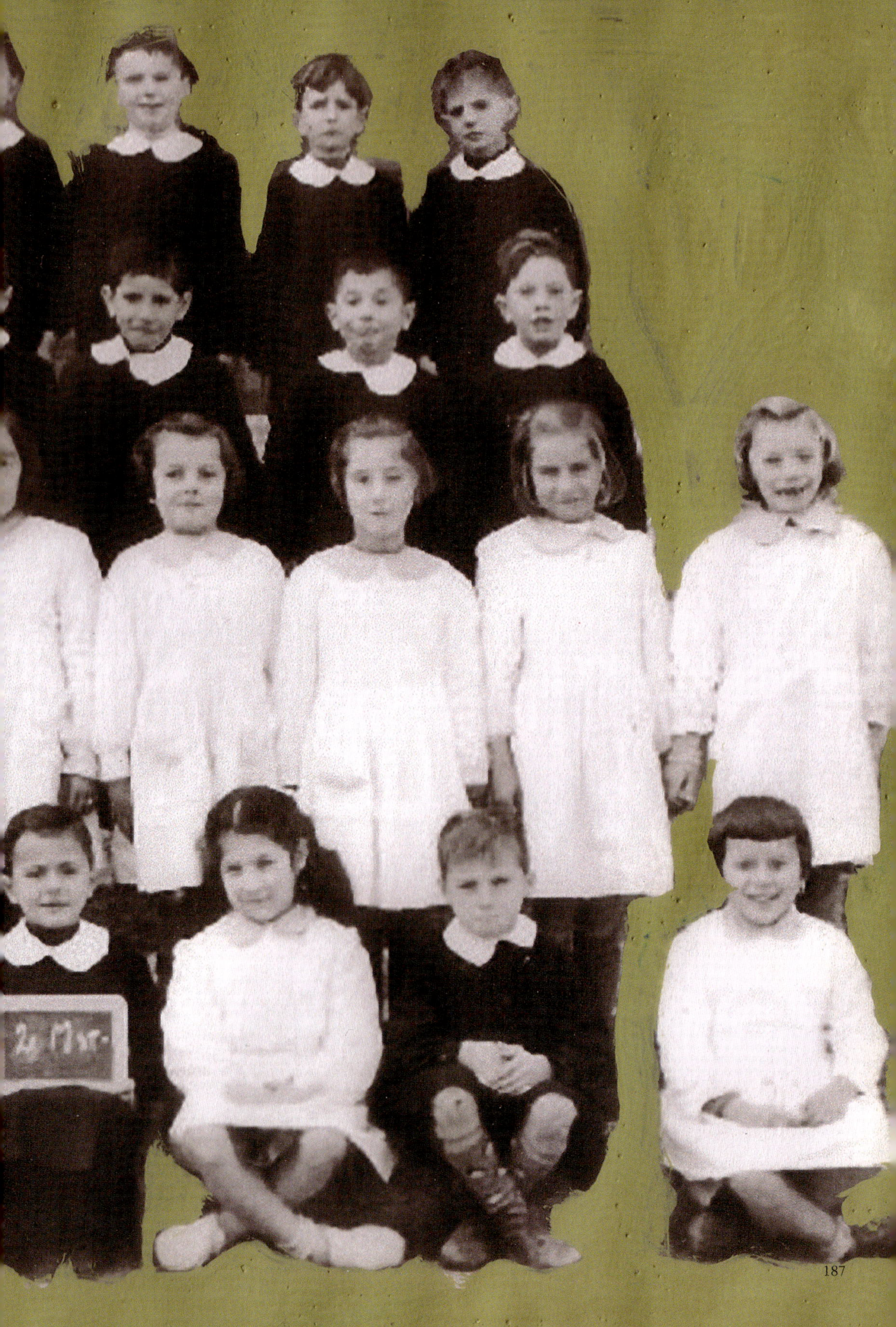

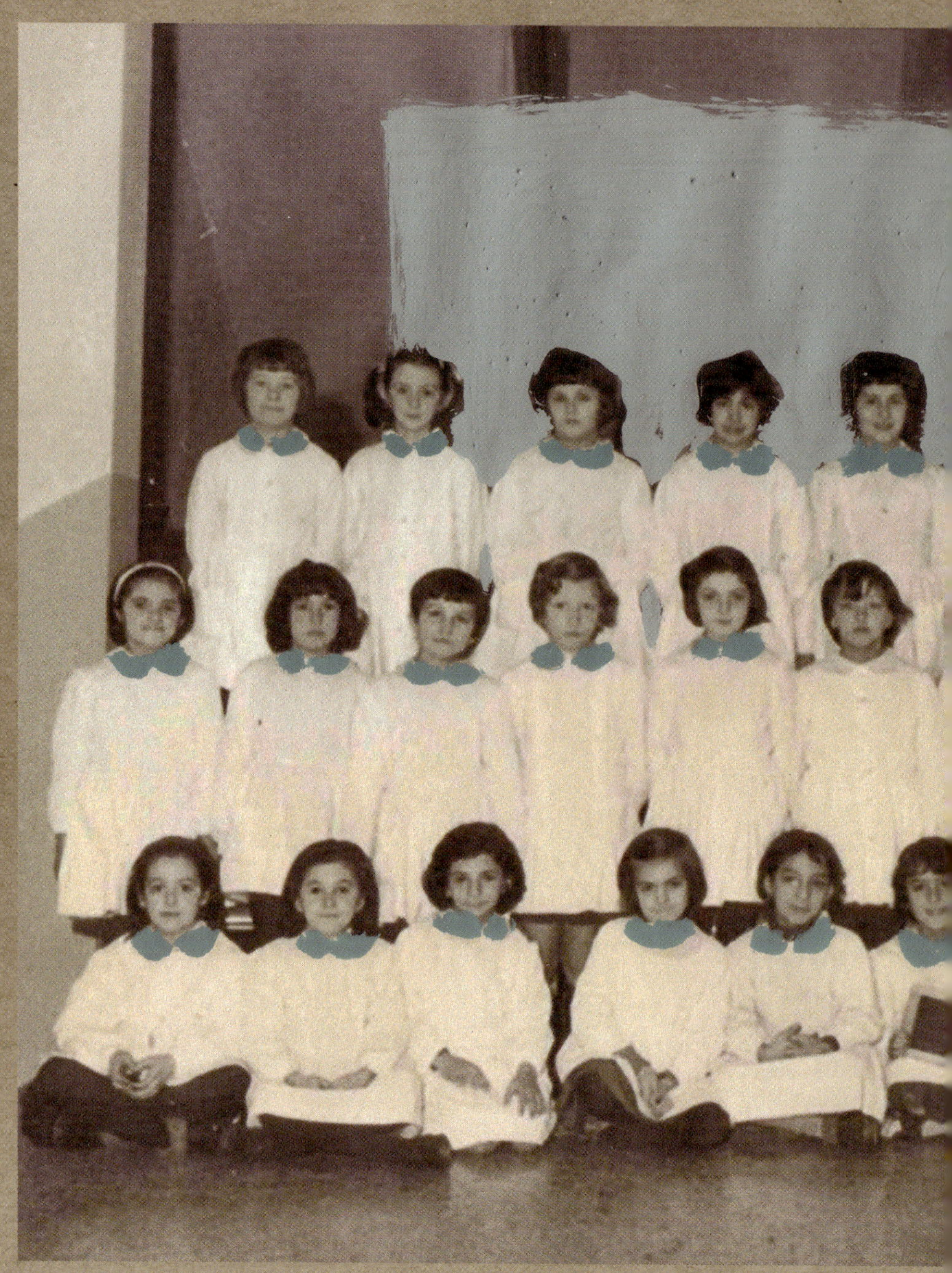

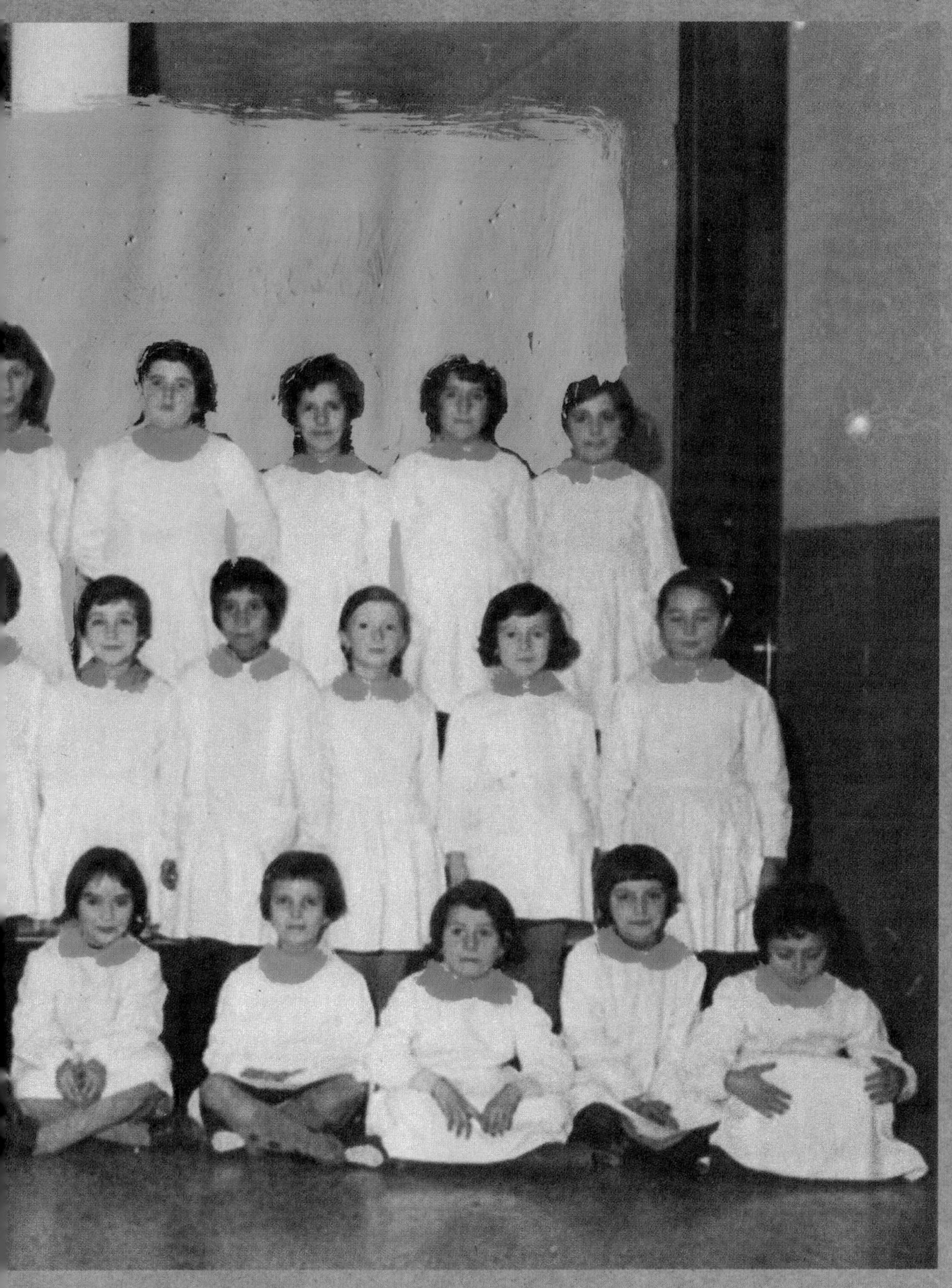

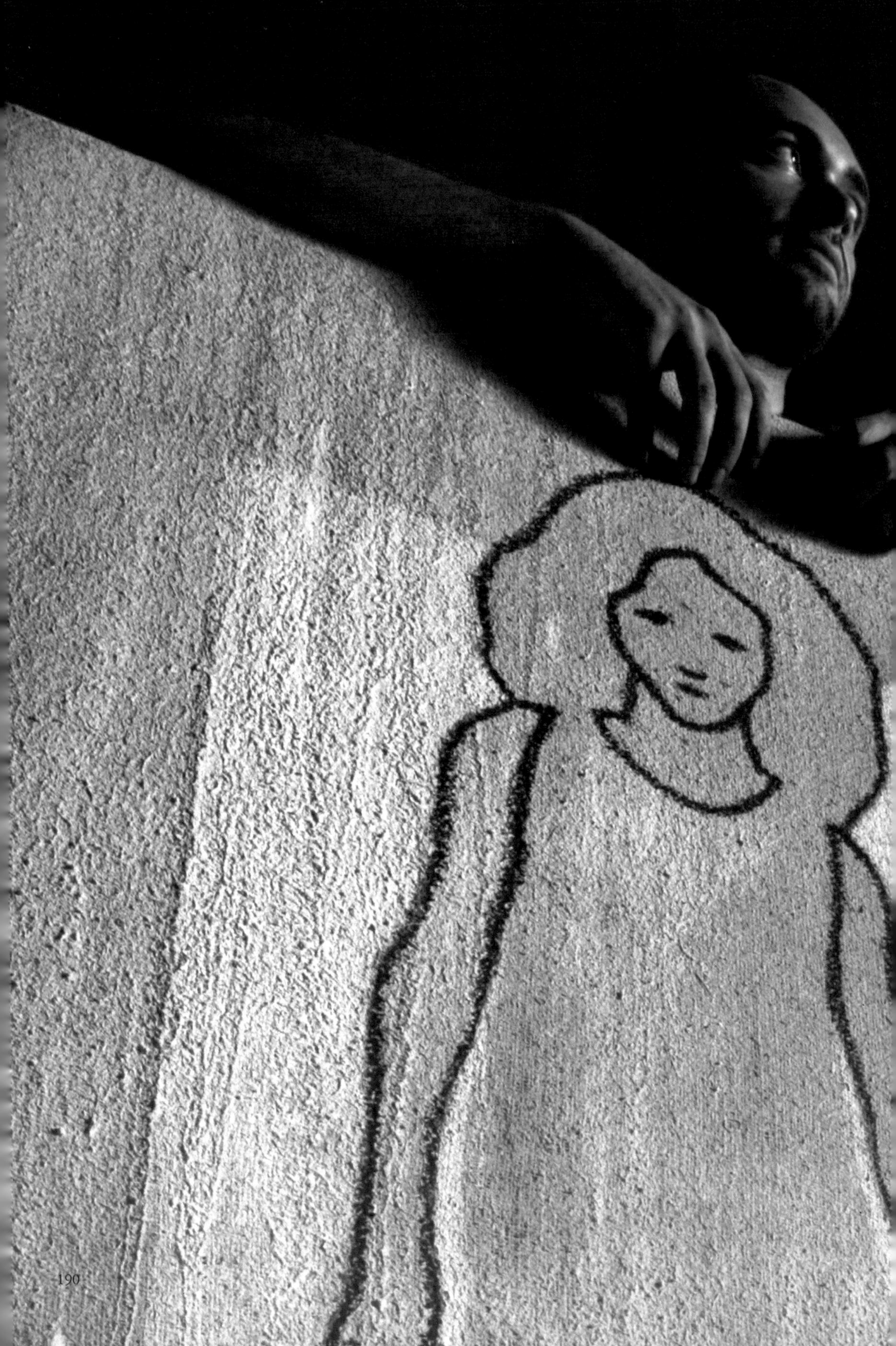

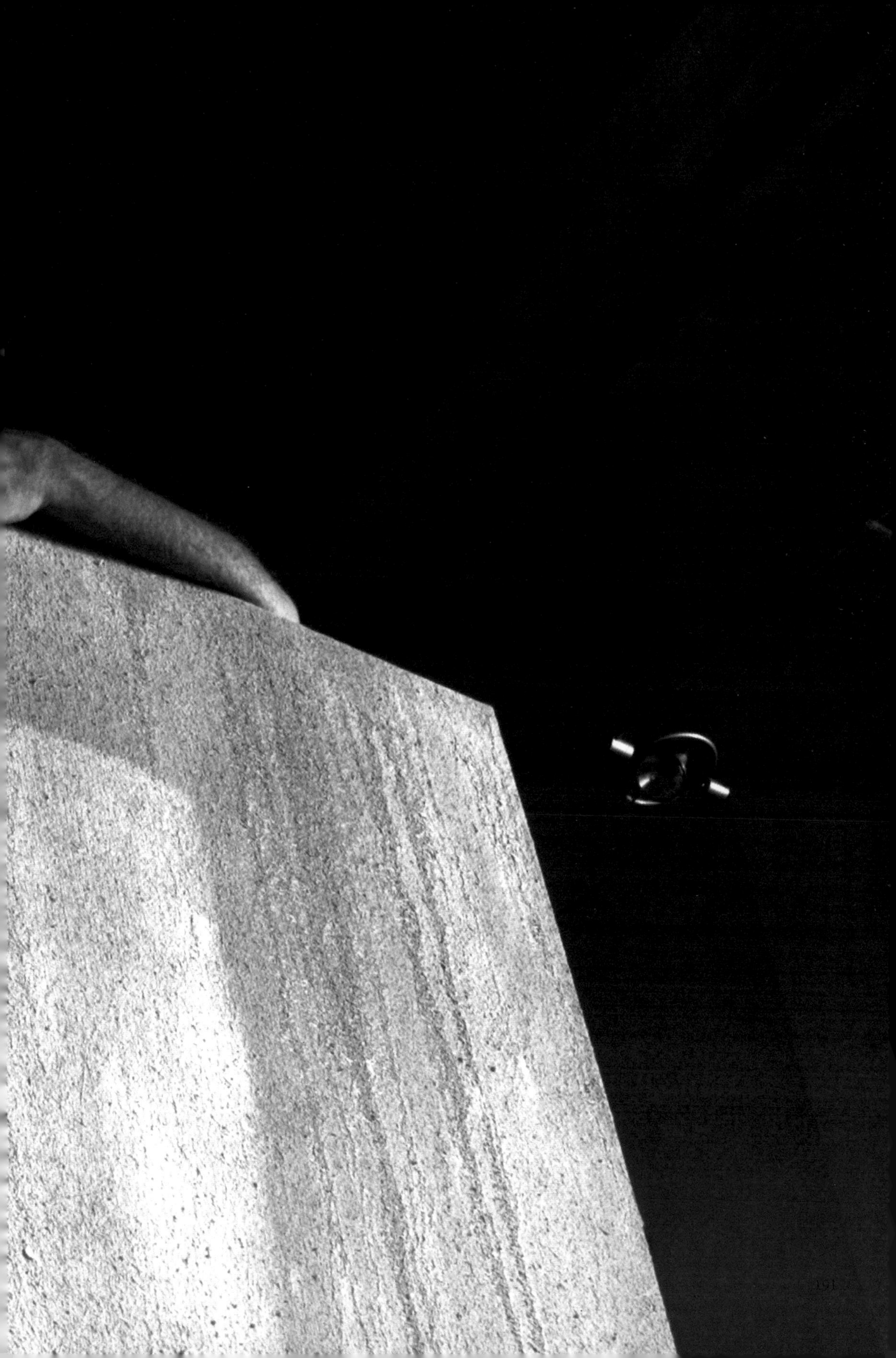

Valerio Berruti è nato ad Alba in Piemonte nel 1977, laureato in Critica d'Arte al D.A.M.S. di Torino, vive e lavora a Verduno (CN) in una chiesa sconsacrata del 1600 che ha acquistato e restaurato nel 1995.

Born in Alba, Piemonte, in 1977 Valerio Berruti received a degree in Art Criticism from D.A.M.S. in Turin. He lives and works in Verduno in a deconsecrated 17th-century church he bought and restored in 1995.

MOSTRE PERSONALI / SOLO EXHIBITIONS

2005
Primary, a cura di/curated by Vittoria Coen, Ermanno Tedeschi Gallery, Torino.
Ho meritato il tuo castigo, a cura di/curated by Lorenzo Canova, Officina 14, Roma.
Senza più pensare, a cura di/curated by Marco Meneguzzo,
Galleria 41artecontemporanea, Torino.
Questo è il Figlio prediletto, a cura di/curated by Marzia Scalon, Galleria Radar, Mestre.

2004
Pose, a cura di /curated by Manuela Brevi, Galleria Doppia V, Lugano.
Naufragar m'è dolce…, a cura di/curated by Gianluca Marziani, Museo dello zucchero,
Nizza Monferrato.
Battesimo, a cura di/curated by Giovan Giuseppe Conte, Galleria Del Monte, Forio.
Valerio Berruti, a cura di/curated by Maria Chiara Valacchi, Galleria San Gregorio, Venezia.
Vocazione, a cura di/curated by Gianluca Marziani, Chiesa di S. Agostino, Pietrasanta.
Icone Domestiche, a cura di/ curated by Maria Chiara Valacchi, Spazio Obraz, Milano.

2003
Familienwertes, Galerie Markus Nohn, Frankfurt.
Family Values, a cura di/curated by Luca Beatrice, Galleria Spirale Arte, Verona.
Brothers, a cura di/ curated by Chiara Guidi, Galleria Arte & Altro, Gattinara.
Summertime, a cura di/curated by Olga Gambari e Gian Luca Favetto,
Galleria 41artecontemporanea, Torino.

2002
Sacre rappresentazioni, a cura di/curated by Alessandro Riva,
Galleria Spirale Arte, Milan, Pietrasanta.

2001
Saints Kids, a cura di/curated by Guido Curto, Galleria Art & Arts, Torino.
Valerio Berruti, a cura di/curated by Maria Cristina Strati, Galleria Eloart, Ischia.

2000
Berruti e Tibaldi, a cura di/curated by Olga Gambari, Galleria Maze, Torino.
Anime, a cura di/curated by Bruno Sullo, La casa dell'arte, Rosignano Marittimo.

1999
Works to New York, a cura di/curated by Corrado Barolo, Private Hall, New York.
Un santo vacante, a cura di/curated by Axel Mariano Iberti,
ex Chiesa di San Giuseppe, Alba.

1998
Cromosomi ribelli, a cura di/curated by Arturo Buccolo, Chiesa d'arte, Verduno.

1997
Epitaffi, a cura di/curated by Stefano Cavallotto, Chiesa d'arte, Verduno.

MOSTRE COLLETTIVE SELEZIONATE / SELECTED GROUP EXHIBITIONS

2005
Quadriennale di Monza, a cura di/ curated by Marco Meneguzzo, Monza.
Due, a cura di/ curated by Raffaella Guidobono e/and Maria Chiara Valacchi, Milano.
New Thing, a cura di/curated by Luca Beatrice, Galleria Spirale Arte, Milano.

2004
Quadriennale di Roma Anteprima, La Promotrice delle Belle Arti, Torino.
Natural Mente, a cura di/curated by Enzo Santese, I.E.P.A.C., Catania.
Il gioco di Jarry, a cura di/ curated by di Nico Orengo e/and Norma Mangione,
Galleria Biasutti, Torino.
Dal Profondo, a cura di/curated by Serena Carloni e/and Tania Lòhr, Kästrich, Mainz.
La via del sale, a cura di/ curated by Silvana Peira e/and Nico Rengo,
Pieve di S. Maria, Cortemilia.
Genius Loci, a cura di/curated by Guido Curto, Castello di Racconigi, Racconigi.
Quotidiana04, Museo Civico del Santo, Padova.
Made in Italy. A group show of three prominent Italian artists, Limn Gallery,
San Francisco.

2003
Premio Cairo, a cura di/curated by Maurizio Sciaccaluga, Palazzo della Permanente,
Milano.
Gemine Muse, a cura di/curated by Guido Curto, Museo di Arte Antica, Torino.
Extraños niños, 3 Punts Galeria, Barcelona.

2002
Infanzie, a cura di/curated by Ferdinando Albertazzi e/and Olga Gambari, Battistero
di San Pietro, Asti.
Fermata provvisoria, a cura di/curated by Guido Curto, Salone del Libro, Torino.
Sebastiane, una interpretazione, a cura di/curated by Patrizia Fischer,
Galleria Narciso, Torino.
Col sale, a cura di/curated by Norma Mangione, Galleria In Arco, Torino.

2001
18 X 24, a cura di/curated by Federica Rosso, 41artecontemporanea, Torino.

2000
Le ombre della memoria, a cura di/curated by Olga Gambari e/and Gian Luca Favetto,
En Plain Air, Pinerolo.
Meno trenta, a cura di/curated by Maurizio Sciaccaluga, Associazione Culturale
Marcovaldo, Caraglio.
Biennale Off, Villa Il Capriglio, Torino.

1998
Contemporanea, a cura di/curated by Lucia Majer, Villa Farsetti, S. Maria di Sala.

1996
Io espongo, a cura di/curated by Antonino Minniti, Associazione Culturale Azimut, Torino.

PREMI / PRIZES

2004
Premio Pagine Bianche, cover Pagine Bianche del Piemonte.
Premio Celeste, 1° classificato, categoria "Artisti affermati" / First Place,
"Established Artists" category.

BORSE DI STUDIO / GRANTS

2005
I.S.C.P. International Studio & Curatorial Program, New York City, NY.

2004
Fresco and Salty, a cura di/curated by Dr Sania Papa, Amfilochia.

SOMMARIO / CONTENTS

p. 118   Primary, 2005, affresco su cartone/fresco painting on cardboard, cm 44,5x60,5

p. 120   Primary, 2005, affresco su cartone/fresco painting on cardboard, cm 44,5x60,5

p. 122   Primary, 2005, affresco su cartone/fresco painting on cardboard, cm 44,5x60,5

p. 124   Primary, 2005, affresço su cartone/fresco painting on cardboard, cm 44,5x60,5

p. 126   Primary, 2005, affresco su cartone/fresco painting on cardboard, cm 44,5x60,5

p. 128   Primary, 2005, affresco su cartone/fresco painting on cardboard, cm 44,5x60,5

p. 138   Primary, 2005, pastello a olio su cartone/oil pastel on cardboard, cm 50x70

p. 140   Primary, 2005, pastello a olio su cartone/oil pastel on cardboard, cm 35x50

p. 142   Primary, 2005, pastello a olio su cartone/oil pastel on cardboard, cm 35x50

p. 144   Primary, 2005, pastello a olio su carta/oil pastel on paper, cm 50x70

p. 146   Primary, 2005, pastello a olio su carta/oil pastel on paper, cm 50x70

p. 148   Primary, 2005, pastello a olio su carta/oil pastel on paper, cm 50x70

p. 150   Primary, 2005, pastello a olio su carta/oil pastel on paper, cm 50x70

p. 152   Primary, 2005, pastello a olio su carta/oil pastel on paper, cm 50x70

p. 154   Primary, 2005, inchiostro su carta/ink on paper, cm 50x70

p. 156   Primary, 2003, pastello a olio su stoffa/oil pastel on cloth, cm 40x62

p. 158   Primary, 2003, affresco su stoffa/fresco painting on cloth, cm 23x65

p. 166   Primary, 2005, affresco su fotografia/fresco painting on photograph, cm 10x14

p. 168   Primary, 2005, affresco su fotografia/fresco painting on photograph, cm 7x17

p. 170   Primary, 2005, affresco su fotografia/fresco painting on photograph, cm 11,6x16,5

p. 172   Primary, 2005, affresco su fotografia/fresco painting on photograph, cm 21x4,7

p. 174   Primary, 2005, affresco su fotografia/fresco painting on photograph, cm 19,7x25,7

p. 176   Primary, 2005, affresco su fotografia/fresco painting on photograph, cm 11,4x15,5

p. 178   Primary, 2005, affresco su fotografia/fresco painting on photograph, cm 14,8x20,8

p. 180   Primary, 2005, affresco su fotografia/fresco painting on photograph, cm 7,8x11,8

p. 181   Primary, 2005, affresco su fotografia/fresco painting on photograph, cm 12,7x19,7

p. 182   Primary, 2005, affresco su fotografia/fresco painting on photograph, cm 9,4x13,7

p. 184   Primary, 2005, affresco su fotografia/fresco painting on photograph, cm 18x28,5

p. 186   Primary, 2005, affresco su fotografia/fresco painting on photograph, cm 16,8x15,3

p. 188   Primary, 2005, affresco su fotografia/fresco painting on photograph, cm 17x27

Visual project / Visual project *Valerio Berruti*

A cura di / Curated by *Raffaella Guidobono*

Foto / Photo *Max Tomasinelli*

Progetto grafico / Graphic design *Boletsferñando*

Coordinamento grafico / Design Coordination *Gabriele Nason*

Coordinamento redazionale / Editorial Coordination *Filomena Moscatelli*

Redazione / Editing *Sergio Di Stefano, Charles Gute*

Traduzione / Translation *Emily Ligniti*

Copy e Ufficio stampa / Copywriting and Press Office *Silvia Palombi Arte&Mostre, Milano*

Grafica Web e promozione on-line / Web Design and Online Promotion *Barbara Bonacina*

© 2005
Edizioni Charta, Milano

© Valerio Berruti per le opere / for his works

© Gli autori per i testi / the authors for their texts

All rights reserved
ISBN 88-8158-575-8

Edizioni Charta
via della Moscova, 27
20121 Milano
Tel. +39-026598098/026598200
Fax +39-026598577
e-mail: edcharta@tin.it

Printed in Italy

Questo libro è pubblicato in occasione di
PRIMARY
curata da Vittoria Coen
Ermanno Tedeschi Gallery, Torino
27 ottobre 2005 - 20 gennaio 2006

This book is published on the occasion of
PRIMARY
Curated by Vittoria Coen
Ermanno Tedeschi Gallery, Turin, Italy
October 27th, 2005 - January 20th, 2006

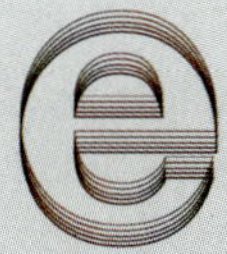

ERMANNO TEDESCHI GALLERY

via Carlo Ignazio Giulio 6 - 10122 Torino
tel 0114369917 - fax 0114357632
info.to@etgallery.it - www.etgallery.it

via S. Marta 15 (entrata da/entrance on via S. Maurilio)
20123 Milano

www.valerioberruti.com

Per saperne di più su Charta ed essere
sempre aggiornato sulle novità entra in

To find out more about Charta, and to learn
about our most recent publications, visit

www.chartaartbooks.it

Finito di stampare nell'ottobre 2005
da Lasergrafica Polver, Milano
per conto di Edizioni Charta